Herderbücherei

Band 850

Über das Buch

Ursula von Mangoldt ist vielen als Schriftstellerin bekannt. Nur einige Leser wissen, was sie als langjährige Gesellschafterin und Geschäftsführerin des O. W. Barth-Verlages für die Begegnung mit der Weisheit des Fernen Ostens geleistet hat. Wenige kennen die Geschichte ihres Lebens. Geboren wurde sie 1904 im kaiserlichen Berlin. Ihre Jugendeindrücke gewann die Nichte von Walther Rathenau in der Weimarer Republik. Den Schwierigkeiten der Hitlerzeit entging sie auf ihrem bayerischen Bauernhof. Hier lernte sie die Ernte einbringen, hier begann sie zu schreiben. In der Adenauer-Ära erlebte sie an der Seite ihres Mannes, des Wirtschaftsdiplomaten Dr. H. K. von Mangoldt den Aufbruch des europäischen Gedankens. Als Theologin und Verlegerin, als Publizistin und Rednerin kämpfte sie für den christlichen Glauben auch im Gespräch mit den Kulturen des Ostens und in der Auseinandersetzung mit okkulten Lehren. Ihr Einsatz gilt auch der Selbsterkenntnis und inneren Erneuerung des Menschen. Dieser dramatische „Weg zwischen den Zeiten“ ist charakteristisch für viele Menschen unseres Jahrhunderts, die nach Katastrophen und Krisen immer wieder den Mut fanden, von vorn anzufangen. Die Kraft des Lebens und der Hoffnung ist größer, als wir denken.

Über die Autorin

Ursula von Mangoldt, Dr. theol., geboren in Berlin 1904, war verheiratet mit dem 1971 verstorbenen Wirtschaftsdiplomaten Dr. H. K. von Mangoldt. Sie bestimmte von 1945–1972 als Gesellschafterin die Richtung des O.-W.-Barth-Verlages Weilheim/Obb. und gibt seit 1975 die Zeitschrift „Meditation“ im Christianopolis-Verlag Säckingen heraus. Neben Beiträgen für Bücher und Zeitschriften übersetzte und schrieb sie zahlreiche Bücher. Sie hat schon vor Jahrzehnten das Gespräch zwischen westlicher und östlicher Spiritualität eingeleitet und sucht in ihren Arbeiten den Menschen Hilfe für das Leben zu geben.

Ursula von Mangoldt

Gebrochene Lebenslinien

Mein Weg zwischen den Zeiten

Herderbücherei

Originalausgabe
erstmals veröffentlicht als Herder-Taschenbuch
Dieses Memoirenwerk entstand unter Bezugnahme
auf das Buch „Auf der Schwelle zwischen gestern und heute“,
O.-W.-Barth-Verlag, Weilheim 1963.

Umschlagfoto: Atelier Himmler, München

Herder Freiburg · Basel · Wien
Herstellung: Freiburger Graphische Betriebe 1981
ISBN 3-451-07850-3

DEM ANDENKEN
MEINER MUTTER

Inhalt

Vorwort

Dieses Buch will keine Selbstbiographie sein, will auch nicht die ausführliche Beschreibung einer bestimmten Zeit oder besonderer Geschehnisse geben, sondern nur den Blick hinlenken auf eine vergangene Welt, die – historisch gesehen – noch gar nicht sehr lang zurückliegt, in Wirklichkeit aber doch schon fast vergessen ist. Das Alte ist äußerlich zum Teil zerstört und innerlich kraftlos geworden. Das Kommende aber prägt noch keine festen Konturen, läßt sich noch keiner Ordnung einfügen, mit keinem Namen benennen. Wir leben in einem Übergang, den durchzuhalten Kraft, Mut und Vertrauen fordert. Und dieses „zwischen den Zeiten“ habe ich erlebt und erlebe es noch. Es sind die gebrochenen Linien meines Lebens.

Ich stamme aus dem Berlin der Vorkriegszeit, das von bedeutenden Menschen und dem Impuls eines lebendigen Volkes geprägt wurde. Nach Jahren der Anregung und der Bekanntschaft mit ungewöhnlichen Menschen lernte ich die Einsamkeit des Landlebens und die Gemeinschaft eines Dorfes kennen. Später gewann ich Einblick in das neue Europa, das noch im Werden ist. Aus teilweise jüdischem Erbe stammend, fand ich den Weg zum Christentum. Obgleich ich wissenschaftlich zu denken gelernt habe und den Anforderungen des real Praktischen nicht ausweiche, interessieren mich Mythen und deren Hintergrund. Von diesem allem möchte ich sprechen und dabei auch etwas sagen über Menschen, denen ich begegnet bin, über Ereignisse, die ich miterlebte, über Dinge, mit denen ich mich beschäftigt habe. Ich will unmittelbare Eindrücke unreflektiert wiedergeben, ohne mich in detaillierten Angaben zu verlieren, und zugleich Antworten auf Fragen suchen, die mich mein ganzes Leben lang begleitet haben.

Nicht eine Analyse der Zeit also, nicht die Sezierung von Kräften, Geschehnissen und Menschen wird der Leser in diesem Buch finden, sondern den Versuch, in Querverbindungen Gemeinsames zu erkennen und in der Fülle wie Gegensätzlichkeit einer gelebten Wirklichkeit den Übergang zwischen Gestern und Morgen zu erfahren.

Erbe der Vergangenheit

Ich bin am 3. November 1904 in Berlin geboren. Beim Niederschreiben dieses Satzes muß ich an eine talmudische Erzählung über die Bildung des Kindes denken, in der es heißt, daß das Kind bei der Geburt weint, weil es zwei ihm liebgewordene Welten, die Welt des Geistes und den Mutterleib, verlassen muß, um in unsere Welt einzutreten. „Wenn es heraustritt, schlägt es der Engel unter seine Nase, löscht das Licht aus, das über seinem Kopfe war, führt es wider Willen heraus, und es vergißt alles, was es gesehen hat. Bei seinem Heraustreten weint es." Und wenn seine Sterbezeit naht, dann kommt der Engel wieder zum Menschen, und dieser fragt ihn: „Warum kommst du heute zu mir?" Der Engel antwortet: „Um dich aus der Welt zu führen." Sofort weint er und läßt seine Stimme hören von einem Ende der Welt zum anderen; doch kein Geschöpf vermag seine Stimme zu hören. Er spricht zum Engel: „Hast du mich nicht aus zwei Welten geführt und mich in diese Welt gestellt, in der ich wohne?" Der Engel antwortet ihm: „Habe ich dir nicht bereits gesagt, daß du wider deinen Willen gebildet und geboren wurdest und sterben würdest, um einst Rechenschaft vor dem König der Könige, vor dem Heiligen, abzulegen?"

An jenem Novembertag trat also aus zwei sehr unterschiedlichen Erbreihen ein kleines neues Erdenwesen weinend in die Welt hinein. Sein Vater betrachtete es etwas besorgt, weil es so dunkle Haare hatte und ihn ein wenig an einen jüdischen Kommerzienrat erinnerte. Das „dunkle" Blut dieses Kindes stammte aus einer langen Reihe von Vorfahren aus Spanien. Nicht Ahnen sind dies, wie eine sehr konventionelle Aristokratin uns belehrte. „Bürgerliche haben keine Ahnen, nur Vorfahren." Ahnen sind dem Adel vorbehalten.

Mein Vater stammt aus einer Familie von Theologen, Kaufleuten und Bankiers. Die Verwandten seiner Generation waren meist angesehene und bekannte Bankiers, die in Frankfurt lebten, während die früheren Generationen mehr der Theologie zugewandt waren. Zu ihnen gehörte im 16. Jahrhundert der lutherische Kanzler Jacob Andreä, der die Konkordienformel, die Bekenntnisschrift seiner Kirche, mitverfaßt hatte, und sein Enkel Johann Valentin, der ein Sohn des Dekans von Herrenberg und späteren Abtes von Königsbrunn war. Er wurde bekannt durch seine Bücher, vor allem durch die Rosenkreuzer-Schriften, unter denen die „Chymische Hochzeit" die wesentlichste ist. Ebenso bekannt waren seine unermüdlichen Versuche, während der Wirren und Schrecknisse des Dreißigjährigen Krieges in seiner Pfarrei Zucht und Ordnung zu wahren und den Notleidenden zu helfen.

Auch mein Vater wollte ursprünglich Pfarrer werden, er konnte diesen Plan aber nicht durchführen, da er nach dem frühen Tod seines Vaters für die Familie sorgen mußte. So entschloß er sich, in eine Privatbank einzutreten. Der Inhaber schickte ihn zunächst zur Ausbildung nach Transvaal in ein großes Unternehmen der Diamantenproduktion. Als der Burenkrieg ausbrach, kam er nach Berlin zu seiner Bank zurück, erhielt dort bald eine führende Stellung und wurde, sehr jung noch, der maßgebende Partner dieses Privatbankhauses.

Die Bank hieß Hardy und Co. nach dem Senior-Partner, der seinen ursprünglichen Namen Nathan in den Mädchennamen seiner Mutter umgewandelt hatte. Ich erinnere mich noch an die nette Geschichte, daß der Diener, den der alte Hardy in das Stück von Lessing schickte, voller Begeisterung von „Hardy dem Weisen" sprach.

Dank der Wertschätzung, die mein Vater im In- und Ausland genoß, übernahm er im Lauf seines Lebens noch zusätzlich einflußreiche Aufgaben in zahlreichen bedeutenden Unternehmungen. Unter anderem war er Vorsitzender des Aufsichtsrates der Dresdner Bank. Während des Ersten Weltkrieges arbeitete er im Wirtschaftsministerium unter dessen Minister Wissel zusammen mit Wichard von Moellendorff, der dort Unterstaatssekretär war. Er setzte sich für eine in der damaligen Zeit noch ungewohnte „gelenkte Wirtschaft“ ein, die während der ansteigenden Inflation die Einfuhr von Luxusartikeln und nicht unbedingt notwendigen Lebensmitteln unterbinden sollte. Seine Arbeit in der Regierung hatte mein Vater nur unter drei Bedingungen angenommen: keine Bekanntmachung in der Presse, keine amtliche Funktion und keine Bezahlung, um unabhängig und frei sein zu können.

Moellendorff war ein guter Freund und kam oft zu uns. Ich war bei manchem seiner interessanten Gespräche mit meinem Vater zugegen. Er war für meine Entwicklung sehr notwendig, da er mich schon in jungen Jahren ernst nahm und in meinem Wesen bejahte. So prägte er trotz oder vielleicht gerade wegen seines Altersunterschiedes – er war 1881 geboren – wesentlich meine Lebensanschauung. Er war ein sehr einsamer Mensch mit schweren Depressionen, von seiner Frau und zwei Kindern getrennt. Im fortgeschrittenen Alter heiratete er eine Ärztin, die wenig ansehnlich und nicht bedeutend war. Nach kurzer Ehe nahm sie sich das Leben, und wenige Tage später starb Moellendorff auf die gleiche Art. Wir hatten das Gefühl, daß sie ihm diesen Weg zum freiwilligen Ende geöffnet und vorbereitet hatte.

Mein Vater, der in seinem Wesen und Denken alles andere als ein Kaufmann mit zweckbedingten und materiellen Interessen war, hat nicht nur sein ganzes Leben lang Künstler und Wissenschaftler unterstützt, sondern auch eine Atmosphäre echter Kultur und Herzensbildung verbreitet, so daß ihn niemand mit seinem nüchternen Beruf identifizierte. Vielleicht stammt aus der Tradition seiner Familie auch mein Interesse für die Theologie. Meine Natur aber mit ihren sehr verschiedenen Anlagen und großen Spannungen wurde stärker geprägt von der Familie meiner Mutter – den Rathenaus.

Die Großmutter war eine geborene Nachmann. Sie stammte aus der Familie des großen Mystikers des 12. Jahrhunderts, Rabbi Moses ben Nachmann. Ein anderer ihrer Vorfahren war der Gersonide Rebbe Jehuda ben Gershom, 1020, dessen Familie das blaue Schild mit dem gelben Löwen, das Wappen des Königs David, tragen durfte. Die Mutter meiner Großmutter soll sehr schön gewesen sein, das Leben aber hatte sie hart und verbittert gemacht. Sie erlag der Manie des Hausputzes, wie mir meine Mutter erzählte. An jeder Türklinke hing ein Kästchen mit Tüchern, die zum Angreifen der blitzblanken Klinken bestimmt waren. Die Leuchter in der Wohnung waren verhangen, die Möbel mit grauen Überzügen bedeckt, und häßliche rote Läufer sollten das Parkett schonen.

Im Gegensatz zu ihr war die Mutter meines Großvaters, eine geborene Liebermann – Großpapa und Max Liebermann waren Vettern –, eine sehr großzügige und geistreiche Frau, in deren „Salon“ unter anderen Liszt, Rahel Varnhagen mit ihrem Mann und Bettina von Arnim verkehrten.

Über die Reihe der Vorväter schrieb Walther Rathenau, daß sie angesehen und zum Teil vermögend waren. Zwei der Urgroßväter waren reich, einer als Bankier eines kleinen Fürstenhauses, der andere als preußischer Industrieller. Beide Großväter aber verloren ihr Vermögen; der eine bei einem Brande, der andere hatte als reicher Bankier spekuliert, und da er der Meinung war, er hätte auch anvertrautes Gut dabei aufs Spiel gesetzt, beging er Selbstmord. Am gleichen Tag aber, an dem er sich erschoß, stellte sich dies als Irrtum heraus.

Von dem großen Charme meiner Großmutter sprach jeder, der sie als junge Frau kannte. Ich selbst habe sie nur als alte gebeugte Frau erlebt. Sie war von Natur weich, idealistisch, sentimental und hatte künstlerische Interessen. Sie zeichnete gut, spielte Klavier, machte hurmorvolle Gedichte. Daneben hatte sie einen sehr klugen Verstand. Manchmal übernachtete ich bei ihr, wenn keine elektrische Bahn mehr nach Grunewald fuhr. Da saß sie noch in ihrem Zimmer und las die schwersten Bücher. Sie war sehr allein und in sich verschlossen. Nichts erinnerte mehr, seitdem ich sie kannte, an das junge Mädchen, das gewöhnt war an ein geselliges Leben, an musikalische Abende, Konzerte, Opern oder Theaterbesuche.

Als sie heiratete und von Frankfurt nach Berlin in ein Arbeiterviertel zwischen Fabrikschloten zog, änderte sich dieses Leben von Grund auf. Mein Großvater Emil Rathenau betrieb damals eine Eisengießerei und mußte sparsam leben. Aber auch später, nachdem er 1883 die „Deutsche Edison-Gesellschaft“ gegründet hatte, die dann in die AEG überging, blieb er puritanisch in seiner Lebenshaltung, nur der Arbeit zugewandt. So wurde meine Großmutter mit den Jahren einsam, verbittert, hart. Alle Wärme und Liebe, aber auch allen Stolz übertrug sie auf ihre beiden Söhne, die ihr ersetzen sollten, was ihr das Leben mit dem so ganz anders gearteten Mann vorenthielt. Denn dieser geniale Geschäftsmann war völlig amusisch und ohne jegliches Interesse außerhalb seiner Arbeit. Er kannte keine Vergnügen und nahm seine Frau niemals auf die vielen Geschäftsreisen nach Amerika, Paris oder London mit. So konnte er unmöglich ihre Ansprüche und Erwartungen erfüllen. Ihr unbeugsamer Wille, ihre bewußte Selbstzucht und ihr unbeirrbarer Mut aber wichen dem Lebenskampf nicht aus. Sie setzte sich mit der Härte und der scheinbaren Ungerechtigkeit ihres Schicksals auseinander, bis sie durch alle Stadien der Verbitterung, der Einsamkeit und Verzweiflung hindurch zu innerer Gelassenheit und Menschlichkeit heranreifte.

Von meinem Großvater sagte der humorvolle Berliner Bankier Fürstenberg – damaliger Geschäftsinhaber der Berliner Handels-Gesellschaft –, daß er bis zum Betrag von drei Mark alles begreife und bewillige. Dann käme eine große Lücke, in der er finanzblind sei. Erst bei drei Millionen finge sein Verständnis wieder an. Das können wir Enkelkinder bestätigen. Jedes Jahr fragte er meine Mutter von neuem, ob er uns zum Geburtstag drei oder fünf Mark geben solle, und strahlte, wenn meine Mutter drei Mark sagte. Wenn wir Karussell fuhren, gab er unserem Kinderfräulein stets fünfzig Pfennig. Als dieses einmal sechzig Pfennig für zwei Fahrten verlangte, nahm er stillvergnügt zehn wieder zurück und meinte, eine Karussellfahrt würde genügen.

Meinen Vater hielt er für einen Verschwender, weil er sich einen Logenplatz in der Oper nahm, manchmal aber nur den einen oder anderen Akt hörte. So verließ er im Parzifal immer das Theater während des 2. Aktes und ging essen, oder er ließ den Beginn des 3. Aktes von Tristan aus.

Als mein Großvater einen Direktor der AEG in einer Droschke „erster Güte“ fahren sah, wurde er wütend über solche Angeberei. Er verlangte vom anderen die gleiche Kargheit und Disziplin, die auch sein Leben bestimmten. Nur ein kleines Beispiel: Niemand durfte zu spät zum Mittagessen kommen, das um 13.30 Uhr stattfand. Es wurde niemals nachserviert. Wenn sein vielbeschäftigter

Sohn Walther aus einer Sitzung kam, die länger gedauert hatte, bekam er nur noch die Nachspeise. Mein Großvater merkte nicht, daß ihm später – wenn er selbst seinen Mittagsschlaf hielt – das übrige nachgereicht wurde.

Er konnte auch sehr jähzornig werden. In einer Unterhaltung mit dem Direktor einer Tochtergesellschaft der AEG schlug er aus einem nichtigen Anlaß wütend auf den Tisch. Als jedoch der Gesprächspartner mit einem gleich heftigen Schlag antwortete, imponierte ihm diese Unabhängigkeit sehr. Sicher war er kein angenehmer Vorgesetzter, mißtrauisch und hart, ohne Großmut und Verständnis für menschliche Fehler; aber im Grunde war er ein ganz naiver, einfacher Mensch, der aus eigener Kraft und Begabung einen sehr lauteren, geraden Weg zur steilen Höhe aufwärts ging.

Emil Rathenau wurde am 11. Dezember 1838 in Berlin geboren. Am Vorabend seines 70. Geburtstages erwähnte er in einer Rede: „Als ich die Lebensreise antrat, gab es in unserer Vaterstadt ein interessantes Erlebnis: die Vollendung der ersten preußischen Eisenbahn. Die Berliner sollen in hellen Haufen begeistert zum Potsdamer Tor herausgepilgert sein, um den Zug nach Steglitz abfahren zu sehen. Viel zu langsam (nach heutigen Begriffen) bewegte er sich vorwärts, und doch war die Eisenbahn ein gewaltiger Fortschritt gegen die Postkutsche, in der mein Vater als Jüngling aus der Uckermark, meine Mutter als Kind aus der Mark hierher übersiedelten."

Obwohl Rathenaus Großeltern wohlhabend waren, konnten seine Eltern ihm nichts mitgeben, da der Vater das Vermögen verloren hatte. Nach dem Besuch des Gymnasiums wurde er darum einfacher Maschinenbauer. „Da weder Terpsichore noch andere Musen an meiner Wiege gestanden haben", erzählte er weiter in dieser Rede, „reiste ich ohne Geleit in die Lehre nach Schlesien."

Nach dem Tod eines Onkels, der ihm eine Summe von 5000 Talern vermachte, studierte er an der Technischen Hochschule in Hannover und Zürich und trat mit dem Diplom eines Ingenieurs in die Lokomotivfabrik von Borsig ein. Diese Tätigkeit aber genügte ihm nicht, er wollte mehr sehen, lernen und erfahren. So baute er eine kleine Maschinenfabrik auf, verkaufte diese aber später und hatte mit vierzig Jahren immer noch nicht den wirklichen Beruf gefunden. Mir hat dieses Wartenkönnen immer sehr imponiert. Er hatte die Geduld, seine ganze Aktivität und Aufmerksamkeit zu sammeln, bis er 1881 in Paris auf der Elektrizitätsausstellung mit Edison zusammentraf. Dieser führte ein neues Beleuchtungssystem vor, in dessen Mittelpunkt die Kohlenfadenlampe stand. Rathenau warf seine ganze Intensität auf dieses neue Projekt. Zuerst errichtete er eine Studiengesellschaft, die dann in die „Deutsche Edison-Gesellschaft für angewandte Elektrizität" überging, deren Direktor der nunmehr 45jährige wurde.

Eine Zeitlang war Oscar von Miller, der später das Deutsche Museum in München gründete, Mitdirektor der Gesellschaft. Dieser war eine imponierende Erscheinung von patriarchalischer Größe. Unter seiner Herrschaft wurde eine echte Gemeinschaft gelebt und eine strenge Ordnung gewahrt. Als ich ihn und seine Familie in ihrem Haus am Starnberger See zum erstenmal sah, bewunderte ich diese Gemeinschaft, deren Symbol das eine Auto war, das Ford ihm geschenkt hatte und über dessen Benutzung sie sich gemeinsam einigten. Es war eine sehr große Familie, die sich heute im gleichen Zusammenhalt weiter ausgebreitet hat und das Vorurteil widerlegt, daß Kinder bedeutender Eltern degeneriert oder wenig begabt sind.

Eine Begebenheit, die Hans Fürstenberg, der Sohn des verstorbenen Leiters der Berliner Handels-Gesellschaft, im Buch über seinen Vater wiedergibt, finde ich besonders typisch für die Eigenart Rathenaus; ich möchte sie deshalb zitieren:

Carl Fürstenberg und Rathenau fuhren zusammen nach Hamburg zu einem Stapellauf. „Wir waren zu früh auf die Bahn gekommen, Rathenau kaufte sich einige Zeitungen, überflog den Inhalt und entschuldigte sich dann bei mir auf einen Augenblick, da er noch einmal in die Stadt telefonieren wollte. Als der Zug sich in Bewegung gesetzt hatte, fragte ich ihn, etwas neugierig gemacht, worum es sich gehandelt habe, worauf er mir mit Seelenruhe erwiderte, er habe angeordnet, den Bau der Gummireifenfabrik einzustellen.

Ich schnellte von meinem Sitz empor, denn die AEG hatte sich entschlossen, im Zusammenhang mit ihren damals aufblühenden Automobilinteressen gerade diese Fabrikation in starkem Umfange aufzunehmen. Gewaltige Hallenbauten waren bereits für diesen Zweck errichtet worden. Ich bat um Aufklärung, die ich mit wenigen Worten erhielt. Wie Rathenau mir erzählte, habe er in der Zeitung gelesen, daß Michelin seinen Reifenpreis auf die Hälfte herabgesetzt habe, und zwar offenbar als Kampfmaßnahme gegen seine Konkurrenten. In einer Industrie, in der der Preis des produzierten Artikels über Nacht auf die Hälfte herabgesetzt werden kann, wünsche ich mich nicht zu betätigen, fügte Rathenau hinzu."

1887 wurde der Edison-Gesellschaft der Name „Allgemeine Elektrizitäts-Aktiengesellschaft" gegeben, und 1900 wurde ihrem Generaldirektor Emil Rathenau in einem von Kaiser Wilhelm II. unterschriebenen Brief das „Patent als Geheimer Baurat" verliehen.

Die Größe Rathenaus bestand wohl in der Verbindung unbeirrbaren kaufmännischen Urteils mit einer genialen Schau in die Möglichkeiten der Zukunft, in der Ruhe, mit der er in kritischen Augenblicken Entschlüsse faßte, in der ungebrochenen Naivität seines unreflektierten Handelns und in der spartanischen Disziplin seines Lebens.

Sein Sohn Walther bezeichnete in seiner Trauerrede „Einfalt, Wahrheit, Schau und Liebe" als die wesentlichsten Eigenschaften des Vaters. Die Schau der Phantasie aber sei die hervorragendste gewesen. Sie ließ ihn angesichts der zahlreichen kleinen Blockstationen, in denen die elektrische Kraft damals hergestellt wurde, ein großartiges Bild der Zukunft entwerfen: „Statt dieser Kellerräume mit ihrem ohrenbetäubenden Lärm sehe ich hohe, luftige Riesenhallen mit vieltausendpferdigen Maschinen, die automatisch und geräuschlos Millionen-Städte mit Kraft und Licht versorgen."

Die Liebe, die Rathenau empfand, galt vor allem seinem Werk, nicht den Menschen, zu denen sich dieser ganz einseitige, völlig in seiner Arbeit versunkene Mensch kaum hingezogen fühlte. Für seine Arbeit aber setzte er alle Kräfte ein. Spät am Abend, wenn schon alle nach Hause gegangen waren, konnte man ihn noch in seinem Arbeitszimmer mit einem Stoß Akten vor dem Schreibtisch sitzen sehen. Als nach seinem Tod seine Büste im Vorraum der

AEG aufgestellt wurde, hieß es noch lange: „Der Alte paßt auf, daß keiner zu spät zu seiner Arbeit kommt."

Er wurde gefürchtet, aber alle glaubten an sein Können und an seinen Erfolg und achteten ihn so hoch, daß nach seinem Tod sein Sohn eine dünne Schnur über seinen Stuhl spannte, damit keiner ihn benutzte. Seine starke Hand hatte nicht nur neue Werke erbaut und Hunderttausenden von Menschen – wie ein Mitarbeiter schrieb – „Arbeit und Brot gebracht, sie streute auch den Segen der Beleuchtung, der Kraft, der chemischen Arbeit und Wärme über Millionen durch jene geheimnisvolle Kraft aus, deren wirtschaftlicher Entdecker und treuer Pfleger er war".

Heute können wir kaum noch ermessen, was Rathenau damals geleistet hat, aber ich erinnere mich, wie meine Mutter erzählte, welch ungeheures Ereignis es war, als – 1879 – die ersten Glühlampen in ihrer Wohnung angingen und sie erschreckt schrie, es brenne; oder als sie mit zehn Jahren den Telefonhörer abnahm und die Stimme meines Großvaters hörte. Voller Entsetzen ließ sie ihn wieder fallen mit dem gellenden Schrei: „Hilfe, der Teufel ist da!"

Die Wahrhaftigkeit, die das Leben dieses großen Geistes durchglühte, machte ihm und seiner Umwelt das Leben nicht leicht. Wie oft konnte er seinen Mitarbeitern vorwerfen, daß sie nicht spartanisch genug lebten. Oder er unterbrach ganz plötzlich eine Verhandlung, weil ihm das „schlaue Gerede" leid wurde. Die Unduldsamkeit und Kargheit, die er anderen gegenüber zeigte, war auch gegen sich selbst gerichtet. Als der damalige Postminister ihn fragte, was er für die Einführung des Telefons in Berlin haben wolle – Geld, Titel, Orden –, lehnte er dies in seiner selbstverständlichen Bescheidenheit ab. Nur für das allgemeine Wohl erbat er später Stephans Hilfe, als die elektrische Straßenbahn in Halle eingeführt werden sollte, die Post sich aber dagegen wehrte.

In seiner Einfachheit und Menschlichkeit tat Rathenau nur seine Pflicht „von früh bis spät ohne Unterlaß". Zum Lesen fand er wenig Zeit. Rankes Weltgeschichte oder Romane aus der Engelhorn-Bücherei waren seine liebste Lektüre. Hierbei fällt mir ein, wie enttäuscht ich war, als ich einmal zwei Nobelpreisträger miteinander über Detektivromane sprechen hörte. Auf mein erstauntes Gesicht hin erklärten sie mir, als Erholung von ihrer Arbeit könnten sie sich nur durch solche Art von Lektüre ablenken.

Was nicht zur Arbeit gehörte, lehnte Rathenau ab, weil man damit „Gott die Zeit stehle". Für Luxus hatte er wenig Sinn und Verständnis. Ein neuer Anzug mußte ihm aufgezwungen werden. Sein schönes, von Seidel gebautes Haus in der Viktoriastraße, das 1912 fertig war, als er 74 und Großmama 67 Jahre alt waren, betrat er fast ein Jahr lang nicht aus Ärger über die vielen Geldausgaben. Doch wenn man ihn richtig nahm und auf seine Schwächen einging, seinen Jähzorn beim Mißlingen eines Projektes abklingen ließ und seine Launen wie die Unarten eines Kindes betrachtete, dann war er, wie alle wußten, ein Genie mit dem Zauber des souveränen, doch nichts von seiner Souveränität wissenden Herrschers. Maximilian Harden nannte ihn „den bedeutendsten, einheitlichen, stärksten Menschen hierzulande seit Bismarck".

Ich sehe ihn noch genau vor mir: mittelgroß, mit leicht vorspringenden Backenknochen, einem kleinen Bärtchen und den feinen, gütigen Augen, die ein wenig mongolisch geschnitten waren. Oft war er mit uns durch unseren Garten gegangen, und wir pflückten für ihn Heliotrop und Reseda, die er besonders liebte. Ich war erst 11 Jahre, als er starb. Es war am 20. Juni 1915. Drei Jahre zuvor war ihm ein Bein amputiert worden, ein Schock, über den er nie hinwegkam. Nun hatte ihn eine Bronchitis auf das Krankenbett geworfen, von der er sich nicht wieder erholte. Sein Tod war still und voller Frieden. Onkel Walther saß noch lange wie abwesend neben ihm. In diesem Augenblick entstand in ihm die Rede, die er am Sarg des Vaters hielt und die das Bild dieses bedeutenden Menschen in so einfachen Worten umriß.

Das gute Verhältnis zwischen beiden war nach dem Tod des jüngsten Sohnes Erich ganz selbstverständlich entstanden. Die Eltern hatten diesen Sohn unendlich geliebt. Er war ein lebensvoller, gut aussehender Mensch, zwölf Jahre jünger als Walther, der sich nach Schönheit und Liebe sehnte. Doch bei der dumpfen Arbeit als Ingenieur im Kabelwerk Nieder-Schöneweide fand er keine Erfüllung seiner Wünsche und Pläne. Sein großer Bruder, der gern alle anderen zu seiner Weltanschauung und Disziplin erziehen wollte, schrieb ihm mahnende Briefe, aber dieser lebensfrohe Junge konnte nur aufatmen, wenn er im Ausland oder unter jungen Menschen war. Mit zwölf Jahren hatte er sich beim Eislaufen eine Erkältung zugezogen, die zu einem Gelenkrheumatismus führte und einen schweren Herzfehler hinterließ. Verstärkt wurde dieses Leiden noch, als er bei einem Brand im Kabelwerk mitlöschen half.

Als Erich am 19. Januar 1903 in Italien auf einer Erholungsreise starb und mein Großvater von der Überführung des Sarges zu seiner Arbeit zurückkehrte, war er zum Greis geworden. Drei Jahre gingen die Großeltern nicht mehr unter Menschen und gaben sich ihrem unbändigen und ungebändigten Schmerz hin. Auf der überdachten Glasveranda im Haus in der Viktoriastraße stand die Büste des Sohnes, der niemals den ersten Platz im Herzen des Vaters verlor, während die Liebe meiner Großmutter nun ganz auf Walther überging.

Die Spannungen, die zuerst Vater und Sohn voneinander getrennt hatten und manchmal so tief waren, daß Walther an Selbstmord dachte, rührten daher, daß der Vater – wie Walther Rathenau schrieb – „im äußeren und teilweise im inneren Leben alles verachtet, was ich liebe, und alles liebt, was ich verachte". Walther konnte diesen nur von seiner Arbeit besessenen Menschen, der ihm als Prototyp des verhaßten Zweckmenschen erschien, zuerst nicht verstehen. Erst später lernte er sein Genie erkennen.

Als der Vater durch den Tod des Lieblingssohnes völlig zusammengebrochen war, kaum mehr fähig, geschäftliche Verhandlungen zu führen, sprang Walther für ihn ein und stellte sich der AEG in jeder Weise zur Verfügung. So verloren sich die Spannungen zwischen beiden.

Einige Geschichten, die mir meine Mutter von ihrem Vater erzählte, sind so typisch für sein Wesen, daß ich sie noch erwähnen möchte. Jahrelang ritten die beiden morgens zusammen durch den Tiergarten. Immer der gleiche Ritt: einmal Rechtsgalopp, das zweitemal Linksgalopp und auf demselben Weg wieder zurück. Die Pferde waren diesen Weg so gewohnt, daß es unmöglich war, ihre Marschroute zu ändern. Mein Großvater, der gar keinen Spaß am Reiten hatte und dies nur aus Gesundheitsgründen tat, während seine Gedanken bei der Arbeit waren, versuchte auch niemals den eingeschlagenen Weg zu ändern. Einmal begegneten sie auf einem Ritt dem Kaiser, und auch da wollte das Pferd seinen Willen durchsetzen. Mein Großvater mußte „Majestät“ stehenlassen, weil das Pferd nach Hause wollte. Resigniert sagte er zu meiner Mutter: „Siehst du, mein Kind, der Klügere gibt nach.“

Zweimal begleitete Rathenau den Kaiser auf einer Nordlandfahrt. Danach aber kam es zu einem ernsten Zerwürfnis zwischen beiden, als Rathenau der Rumplertaube, einem kleinen Flugzeug, das schwerer war als die Luft, den Vorrang gab vor den Luftschiffen von Parseval und Zeppelin, die er für manövrierunfähig hielt. Lange Jahre sprach der Kaiser nicht mehr mit Rathenau.

Als meine Mutter noch sehr jung war, besuchte die Kaiserin meine Großmutter und trank bei ihr Tee. Dies begeisterte das kleine Mädchen so sehr, daß es nachher den Rest aus der Tasse der Kaiserin trank und sich nicht mehr den Mund abtrocknen wollte.

Meine Mutter war ein später Nachkömmling. Sie wurde fünfzehn Jahre nach Walther, 1883, geboren. Mit einem Jungen hätte sich meine Großmutter, die damals achtunddreißig Jahre alt war, vielleicht noch abgefunden, aber dieses Mädchen, das auch noch schwer zu erziehen war, bedeutete ihr nur eine Belastung, was sie meine Mutter von Anfang an spüren ließ. „Mädels sind nicht mein Fall“, meinte sie, „mit Jungens ist alles viel einfacher. Sie bekommen Matrosenanzüge und machen keine Mühe.“ Als meine Mutter sie später nach ihrer Geburtsstunde fragte, bekam sie die Antwort: „Das weiß ich nicht. Ich weiß nur, daß du strähnige schwarze Haare hattest und braune Haut und aussahst wie eine Katze und ein Mohr zugleich.“

Es ist mir völlig unvorstellbar, daß meine Mutter, die ich bis in ihr Alter hinein als eine Frau voller Aktivität und Impulskraft, voller Disziplin und Pflichttreue kannte und deren innere Zucht auch beim Ertragen eines schweren Leidens, das sie sehr unbeholfen machte, nicht nachließ, als Kind träge, undiszipliniert, scheu und feige gewesen sein soll. Das Feigesein ist mir besonders rätselhaft, da wir Mama als ungewöhnlich mutigen Menschen erlebten. Ob sie auf einem nicht zugerittenen Pferd saß oder im Meer so weit hinausschwamm, daß der Aufseher sie zurückholen mußte, ob sie bei einem Geräusch des Nachts aus dem Bett sprang und allein durch das Haus lief, um seine Ursache zu entdecken, oder ob sie den Nazis ihre Meinung sagte – dieser mutige Einsatz und das temperamentvolle Vorwärtsstürmen gehört zu den stärksten Eindrükken, die sie mir hinterließ. Vielleicht aber war dies Kompensierung einer viel schwächeren Veranlagung.

Als meine Mutter sechs Jahre alt war, zogen ihre Eltern in eine große Wohnung im Haus der AEG am Schiffbauerdamm. Ein Jahr später schrieb sie einen Brief an die „liebe AEG“, ob sie zwei Kaninchen, Auguste und Henriette, die sie geschenkt bekommen hatte, in den Hof stellen dürfe. Fein getippt kam die Antwort: „Solange du artig bist, dürfen Auguste und Henriette im Hof bleiben. Nur mußt du aufpassen, daß sie nicht riechen. Viele Grüße, Deine liebe AEG.“ Ob ein Industrieunternehmen heute einem kleinen Mädchen einen so persönlichen Brief schreiben würde?

Meine Mutter war sehr unglücklich zu Haus, weil sie in ihrem großen Zärtlichkeitsbedürfnis keine Antwort auf ihre romantischen Wünsche fand und keine Erfüllung ihrer Träume. Güte und Wärme empfing sie eigentlich nur von dem „Dienstmädchen“ Bertha, die ich noch als ein kleines, altes, verhutzeltes Weiblein kennenlernte. Mit zweiundzwanzig Jahren war sie zu meinen Großeltern gekommen und fünfzig Jahre lang bei ihnen geblieben. Als meine Mutter später der Zweiundsiebzigjährigen ein kleines Zimmer einrichtete und sie fragte, ob sie nun froh sei, nicht mehr arbeiten zu müssen, meinte Bertha: „Früher fragte ich Ihre Mutter, was ich tun solle, und da wußte ich, was richtig oder falsch war. Jetzt aber muß ich alles selber entscheiden, und das ist schwer.“ Dieses Mädchen schenkte ihre Liebe und Wärme dem kleinen trotzigen und doch so verängstigten Kind. Wie oft vertauschte sie im zugigen Hausflur die tintenbeschmutzten Deckel der Schulhefte mit neuen oder säuberte die Flecke aus den Kleidern, wie oft sagte sie der Kleinen ein gutes Wort des Trostes, wenn sie gescholten worden war und nahm sie in ihre Arme, damit sie sich ausweinen konnte. Sie war der gute Engel ihrer Kindheit und war immer da, ganz einfach und wortlos da.

Als mein Onkel Minister wurde, meinte sie, nun könne sie ihn doch nicht mehr mit Walther anreden, ob sie Herr Doktor sagen sollte. Onkel Walther aber fand, daß es beim alten bleiben müsse und daß der Doktortitel nur „ein jüdischer Vorname“ sei. Zu meiner Mutter aber sagte sie nach ihrer Verheiratung „Sie“, was man ihr nicht abgewöhnen konnte. Bertha, dieses kleine, unscheinbare Wesen, ist für mich der Inbegriff einer vergangenen Welt, in der der „Dienstbote“ sich nicht als mindergeachtetes Geschöpf empfand, sondern in einem echten Dienst, in der treuen Pflichterfüllung des ihm Anvertrauten stand.

Meine Mutter schloß sich eng an den älteren Bruder an, auch wenn sie ihn nur selten sah und er immer der Überlegene, ein wenig Unnahbare blieb. Er war für sie groß und mächtig wie der liebe Gott, er konnte alles, wußte alles, verstand alles. Er hatte auch einen menschlichen Humor. Den Puppen der kleinen Schwester gab er die ausgefallensten Namen wie Semiramis oder Klytämnestra, schenkte ihr für jede schlechte Schulnote eine Mark – für die guten bekam sie von der Mutter nur 50 Pfennig – und korrigierte ihre Aufsätze, was ihr aber meist eine schlechte Note einbrachte. Das gleiche erfuhr ich später, wenn mir Onkel Walther bei meinen Aufsätzen half, obwohl von ihm gesagt wurde, er schriebe ein vorbildliches Deutsch.

Wenn meine Mutter in die Ecke gestellt wurde, weil sie wieder einmal etwas angestellt hatte, gab er ihr einen Stuhl zum Sitzen und ein Buch zum Lesen mit der Bemerkung, dieses sei ja nicht verboten. Schon als zehnjähriges Kind lehrte er sie seine Grundsätze. Unter anderem: „Wenn zwei sich streiten, dann haben beide unrecht... Wenn man sich nicht ausdrücken kann, dann liegt es daran, daß der Gedanke oder das Gefühl, das man zum Ausdruck bringen will, unklar sind... Arbeite oder schlafe, aber herumdösen, was du träumen nennst, das geht nicht... Was, du liest einen Roman? Aus Menschen, die vormittags leichtes Zeug lesen, wird nie etwas.“

Fast die gleichen Worte hörten wir später von unserer Großmutter, der Walther in manchen Zügen sehr ähnlich war. Eine starke, wenn auch distanzierte Beziehung verband beide. Jeden Mittag, den er in Berlin war, aß er bei ihr, und von der Reise schrieb er ihr fast täglich, zumindest eine Postkarte. Es hat für mich etwas Rührendes, wenn auf solchen Postkarten aus Genua oder Rapallo Berichte über das Wetter stehen oder ganz kurze Angaben über

Gelingen und Mißlingen einer Verhandlung, und man bedenkt, daß in diesen Tagen unter Führung Rathenaus das Schicksal zwischen Deutschland und Rußland weitgehend entschieden wurde.

Die Beziehung zwischen Mutter und Sohn war wohl eine schicksalhafte, die auch Walthers Tod überdauerte. Völlig verwandelt lebte diese einst so harte Frau nur noch seinem Gedächtnis. Als sie die wesentlichsten Briefe ihres Sohnes und einige unveröffentlichte Aphorismen herausgegeben hatte, starb sie einen stillen, friedlichen Tod. Der Rabbiner Leo Baeck, dessen tiefe Güte und Menschlichkeit auch spätere Jahre in Theresienstadt und Quälereien der Nazis nicht zerstörten, hielt die Grabrede über das Thema, das mich meine ganze Jugend lang beschäftigt hat – über die Frage nach dem Namen, das heißt nach Sinn und Bedeutung des Menschen. Und er gab die Antwort: „Dreifach wird der Mensch genannt. Mit dem einen Namen nannten ihn Mutter und Vater, mit dem anderen nennt ihn die Welt, und mit dem letzten nennt ihn der Ewige, sein Gott. Und Gott hat vornehmlich im Leid zu der Verstorbenen gesprochen. Als der Sohn von ihr genommen wurde, damals hat sie diesen Namen gehört. Sie hat ihren Sohn in ihr Leben aufgenommen, wie wenn sie ihn neu unter dem Herzen trüge, sie, die Greisin, wieder Mutter geworden, um zu vollenden in der Liebe und Mühe Tag um Tag. Sie ließ ihn nicht ziehen, er hätte sie denn gesegnet. Er hat sie gesegnet. Denn nun hatte sie ihren Namen gefunden, mit dem Gott sie genannt. Sie wußte nun ganz um sich selbst, sie war sie selbst geworden. Und nun durfte sie ziehen. Als sie vollendet, war ihr Leben vollbracht."

Meine Mutter litt schwer unter ihrem jüdischen Erbe. Vielleicht stammte ihre Haltung schon aus frühen Jugenderlebnissen. So spielte sie mit sechs Jahren im Sand, als ein Junge sie von oben bis unten musterte und fragte: „Heda, Kleine, bist du etwa auch ein Judenmädel?" Und dann losbrüllte: „Du kleine verfluchte Krabbe!" Darauf lautes Geschrei der anderen Kinder, die den Sandhaufen zerstörten und mit Fingern auf sie zeigten. Als sie völlig verschreckt zu ihrem großen Bruder lief, der mit dem Kinderfräulein auf einer Bank saß, in ein Buch vertieft, und beide fragte: „Nicht wahr, ich bin doch kein Judenmädel?", aber keine Antwort erhielt, da öffnete sich ihr zum ersten Male die ganze Tragik dieses Ausgestoßenseins.

Walter verprügelte die Jungens, aber der Schreck blieb, und immer spürte sie den Druck im Herzen, wenn in der Schule die Frage aufgeworfen wurde: „Konfession des Vaters?“ und die meisten sich anstießen, wenn die Antwort „mosaisch“ hieß. Auch mein Onkel war nicht glücklich, Jude zu sein, aber er nahm die Tragik dieses Schicksals auf sich, und ich werde niemals seine melancholischen Augen vergessen, in denen das uralte Leid dieser Rasse liegt. Diese Augen verfolgten mich noch, als ich auf einer gegen die Juden gerichteten Ausstellung der Nazis sofort von seinem Bild angezogen wurde. Das einzige übrigens, was man als Hetze dort gegen ihn zu sagen wußte, war sein Ausspruch aus dem Jahre 1909, daß die wirtschaftlichen Geschicke des Kontinents von dreihundert Menschen geleitet würden, die sich gegenseitig kennen.

Meine Großmutter war eine echte und stolze Jüdin. Sie liebte ihren Glauben, der nur den einen Glaubenssatz habe, wie sie mir oft wiederholte: „Höre, Israel, der Herr, unser Gott, ist ein einiger Gott!“

Wie sehr dagegen meine Mutter unter dem jüdischen Erbe litt, beschreibt sie in ihrem Tagebuch: „Ich sage ewig Dank, daß meine Kinder so viel leichteres Blut haben und ihre Kinder noch viel heller, leichter, freier und blonder werden als sie selbst. Wenn auch die Größe, Bedeutung und Begabung der Rathenaus damit vergangen ist, ihre Verzweiflung, ihre Fähigkeit zu leiden, die Dunkelheit und Schwermut ihres Seins, der Kampf, die herbe Tragik ihres Lebens ist auch beendet. Schwer, dunkel und einsam ist unser Leben, und je älter ich werde, desto intensiver empfinde ich die Blutsverwandtschaft mit diesen tapferen, herben, harten, starken Menschen, die wortlos ihr Schicksal trugen und wortlos, allein starben. Was wissen die anderen von dieser Einsamkeit, von dem ehernen Ring, der uns von allen trennt? Sie bewundern uns, sie verlassen sich auf uns, sie gebrauchen uns, aber sie lieben und verstehen uns nicht. Fremd sind wir Rathenaus ihnen geblieben, sehr fremd. Verraten haben sie dich, Walther, gehaßt und getötet. Du starbst allein, wie Erich allein starb, und auch du, Mama, starbst allein. Ein großes, schweres Schicksal hat uns alle geformt. Mit grenzenlosem Leid sind wir gesegnet."

Meine Mutter war in gewisser Weise die letzte dieses Geschlechtes. Durch meinen christlichen Vater, diesen stillen, gütigen und viel weniger komplizierten, doch sehr feinnervigen Menschen, wurde dieses schwere jüdische Erbe aufgelockert. Als sie ihn mit fünfzehn Jahren kennenlernte und er, ein sehr charmanter, eleganter Tänzer, sie bei ihrem ersten Tanz noch ganz als Kind behandelte und fragte, ob man die Hände über oder unter die Haare legen müsse, und als er dann das wilde, bockige, neunzehnjährige Mädchen mit dem Herzen voller Sehnsucht und einer ungebändigten großen Leidenschaft heiratete, ahnte sie wohl noch nicht, wie heilend seine Atmosphäre für sie werden sollte.

Gegenüber den tiefen und dunklen Strömen, die in dem Blut der Rathenaus fließen, wirkte er wie ein klarer Bergsee, kristallrein und lauter. Er wußte nichts von Dämonien und den bösen Mächten des Ehrgeizes, der Macht, der Dunkelheit, nichts von den sprühenden Kräften und der fieberhaften Glut, die sich selbst verströmt und ebensoviel Schaden wie Glück entfacht.

Später verstand meine Mutter, daß ihre Ehe mit diesem viel zarteren, von jeder Leidenschaft, jedem Machttrieb freien, ethisch sehr hochstehenden und lauteren Menschen ihr Rasseschicksal erleichterte, aber sie war niemals ein unbelasteter Mensch. Ihr Bruder dagegen konnte, auch wenn er innerlich nicht weniger schwermütig war, seine Problematik stärker objektivieren. In klarer Selbsterkenntnis spricht er von dem Kampf zwischen dem grübelnden Verstand und der drängenden Lebenskraft, dem zweckgebundenen Intellekt und dem „Reich der Seele". So schrieb er in einem seiner Bücher, daß „das Weltbild eines jeden das Maß seiner Seele ist" und daß sich „die Seele vom Lebensdrang, der Verstand aber von der Todesfurcht nährt".

Er hatte von Jugend an „das Herz des Lyrikers und den Kopf des Kaufmanns" und suchte beide in Harmonie miteinander zu bringen. Diesen Einklang aber fand er nicht, und so lebte er beide nebeneinander. Er litt darunter, fand es aber „nicht verwunderlich, daß ein Mensch leiden muß, dem es auf der einen Seite beschieden ist, den Dingen nachzuhängen und nachzuträumen in Sehnsucht und Empfindung, und den dann wieder der Teufel reitet, daß er in die Welt eingreifen und, aufgekrempelt bis zu den Ellenbogen, in diesen Dingen der Welt rühren und kneten muß". Auf jedem Gebiet zeigen sich die großen Gegensätze und Spannungen im Leben von Rathenau. Auf der einen Seite war er der kluge Denker mit einem kühlen, kritischen Verstand, auf der anderen der intuitiv Schauende, der mit großem ahnendem Spürsinn vieles voraussah, was kommen würde. In der „Mechanik des Geistes", einem seiner wichtigsten Bücher, heißt es:

„Die erste große Aufgabe des Intellekts ist: Erkennen; denn um zu werten und zu wirken, muß er wissen, was ist. Zwei Gebiete des Denkens hat er sich vorbehalten: das Rechnen mit Größen und das Rechnen mit Begriffen – Mathematik und Dialektik. Im Sinne der Erkenntnis kommen beide über die Gleichung nicht hinaus, das heißt über die mehr oder minder komplizierte Identität. Das produktive Denken aber kann aus der Identität und der Formel nichts machen; es schreitet über Ähnlichkeiten, Analogien und Gegensätze zum Gesetz, das der Inbegriff seines Wirkens ist.

Der tiefste Irrtum des sozialen Denkens unserer Zeit lag darin, von der Wissenschaft Willensimpulse und Idealziele verlangen zu dürfen. Was wir glauben, was wir erhoffen, wofür wir leben, wofür wir uns opfern, das wird uns niemals der Verstand verkünden; Ahnung und Gefühl, Erleuchtung und Intuition führen uns in das Reich der Mächte, die den Sinn unserer Existenz beschließen."

Daß Rathenau Zweckhaftigkeit, zersetzende Kritik und Zerstörung unter die Eigenschaften des Verstandes rechnet, zeigt, daß er nur an die jüdische Art des Intellektes denkt. Es gibt aber eine ganz andere Art von Verstand, den ich nicht nur durch philosophische Bücher, sondern persönlich durch eine jungverstorbene Freundin kennenlernte. Ich möchte ihn den christlichen nennen. Dieses reine, aufbauende Denken ist eine schöpferische Kraft von einer lichten Klarheit, die ganz im Gegensatz steht zu dem mißtrauischen, grübelnden, oft von Ressentiment vergifteten, von Furcht gequälten Denken des Juden.

Die große Intelligenz Rathenaus fiel Außenstehenden viel schneller auf als die ganz andere Seite seines Wesens, von der er schreibt: „In meinen früheren Jahren waren meine Wünsche heiß und mein Bedürfnis nach menschlicher Berührung groß." Man hat Rathenaus Gefühlswelt und seine Beziehung zu Frauen sehr verschieden beurteilt. Viele halten ihn für unnahbar kalt. So nehmen sie seine Briefe an eine kranke, mißgestaltete Freundin auch nur als Zeichen seiner Eitelkeit und Selbstbespiegelung. Ich glaube aber, daß Rathenau sehr einsam war und dankbar, wenn er mit einem Menschen reden konnte, der nichts von ihm wollte und dem er ohne Angst vor Mißverständnissen seine Empfindungen und Gedanken anvertrauen konnte.

Die einzige Frau, die er wirklich geliebt hat, war Lili Deutsch, eine sehr schöne Frau, die ich oft in Begleitung ihres Mannes sah, der von Anfang an Emil Rathenaus Mitarbeiter, dann Vorstandsmitglied der AEG war und später sein Nachfolger wurde. Sie war die Schwester eines als Privatbankier wie Kunstmäzen bekannten Deutsch-Amerikaners.

Wenn er trotz der Liebesbriefe, die er an diese strahlende, sehr lebhafte Frau schrieb – „Ich kann Sie nicht entbehren" –, doch immer zurückhaltend blieb, so beruhte dies auf der Verantwortlichkeit seinem Leben der Pflicht und Disziplin gegenüber. Lili Deutsch hat sich später über Rathenaus Verhalten beklagt. Ich kann mir nur vorstellen, daß dies gekränkter Eitelkeit entstammte, da jede Frau sich im letzten Grund nicht bestätigt fühlt, wenn der Mann sie nicht hemmungslos begehrt. Daß Rathenau die Distanz zu der Frau eines Kollegen wahrte, ist wohl selbstverständlich oder war es zumeist in seiner Zeit. Die Menschen waren damals noch nicht so ungebunden und „frei", daß sie hemmungslos das Tabu einer verheirateten Frau verletzten. Bei Rathenau mag auch eine Rolle gespielt haben, daß er eine Abneigung hatte, persönlich über sich zu reden und aus seiner letzten Einsamkeit herauszutreten. Er hatte sein ganzes Leben lang Verzicht und Entsagung gelernt.

Wenn ich an diese Einsamkeit denke, stelle ich mir Rathenau als Fünfundzwanzigjährigen an seinem Schreibtisch in Bitterfeld vor, den großen Hund zu seinen Füßen, in völliger Abgeschiedenheit zu einer Zeit, in der die meisten ihren Interessen und Vergnügungen nachgehen. Sieben Jahre blieb er dort als Leiter des elektrochemischen Werkes, das die AEG gegründet hatte. Als er 1899 nach Berlin zurückkam, war jene Haltung geprägt, in der er später von sich sagen konnte: „Es ist, als ob in mir zwei Menschen leben, von denen der eine erwächst, der andere stirbt. Es stirbt der Begehrende, der von außen zu Erfreuende und mit ihm manche Lebendigkeit, Buntheit, Mitteilsamkeit und Freude, und es erwächst der andere, den ich kaum noch Ich nennen darf. Denn dieser kümmert sich kaum mehr um mein Schicksal, er verlangt nach Dingen, die unpersönlich sind, und macht mich zum Diener von Mächten, die mir keine Rechenschaft zu geben haben." In einem anderen Brief an Lili Deutsch schreibt er: „Könnte ich Ihr armes Herz nur ein paar Jahre altern machen! Ich kenne diese Sehnsucht und fühle sie Ihnen nach, und weiß doch, wie vergeblich sie ist. Vereinigung gibt es nur im Bereich der Sinne, und auch sie ist flüchtige Täuschung ... Unser Echo auf Begehren heißt Entbehren."

Die kühle Distanz, die seiner inneren Einsamkeit entsprang, bewahrte er selbst seiner Mutter gegenüber. Schon an seinem fünfundzwanzigsten Geburtstag schrieb er ihr: „Das ist ein gutes und schönes Füreinanderleben, das keinen Enthusiasmus ... erstrebt, sondern sich in unerschütterbarer und unwandelbarer Gleichmäßigkeit der Zuneigung und in ruhiger, aber rastloser Tätigkeit erhält und stärkt." Er schreibt einmal von dieser Distanz und Entfremdung, daß er der einsamste Mensch sei, den er kenne, „der nur die Wahl hat zwischen der leidenschaftlichen Weltflucht und der grauenhaften Abgeschiedenheit im Fremdengetümmel".

Während er sich innerlich einsam, den Freuden der Welt abgewandt fühlte und nur auf sich bezogen war, suchte er im Außen Erfolg und Umgang mit Menschen. Zu diesen gehörten die Großen seiner Zeit auf allen Gebieten, da er nicht nur Wirtschaftler, Industrieller, Politiker war, sondern ebenso Philosoph, Schriftsteller und Kunstliebhaber, der Künstler unterstützte und neben seiner schriftstellerischen Arbeit auch zeichnete und malte. „Er hatte Kultur, er war Kultur, und er fühlte sich kulturverantwortlich", schreibt der schwedische Freund Norlind in einer Biographie über ihn.

Viele Bücher wurden über Walther Rathenau von verschiedensten Gesichtspunkten aus geschrieben. Seit 1977 ist eine Gesamtausgabe von seinen Hauptwerken, Briefen, Gesprächen und vielem bisher Unveröffentlichten (hrsg. von H.D. Hellige und

E. Schulin) in Arbeit. Ich selbst will hier nur wenig Allgemeines und einiges Persönliche aus meiner Erinnerung wiedergeben.

Ich besitze auch noch manches Buch – von Stefan Zweig, Fritz von Unruh, Max Dessoir, Jakob Wassermann, Richard Dehmel, Frank Wedekind, Moritz Heimann, Hermann Stehr –, das eine persönlich gefaßte Widmung an Rathenau enthält. Zweig erwähnt als besondere Eigenschaft dieses „so universal interessierten und gebildeten Mannes", daß er immer Zeit gehabt habe, auch wenn sein Tag bis in die einzelnen Minuten eingeteilt und übervoll war. Wenn es nicht anders ging, begleiteten ihn Menschen, die ihn sprechen wollten, im Auto, und auch dort waren die Unterhaltungen von ungewöhnlicher Präzision und Tiefe.

Die großen Gegensätze, die sein Leben so schwer, fast tragisch machten, zeigen sich auch in seiner Lebenshaltung, die nach innen äußerst spartanisch, nach außen aber sehr großzügig war. Er hatte in seiner Liebe zur preußischen Vergangenheit das schöne Schloß der Königin Luise in Freienwalde mit seinem großen Park aus Hohenzollern-Besitz erworben und stellte es in seinem alten Stil wieder her. Aber er lebte nicht in den reizvollen, doch unheizbaren Zimmern mit den handgemalten Tapeten, mit den vielen Ornamenten und den leicht geschwungenen Möbeln, deren Bezüge bunt geblümt waren, sondern sehr einfach in einem kleinen Raum. Er hatte im Aufsichtsrat zahlloser Unternehmen ein gewichtiges Wort mitzureden, und doch hing er nicht an Geld und Besitz. Er bewies dies, als er durch Umwandlung seines Aktienbesitzes in Kriegsanleihe ein großes Vermögen wortlos verlor. In den Augen der Welt aber blieb er „Kapitalist", wie dies eine ostdeutsche Zeitung an seinem vierzigsten Todestag – 1962 – schrieb und zu ihren Zwekken auswertete:

„Er war der bedeutendste deutsche, ja international hervorragendste Propagandist des staatsmonopolistischen Kapitalismus und insofern ein gefährlicher Gegner der Arbeiterklasse und ihrer Verbündeten." Und doch fügte selbst diese marxistische Zeitung hinzu: „Er war andererseits ein kultivierter Mann, der sich der intellektuellen und moralischen Tradition des europäischen Humanismus verpflichtet fühlte."

Rathenaus Gedanken über Wirtschaft und Politik waren Ergebnis seiner ethischen Haltung. Er forderte soziale Erneuerung und sah als Zukunftsaufgabe die wirtschaftliche Überwindung des Proletariertums, dieses „unwürdigen Menschheitszustandes“. Dazu gehörte, seiner Meinung nach, die Schaffung eines neuen Sittenbegriffes, der Güter- und Machtvererbung verbietet, das Erbrecht beschränkt und Besitz- wie Einkommensteuer als Waffen gegen eine Stapelung von Wirtschaftsgütern einsetzt, die zu einem Mißbrauch wirtschaftlicher Macht führt. Er wollte die Arbeitszeit bis auf die unterste Grenze herabgesetzt wissen unter Beibehaltung und Sicherung eines Einkommens, das dem Arbeiter zugleich einen Ausgleich in der nun größeren, arbeitsfreien Zeit ermöglicht, damit er sich geistig weiter entwickle und Glück, Lebensinhalt wie Menschenwürde vertiefe.

Einige der für ihn charakteristischen, zukunftsweisenden Gedanken möchte ich aus dem Buch „Von kommenden Dingen“, das 1917 herauskam, anführen:

„Der wahrhaft königliche Weg ist der Weg der Bewußtheit und des Verzichtes. Mechanisierung als Form des materiellen Lebens wird der Menschheit dienen müssen, darf aber nicht zum Selbstzweck werden. Denn die Mechanisierung produziert unter dem Sinnbild der Submission: ein Minimum an Güte. Die Menge wird vorgeschrieben, der geringste Preis ist recht, und Liebe wird nicht bezahlt...

Wir wissen, daß alle Güter dieser Erde nichts sind als amorpher Rohstoff, weder gut noch böse, weder wert noch unwert, solange sie nicht zur zweiten Natur wiedergeboren sind. Der Mensch selbst, ungeläutert durch Fall, Bewußtheit und Aufstieg, bleibt im Seelenhaften ungeboren. Die Wiedergeburt durch Bewußtheit und freien Willen zur Pflicht und zum Liebeswerk war dem mechanistischen Wesen noch nicht beschieden. Es muß das Bewußtsein erwachen, daß in gleichem Maße alles materielle Handeln und alles, was ihm dient, ein Bauen am irdischen und überirdischen Leibe der Menschheit bedeutet und daß es kein Unglück und Verbrechen gibt, für das wir nicht alle Rechenschaft schulden, daß kein Recht, keine Pflicht, kein Glück und keine Macht abseits vom Schicksal aller erworben und vertreten werden kann... Der Gefühlston der Mechanisierung ist Machtgier – es gibt seltsame Zusammenhänge zwischen Machtgier und schwacher Männlichkeit – mit ihren Ausstrahlungen der Neugier, Wißbegier, Geldgier, Kritiklust, Zweifel- und Verkleinerungssucht...

Besitz vernichtet, wenn er anderes ist und will als Pflicht und Pflege; Macht verdirbt, wenn sie anders ist und will als Verantwortung.

Verantwortung ist die einzige Kraft, die Herrschaft fordern und verantworten darf. Jedes Volk schafft sich seine Gegenwart und sein Ideal und ist für beides verantwortlich...

Alles Schaffen ist edel, das um seiner selbst willen geschieht; alles Schaffen ist gering, das durch den Stachel des Wunsches, durch die Peitsche der Angst erzwungen wird, das nicht sich selbst dient und genügt, sondern dem Zweck. Nur da wird schöpferisches Leben, wo frei von Zweck und Absicht um der Sache willen geleistet und geschaffen wird." Warnend hatte Rathenau schon 1911 in einem Aufsatz „Staat und Judentum" geschrieben: „Ich sehe Schatten aufsteigen, wohin ich mich wende. Ich sehe sie, wenn ich abends durch die gellenden Straßen von Berlin gehe; wenn ich die Insolenz unseres wahnsinnigen Reichtums erblicke; wenn ich die Nichtigkeit kraftstrotzender Worte vernehme." 1919 sieht er mit prophetischer Ahnung voraus, daß die Reihe der Weltkriege erst begonnen hat. „Sie werden in Zwischenräumen von einem Menschenalter andauern."

Von der Notwendigkeit einer guten Beziehung zwischen Deutschland und Frankreich war Rathenau überzeugt. Er ruft Frankreich und den Franzosen zu: „Männer und Frauen Frankreichs, durch die Jahrhunderte tragt ihr die Fackel des klaren Gedankens. Ihr habt Europa die Formen und Normen einer starken und freien Zivilisation gegeben... Ihr selbst habt die Menschenrechte aufgestellt als eine Form, die der menschlichen Würde entspricht und von keiner Nützlichkeit beschränkt wird."

Nach den Wiesbadener Verhandlungen 1921 mit dem französischen Minister Loucheur, bei denen erstmals wieder ein französischer und ein deutscher Minister gleichberechtigt am Verhandlungstisch saßen, soll Loucheur gesagt haben: „Das Beste, was uns Deutschland bisher geschickt hat, ist Walther Rathenau."

Rathenau beherrschte fehlerlos und ohne Akzent Französisch,

Englisch und Italienisch, nicht nur in der Sprache, sondern auch im kulturellen Bereich. Seine Kenntnisse auf fast jedem Gebiet machten ihn zu einem Vorläufer paneuropäischer Gedanken. Er wollte nicht nur sein Vaterland, sondern Europa retten oder zumindest wirtschaftlich stärken. Dabei war ihm, wie er durch den Vertrag von Rapallo bewies, die Wichtigkeit einer Anlehnung Deutschlands an die Wirtschaftskräfte des Ostens bewußt. Mancher Vorwurf ist gegen diesen Vertrag erhoben worden. Sicher aber hat Rathenau, dessen soziale Ideen den sozialistischen von Marx völlig entgegengesetzt waren, damals den notwendigen Schritt für die Rehabilitierung Deutschlands getan und damit seine Wiederaufnahme in der europäischen Völkerfamilie und seinen späteren Aufstieg mit ermöglicht. Es ging ihm allein um Verständigung, um gegenseitiges Vertrauen und Frieden. So schloß er seine große Rede in Genua mit dem Zitat aus Petrarca: „Ich gehe durch die Welt und rufe: Friede, Friede, Friede!"

Dennoch prägte Stinnes während der Konferenz von Spa – 1920 – das haßerfüllte Wort von Rathenaus „fremdartiger Seele". Rathenau war von den Rechtsparteien verfemt, seitdem er 1914 weitblickend vorausgesehen hatte: „Nie wird der Augenblick kommen, wo der Kaiser als Sieger der Welt mit seinen Paladinen auf weißen Rossen durch das Brandenburger Tor zieht. An diesem Tag hätte die Weltgeschichte ihren Sinn verloren."

Die Erinnerungen an meinen Onkel möchte ich nicht schließen, ohne einige Worte der Charakterisierung durch Max Scheler, durch Gerhart Hauptmann und durch meine Mutter hinzuzufügen.

Max Scheler beschreibt bei einer Gedenkfeier in der Universität Köln 1922 Rathenau als eine schlanke, hochgewachsene, pointiert männliche, feingliedrige, aristokratische Gestalt, schwarz von Haar und von ausgeprägtem semitischem Typus, durchaus adelig innerhalb seiner Rasse, ruhig und gemessen in Haltung und Bewegung. „Trotz aller gewinnenden weltmännischen Liebenswürdigkeit und Gewandtheit ging eine große Kühle von ihm aus... Doch ging keiner, der Walther Rathenau nahte, unbeschenkt nach Hause, unbeschenkt aus dem quellenden Born seines Geistes und Wissens. Niemand blieb unberührt von der Kraft und der weltumspannenden Sympathie dieses großen Herzens... Rathenau hat durch seine Person und sein Werk gezeigt und bewiesen, wie man den Techniker und den Kaufmann in sich mit höchster Geistesbildung und mit jenem echten Herrentum verknüpfen kann, das zugleich von Herzen demütig ist in der vor Gott stehenden und in ihm sich geborgen fühlenden Seele."

Aus der Gedenkrede von Gerhart Hauptmann stammt ein Satz, der Rathenau in kurzen Worten sehr genau beschreibt: „In Walther Rathenau waren zwei Dinge vereint, die sonst meist getrennt vorzukommen pflegen: das praktisch organisatorische Genie und der reine Idealist. Er beherrschte den Apparat unseres staatlichen und wirtschaftlichen Lebens, und was er suchte und glorifizierte, das war die immaterielle Seele."

Das Bild, das meine Mutter mit etwa dreißig Jahren von ihrem Bruder entwirft, ist nur leicht hinskizziert, aber sehr charakteristisch:

„Walther festzuhalten und zu umfassen, wäre ein eitles, hoffnungsloses Unterfangen, denn das Bild wechselt und irisiert, es ist aus tausendfachen Gegensätzen zusammengewoben; Sohn seines Vaters, dieses merkwürdig einfachen, genial schauenden und real nüchtern aufbauenden Mannes, der in seiner bruchlosen Echtheit wie ein Fels dasteht (ein Genie, das nichts von sich und wenig von der Welt, aber ungeheuer viel von seiner Arbeit wußte), visionär, wenn es um die Zukunft einer Erfindung ging, praktisch, sachlich in seiner Arbeit.

In seiner Jugend war er gedrückt von der Unausgeglichenheit des Elternhauses, sieben Jahre lang völlig einsam in Bitterfeld, wo er mit einer gigantischen Bildungswut Material in seinem fabelhaft durchgebildeten Gehirn anhäuft, malt, Musik treibt, Chemie, Physik, Philosophie und Kunstgeschichte studiert und sich ein Wissen von fast beispiellosem Umfang erwirbt. Daneben arbeitet er in einer Fabrik, die das Verfahren zur Herstellung synthetischer Steine erprobt. Er kommt zurück. Aus dem scheuen, jähzornig linkischen Jungen ist ein selbstbewußter Mann geworden, der jeden Gedanken bis in die Tiefen verfolgt, keine Minute unbeachtet und ungenutzt vorübergehen läßt, ohne Unterlaß denkt, schafft, arbeitet und beobachtet. Langsam verändert er die Atmosphäre zu Haus. Allzu laute Töne werden gedämpft, der äußere Firnis wandelt sich – antike Möbel, moderne Bilder, eine Unmenge Bücher. Mit der äußeren Stellung wächst Walthers innere Kraft.

Nachdem er Deutschland während des Ersten Weltkrieges mit Rohstoffen versorgt hat, steht er ab 1915 als Präsident an der Spitze der AEG. Nach wenigen Jahren aber scheidet er innerhalb eines Tages aus diesem Amt und stellt alle Aufsichtsratsposten zur Verfügung. Er übernimmt im Kabinett von Wirth das Wiederaufbau- und später das Außenministerium.

Walther ist einer, dem kein Gedanke und keine Frage fremd ist, der Tiefen und Höhen jedes Menschen kraft seines ungeheuren wissenden Verstandes bemeistert, der zu höchsten Erkenntnissen gelangt ist, dem aber die innerste Kraft der Seele noch fehlt, wenn auch um seiner Sehnsucht und seiner inneren Kämpfe willen die Welt reicher geworden ist."

Beim Niederschreiben dieser Zeilen fällt mir die schöne, klare Handschrift meines Onkels ein, der viele Briefe selbst schrieb. Auch in der Eile hielt er sich immer noch in Zucht und nahm Rücksicht auf den anderen. Man könnte bei ihm von einer preußischen Disziplin sprechen. Um so seltsamer erscheint mir heute noch, daß der Bildhauer Breker, der nach der Auswanderung meiner Eltern 1939 das Haus Rathenaus mietete, zuerst den Exorzismus vollziehen ließ. Sollten die bösen Geister des Juden vertrieben werden? – Ein seltsamer Gedanke; es gibt sicher wenig Menschen, die wie Rathenau mit soviel Selbsterkenntnis, Selbstzucht, Mut und menschlichem Einsatz das Negative und Böse in sich bekämpften und dazu beitrugen, auch der Welt ein wenig von jener Angst zu nehmen, die dem Zweckhaften und Gemeinen verbunden ist.

Eine im Wesen Rathenaus verwurzelte tragische Spannung bestand zwischen seiner Liebe zum Deutschtum und zu seinem jüdischen Erbe. Er mußte die Wirklichkeit bejahen, die ihn schicksalhaft in die Gemeinschaft der Juden gestellt hatte, und doch zog es ihn in einer übermäßigen, schmerzlichen Liebe zum deutschen Wesen hin, das – ein Bild der Sehnsucht – für ihn die Züge der Freiheit und der Aufrichtigkeit, des Mutes und der Würde besaß. In Wirklichkeit erkannte er den Deutschen mit all seinen Nachteilen, „dieses Volk, das keinen echten Freiheitssinn hat. Es liebt die

Autorität, es will regiert sein, es gibt sich hin und will gehorchen. Diese halbe Tugend ist im Sinne der ewigen Geschichte ein Vergehen." Dennoch hoffte er Deutschlands Jugend zu seinem Traumbild hinführen zu können, zur Einheit der Überzeugung, zur Treue einer Weltanschauung, in der das Geistige über das Irdische gestellt ist und aufrechte, freie, weitblickende, würdevolle, innerliche Menschen das Steuer führen.

„Ich habe und kenne kein anderes Blut als das deutsche", heißt es in einem Brief, „keinen anderen Stamm, kein anderes Volk als das deutsche... Meine Aufgabe ist keine jüdische. Ich fühle mich deutsch und werde mich nie von meinem deutschen Volk trennen..." Immer wieder setzte er seine Kraft, sein Können und Wissen für Deutschland ein, dem er sich tief verbunden fühlte. Aber die Deutschen wußten seine Liebe nicht zu erwidern. So wurde ihm die Äußerung eines Offiziers hinterbracht: „Wenn dieser Rathenau uns geholfen hat, so ist es eine Schande und ein Ärgernis." Ohne Bitterkeit antwortete er: „Man kann nur einen kränken, der etwas will oder der sich fürchtet. Ich will nichts für mich. Sie haben mir alles nachgesagt, was sie ausdenken konnten, mögen sie es weiter tun. Ich habe keine Bitterkeit gegen sie. Wenn sie mir das Leben nehmen, sie nehmen mir nicht viel."

Schon als er nach Genua fuhr, bedrängten ihn Todesahnungen: „Diese Periode, welche Sie als die größte meines Lebens bezeichnen", schrieb er damals einer Freundin, „ist die schwierigste. Sie ist nichts anderes als ein Abschied von allem. Ich weiß, daß, was ich unternehme, das Zerbrechen meines Lebens bedeuten wird, ob ich will oder nicht."

Er hatte das Schicksal des Juden und seiner Verfemung auf sich genommen. Schon lange zuvor. Denn „in den Jugendjahren eines jeden deutschen Juden gibt es einen schmerzlichen Augenblick, an den er sich zeitlebens erinnert: wenn ihm zum ersten Male bewußt wird, daß er als Bürger zweiter Klasse in die Welt getreten ist und daß keine Tüchtigkeit und kein Verdienst ihn aus dieser Lage befreien können". Diese Erinnerung hielt er zu allen Zeiten wach. Sie mag ihm auch das Sterben erleichtert haben. „Ich habe keine Wünsche, denn meine Arbeit ist getan. Ist es ihr und dem Rest meines Lebens bestimmt, verfolgt zu werden, so mag es geschehen ... Ich werde nicht länger leben, als bis ich mich ausgegeben habe."

Am 24. Juni 1922 traf ihn die Kugel der Mörder in der Königsallee ganz nah bei meinem Gymnasium, das später den Namen Rathenau-Schule erhielt. Ich war an diesem Tage zu Hause geblieben, weil ich nach einer schweren Kieferoperation noch elend war. Aber bald wurde durch Extrablätter das Attentat in seinen Einzelheiten geschildert: „Als Rathenau von seinem Haus im Grunewald zum Auswärtigen Amt fahren wollte, überholte ihn ein Wagen, in dem drei Männer saßen. Der eine, Kern, schoß aus einer Maschinenpistole, der zweite, Fischer, warf eine Eierhandgranate." E. W. Techow steuerte das Auto. Rathenau sank zusammen, Unterkiefer und Wirbelsäule waren zerschmettert. Bei der Rückfahrt soll Rathenau sich noch einmal aufgerichtet und mit unendlich traurigen Augen die Krankenschwester angeblickt haben, die sich zufällig in der Nähe aufhielt und in das Auto eingestiegen war. Die Mörder stammten aus der ehemaligen Brigade Ehrhardt, die nach dem Kapp-Putsch aufgelöst worden war, aber als Geheimorganisation weiter bestand. Über dieses Attentat schrieb 1939 Walter Frank, der Leiter des „Reichsinstitutes für Geschichte des neuen Deutschland": „Sein Tod unter den Kugeln zweier blonder Offiziere ist das gewesen, was sein ganzes Leben nicht war: ehrlich." Noch heute empfinde ich schmerzlich den Hohn dieser Aussage.

Für mich hatte dieser Tod über seine Tragik hinaus doch etwas Versöhnliches, da Rathenau auf dem Höhepunkt seiner Laufbahn starb und innerlich vorbereitet war. Er hatte genug Drohbriefe bekommen und trotzdem den Polizeischutz, der ihm gegeben werden sollte, abgelehnt. Ein Pfarrer, von dem einer der Mörder im voraus Absolution erbitten wollte, hatte ihn warnen lassen. Trotzdem war seine Antwort: „Wenn ein unvergeudetes Leben enden soll, geschieht es nicht aus Willkür. Welcher Satz, welcher Pinselstrich des Werkes letzter ist, gilt nicht zu fragen ..." Diesen Mut, gerade von einem Vertreter jenes Volkes, dem Rathenau selbst Feigheit und Schwäche vorwarf, habe ich restlos bewundert. Tragisch aber war es, daß die Menschen, die ihn töteten, dies aus jenem gleichen Haß heraus taten, dem Millionen Juden später zum Opfer fielen, und daß auch Rathenau, der Deutschland so sehr geliebt und alle

Kräfte für seinen Aufstieg eingesetzt hatte, diesem Schicksal nicht entgehen konnte.

Ich traf in den fünfziger Jahren Ernst von Salomon, der beim Anschlag auf Rathenau beteiligt war und berühmt geworden ist durch sein Buch „Der Fragebogen", in dem auch dieses Attentat geschildert wird, einen etwas dicklichen, recht selbstbewußten Mann. Als ich ihn mit den Worten „Vielleicht interessiert es Sie, die Nichte von Walther Rathenau kennenzulernen", stellen wollte, verzog er keine Miene, sondern antwortete schlagfertig: „Das war ein großer Mann, und ich verstehe nicht, warum seine Bücher nicht wieder veröffentlicht werden." Dabei hatte er zu jenen gehört, die, wie der Mörder Kern, der Meinung waren, „das Blut dieses Mannes soll unversöhnlich trennen, was auf ewig getrennt werden muß".

Hatte Onkel Walther noch mit einer Spur Hoffnung – gegen sein besseres Wissen – erwartet, er könne mit seinem Einsatz und seiner Opferbereitschaft, seinem großen Können und seiner genialen organisatorischen Begabung jene Menschen überzeugen, die sich ihm, dem lästigen Juden, so himmelhoch überlegen dünkten, so hatte dieser Tod solche Möglichkeit für immer ausgeschlossen. Die Worte aus Kerns Mund: „Wir fechten nicht, damit das Volk glücklich werde, wir fechten für den Sieg der Deutschheit über die Erde", oder „Wenn Hitler seine Stunde begreift, ist er der Mann, für den ich ihn halte", waren ein Fanal für die Grauen der kommenden Zeiten. Noch aber war das Gift nicht genug in das Volk eingedrungen. Zahllos waren die echten Beileidsäußerungen. Dichtgedrängt standen die Menschen auf der Straße, als der Trauerzug vorbeikam.

Die Trauerkundgebung im Reichstag mit Ansprachen von Ebert und Wirth war sehr feierlich. Der Saal war schwarz verhangen, das Rednerpult mit Lilien geschmückt. Die schwarz-rot-goldne Fahne mit dem Reichsadler bedeckte den Sarg, der, von Kränzen überschüttet, zwischen zwei goldenen Riesenleuchtern stand. Es erklang der Trauermarsch aus der Götterdämmerung und die Coriolan-Ouvertüre von Beethoven, die Onkel Walther so oft mit seiner Mutter vierhändig gespielt hatte. Dann folgte die Überführung nach Schöneweide in die Familiengruft. Die Reichswehr stand

Spalier – eine Minute Schweigen in der ganzen Stadt. Am Grabe bricht Großmama, die bis dahin still und völlig gehalten war, zusammen und wirft sich über den Sarg. Der Schmerz ist erschütternd, und es ist furchtbar, ihre Qual mit anzusehen. Vielleicht aber ist es gut, daß sie endlich weinen kann.

Leo Baeck, der Freund, hält die Trauerrede. Nur noch wenige Menschen dürfen hier zugegen sein. Mein Vater steht etwas scheu und fremd da; zum ersten Male bei einem jüdischen Begräbnis, weiß er nicht, daß man den Hut aufbehalten muß. Langsam wird der Sarg in die Familiengruft hinabgesenkt, die für den Bruder Erich errichtet war. Zu beiden Seiten zwei in die Ewigkeit hineinlauschende Putten, die auf ihren kleinen Instrumenten musizieren, eine rührende Symbolik, die mein Großvater sich ausgedacht hatte.

Drei Tage nach seinem Tode erschien Walther seiner Mutter, wie sie mir erzählte, im Traum und verlangte von ihr, daß sie ein paar Worte an Frau Techow schreibe, deren Sohn der dritte der Mörder war. Beide Frauen kannten sich. Wenn man an die Nüchternheit meiner Großmutter denkt und an ihre klare Kritik, dann ist dieser Traum sehr verwunderlich. Sie schrieb den Brief: „In namenlosem Schmerz reiche ich Ihnen, sie ärmste aller Frauen, die Hand. Sagen Sie Ihrem Sohn, daß ich im Namen und im Geist des Ermordeten ihm verzeihe, wie Gott ihm verzeihen möge, wenn er vor der irdischen Gerechtigkeit sein volles, offenes Bekenntnis ablegt und vor der göttlichen bereut... Mögen diese Worte Ihrer Seele Frieden geben." Wie maßlos der Haß der Nazis gegen Rathenau war, zeigt wieder ein Ausspruch von Walter Frank über diesen Brief, den er „Ausfluß eines kaltberechnenden Pharisäismus, eine Geste, die selbst die Großmut zur Fratzenkomödie macht", nannte.

Großmama hatte niemandem gegenüber von diesem Brief gesprochen. Man erfuhr erst von ihm, als Frau Techow ihn als Entlastungszeugnis bei der Verhandlung gegen ihren Sohn hervorholte. Sie hatte niemals darauf geantwortet, nur der Rechtsanwalt hatte seinen Empfang bestätigt. In dieser Verhandlung bekam Techow 15 Jahre Zuchthaus – die beiden anderen Mörder hatten sich auf der Burg Saaleck, in der sie sich versteckt hielten, erschossen.

Als Techow bei der Verhandlung gefragt wurde, was er unter Antisemitismus verstehe, antwortete er: „Kampf gegen Zersetzung und Materialismus“, und behauptete, Rathenau sei Bolschewist gewesen und hätte seine Schwester mit dem russischen Kommunisten Radek verheiratet. Er wußte genau, daß es eine Lüge war, denn Kern hatte vor der Tat leichtfertig gesagt: „Wenn ihr gegriffen werdet, sagt um keinen Preis die Wahrheit. Sagt irgend etwas... Sagt meinetwegen, er sei einer der Weisen von Zion oder er habe seine Schwester an Radek verheiratet oder sonst was Blödes.“

Nach dem Tode lebte meine Großmutter nur noch in Gedanken an ihren Sohn und begann – mit achtundsiebzig Jahren – seine Notizen und Papiere, seine Zeichnungen und Aquarelle zu ordnen und seine Briefe herauszugeben. Sie war völlig verwandelt, gütig, still, im Einklang mit sich und dem Schicksal. Sie fragte nicht mehr nach dem Warum des Geschehenen, nicht nach Vergeltung oder Ungerechtigkeit. Sie lebte die vier Jahre bis zu ihrem Tode nur noch aus der Kraft ihrer Liebe zum Sohn. Dabei hatte sie erfahren, so sagte sie mir einmal, „daß es schon auf Erden ein Stück der ewigen Gerechtigkeit gibt“. Karl Helfferich, mit dessen Familie Rathenaus früher befreundet waren, hatte als Wortführer der Rechtsopposition das Kesseltreiben gegen Walther Rathenau mitgeschürt. Beim Betreten des Plenarsaales zur Trauerfeier Rathenaus wurden ihm die Worte „Mörder“ entgegengeschrien. Als Helfferich zwei Jahre später – 1924 – nach Italien fahren wollte, stieß sein Zug in Bellinzona gegen einen entgegenkommenden. Helfferich erlag seinen tödlichen Verletzungen.

Am 2. August 1926, vier Jahre nach ihrem Sohn, starb meine Großmutter in tiefem Frieden.

Nach dem Zweiten Weltkrieg ging durch amerikanische Zeitungen eine etwas sentimental aufgezogene Geschichte, nach der Techow, der Offizier in der Fremdenlegion geworden war, eine völlige Wandlung durchgemacht haben soll. Er habe sich mit Rathenaus Schriften beschäftigt und auch Hebräisch gelernt. Vor allem aber habe er in Südfrankreich Hunderten von Juden die Flucht nach Spanien ermöglicht. Techow soll dies Ernst Rathenau, einem entfernten Verwandten, erzählt haben, der in der französischen Armee Offizier geworden war. Meine Eltern haben nie etwas Authentisches darüber erfahren. Ich habe auch diesen entfernten Vetter, den ich niemals kennengelernt habe, nicht danach fragen können.

Als nach dem Weltkrieg ein Gedenkstein für Rathenau an der Stelle errichtet wurde, an der die Kugel ihn traf und an der früher ein schlichtes Gitter mit vier Haken zum Aufhängen der Kränze stand, war Ernst Rathenau als Vertreter der Familie bei der Feier erschienen, obwohl es keine näheren Verwandten mehr von Onkel Walther gibt als uns vier Schwestern, die wir dieses Erbe auf sehr verschiedene Weise tragen. Meine jüngeren Schwestern kannten ihn kaum. Meine ältere aber empfand manchmal Scheu vor ihm. Seine imposante Erscheinung und seine distanzierte Kühle erdrückten sie.

Vielleicht war er mir so viel näher und vertrauter, weil ein ähnlicher Wesenszug uns verband. Er hatte den Kampf mit dem Schicksal aufgenommen und sah die Bestimmung des Menschen darin, daß jeder auf seiner Stufe seine Lebensaufgabe zu vollenden habe, da „unser Leidensweg durch die Zeit geht“. Amor fati, die liebende Bejahung dessen, was das Schicksal für uns bereithält, die Auseinandersetzung mit dem Gegebenen und Zugedachten, der Kampf zwischen Freiheit und Notwendigkeit, ist auch eines der Leitmotive meines Lebens.

Jugenderinnerungen

Leider habe ich kein gutes Gedächtnis und kann mich an vieles aus meiner Jugend nicht mehr erinnern. Ich lebte zwar in einer wichtigen Zeit in Berlin, in der der Erste Weltkrieg, der Untergang des Kaiserreiches, Inflation und viele Umschichtungen geschahen, war privat aber bis zur Hitlerzeit durch die Geborgenheit in unserem Elternhaus sehr abgeschirmt. Wir sind vier Mädchen, die älteste 1902, die jüngste 1915 geboren. Aber doch sind einige charakteristische Erlebnisse mir heute noch gegenwärtig. So steigt das Bild der Mutter meines Vaters mit den kleinen geringelten Locken und den gütigen Augen vor mir auf und ist mir ganz nah und vertraut. Wir liebten diese Großmutter sehr. Wenn meine Eltern verreist waren, zog sie zu uns. So stelle ich mir Goethes Mutter, „Frau Aja", vor – voller Charme und Liebenswürdigkeit, lebensklug, warmherzig, mit gütigem Humor und der Weisheit des Herzens.

Sie war dreimal verheiratet. Ihr erster Mann, von dem drei Kinder, darunter mein Vater, stammten, war Teilhaber einer Farbwarenhandlung in Frankfurt. Seine Schwester, Maria Schreyer, habe ich noch gut gekannt. Sie war mit einem zu seiner Zeit berühmten Maler verheiratet. In ihrer Wohnung hingen farbenprächtige Bilder mit Themen aus Ungarn und der Walachei, die er als Begleiter eines Prinzen von Thurn und Taxis kennengelernt hatte, aus Kleinasien und Algerien, mit berittenen Arabern, ausbrechenden Tieren, wilden Landschaften.

Nachdem ihr erster Mann gestorben war, zog meine Großmutter nach Berlin und heiratete einen bekannten Architekten, Giesenberg, der das Opernhaus in Frankfurt erbaut hat. Die Tochter aus dieser Ehe war bezaubernd schön, starb aber jung, nach kurzer Ehe. Auch Giesenberg starb, noch nicht alt, nach schwerer Krankheit, und einige Jahre später heiratete die Großmutter Baron von Arnswaldt, einen welfischen Reichstagsabgeordneten, der diese lebenslustige Frau an ein enges, vornehmes Gutsmilieu band. Nach seinem Tod zog sie mit ihren vier Kindern wieder nach Berlin und führte hier mit einer großzügigen Gastfreundschaft ein Leben voller Anregungen.

Bis spät in die Nacht hinein saß sie in ihrer hübschen Wohnung am Nollendorfplatz, dessen Lärm sie nicht im geringsten störte, oder auf dem Balkon. Wenn vorübergehende Freunde sie dort sitzen oder Licht in ihrem Zimmer brennen sahen, gingen sie, so spät es auch sein mochte, zu ihr hinauf. Und immer wurden sie mit Herzlichkeit und einem Imbiß empfangen. Zu diesen Freunden gehörten unter vielen anderen der Dichter Eckart von Naso, der Schauspieler Hadrian M. Netto, die Schriftsteller Wolfgang Goetz und Theodor Däubler, der Astrologe O. A. H. Schmitz, der Musiker Conrad Ansorge – Politiker, Künstler, Priester, ein sehr großer Kreis, der bei ihr Wärme, Menschlichkeit, Anregung und Verständnis fand, wie in den Zeiten der Romantik. Durch sie lernte ich die Bedeutung eines Hauses kennen, in dem die Frau der Mittelpunkt ist, weil sie ganz einfach da ist und mit ihrem Herzen das Herdfeuer am Glühen hält.

Dabei war sie gar nicht besonders intelligent oder belesen. Aber sie konnte auf eine bezaubernde Weise echte Konversation machen. Einmal erzählte sie uns, daß sie neben einem berühmten Mann saß und mit ihm über seine Bücher sprach. Als er sie fragte, warum sie seine letzten Werke nicht gelesen habe, stellte sie fest, daß das Konversationslexikon, aus dem ihre Kenntnisse stammten, veraltet war und nicht mehr die neuesten Bücherangaben dieses Dichters enthielt. Wie gut, daß der berühmte Mann, dank ihres Charmes, nicht weiter fragte.

Eine tiefe Freundschaft verband sie mit Carl Ludwig Schleich, dem genialen Arzt, der die Lokalanästhesie erfunden hatte und daneben ein begabter Dichter war. In einem seiner Bücher „Besonnte Vergangenheit" schreibt er auch über meine Großmutter. Als ich ihn einmal fragte, woher seine vielseitigen Begabungen kämen, meinte er, er habe sicher einen Spargel gegessen, der auf Goethes Grab gewachsen war.

Mein Vater hing mit sehr großer Liebe an seiner Mutter, und für uns war sie die Großmutter aus dem Bilderbuch, die für die Enkel da war, sie verwöhnte – gottlob wollte und brauchte sie uns nicht zu erziehen – und die herrlichsten Streiche mit uns ausheckte. So erklärte sie unserem Hauslehrer – wir wurden bis zum Ausbruch des Weltkrieges zu Haus unterrichtet –, daß es viel gesünder sei, mit uns in den Zoo oder zum Karussellfahren zu gehen, als im Zimmer zu sitzen und Schulaufgaben zu machen. Jeden Widerstand überwanden ihre Herzlichkeit und ihr Charme. Dieser Charme war keine oberflächliche Liebenswürdigkeit, sondern die Ausstrahlung eines in seiner ganzen Fülle gelebten und geliebten Lebens, eine Fröhlichkeit, die nach Leid und Opfern unvergänglicher Besitz geworden war. Die Menschen, die zu ihr kamen, wurden davon angesteckt und vergaßen eine Zeitlang ihre Probleme und Schwierigkeiten. Dabei war ihr eigenes Leben nicht leicht gewesen.

Sie erzählte mir einmal, wie sie – noch nicht dreißigjährig – nach dem Tod ihres ersten Mannes mit den drei Kindern dastand, ohne Geld, tränenüberströmt. Da habe sie gesehen, wie herrlich die Sonne schien, und plötzlich sei sie ganz still und heiter geworden. Sie empfand nur noch, wie schön die Welt Gottes sei. Und nun ging das Leben für sie weiter. Niemand von uns sah sie jemals in schlechter Laune oder verärgert. Trotzdem wußten wir, daß sie, wenn sie einmal zornig oder voller Sorgen war, zu einer kleinen chinesischen Porzellanfigur ging, die die Zunge herausstreckte und die Hände bewegte, wenn man sie berührte. Sie sagte dem kleinen Chinesen ihre Sorgen, ihre Wut, und wenn dieser dann bejahend nickte, wurde sie wieder ruhig.

Eine ähnliche Therapie hatte sich ihre älteste Tochter, Tante Katy, angewöhnt, die wir während des Krieges bei uns auf dem Hof aufgenommen hatten. Sie ähnelte in ihrer Liebenswürdigkeit und stets fröhlichen Stimmung sehr meiner Großmutter. Auch sie ließ nie erkennen, daß sie Ärger oder Sorgen hatte, sondern nahm für solche Augenblicke zurückgestelltes angesprungenes Glas und Porzellan und warf sie durch einen Schacht ihrer hochgelegenen Wohnung in den Keller hinunter. Wurf und Lärm entspannten ihre Nerven.

Wenn ich heute so oft zu hören bekomme, daß die Großmütter

als Leitbild aussterben, so bin ich glücklich, daß ich eine solche echte, gütige, weise alte Frau gekannt habe. Schwerelos und ohne Aufhebens wie ihr ganzes Leben war auch ihr Tod. Ihre letzten Worte waren: „Lieber Gott, mach's gnädig mit mir."

Der genaue Gegensatz zu ihr war meine Großmutter Rathenau, die – trotz ihrer wunderbaren Veränderung nach dem Tod des Sohnes – in mir eine Erinnerung an Kälte, Härte, Bedeutung und Größe, aber niemals an Vertrautheit und menschliche Nähe weckt. Manchmal fragte uns Großmama Rathenau, welche Großmutter wir denn lieber hätten, und einmal antwortete meine Schwester Maria mit ihren zehn Jahren: „Wir wissen es schon, aber wir sagen es nicht."

Zu meiner Großmutter Rathenau hatte wohl nur ich Kontakt. Meine jüngeren Schwestern kannten sie kaum mehr, und meine ältere wurde niemals sehr warm mit dieser herben, klugen, aber so wenig gütigen und in jeder Beziehung sehr sparsamen Frau. Hierbei fällt mir eine hübsche Geschichte ein. Als wir klein waren, mußten wir Großmama Rathenau jeden Sonntag besuchen, was uns gar keinen Spaß machte. Wir waren meist zu sechst – meine Eltern, Onkel Walther, Maria und ich. Es gab jedesmal die gleiche Sahnetorte, die von dem besten Konditor Berlins, Miericke, geschickt wurde. Sie kostete drei Mark, und jeder bekam ein Stück. Einmal kam meine Schwester Maria auf den Gedanken – sie mochte zwölf Jahre alt gewesen sein –, Miericke anzurufen und im Namen von Großmama eine doppelt so große Torte für den kommenden Sonntag zu bestellen. Wie freute sie sich auf das zweite Kuchenstück. Aber als wir zur Großmutter kamen, berichtete diese voller Ärger, daß zum erstenmal seit dreißig Jahren der Konditorlehrling eine viel zu große Torte gebracht hätte, die das Doppelte kostete. Sie habe sie gleich zurückgeschickt. So gab es an diesem Sonntag überhaupt keinen Kuchen.

Die Erinnerung an Großmama Rathenau faßt sich für mich in drei Bildern zusammen. Das eine: Unser Spaziergang einmal die Woche im Grunewald. Das elegante Auto wartet etwas abseits. Meine Großmutter geht langsam, ein wenig nach vorn gebeugt, mit müdem Gesicht durch den Wald, eine verhärmte, herbe alte Frau, unscheinbar angezogen, ohne den Schmuck, den sie zu Hause versteckt hat. Sie ruft ein Gefühl von Angst und Mitleid in mir wach.

Dann der Besuch am Nachmittag zum Kaffee, den wir auf der Glasveranda in ihrem großen Haus in der Viktoriastraße zusammen tranken. Niemals benutzte sie die eleganten Empfangsräume im Empire- und Renaissancestil, die wir die „kalte Pracht" nannten. Der große Musiksaal mit Säulen und Ornamenten aus Stuck und dem wunderbaren eingelegten Parkett wurde nur für die halbe Stunde geöffnet, die sie nach Tisch mit Onkel Walther vierhändig Klavier spielte. Die meiste Zeit saß sie in der Glasveranda vor der Büste ihres so jung verstorbenen Sohnes Erich. Langsam, wie bei einer feierlichen Zeremonie, goß sie Tropfen für Tropfen Wasser in die Karlsbader Maschine – alles wirkte distanziert, verhalten, unpersönlich.

Und das letzte Bild: Eine fast versteinerte Greisin, bei der ich in der Nacht nach der Ermordung des Sohnes wachte. Meine Eltern waren in Köln. Mein Vater, der die Extrablätter gesehen hatte, nahm meine Mutter in den Dom, um ihr dort, in der Stille, die Trauer-Botschaft behutsam nahezubringen. Meine Großmutter, die von einem Freund des Sohnes benachrichtigt worden war, ließ niemanden zu sich. Es war schon später Abend, als sie mich, nach bangen Stunden des Wartens, endlich empfing. Sie war wie Niobe erstarrt. Für sie gab es keinen Lebenssinn, keine Zukunft, keine Kinder mehr. Da sie zu meiner Mutter keine echte Beziehung hatte, brauchte ich lange Zeit, um ihre abweisende Kälte ein wenig zu mildern. Es war ein schwerer Kampf, bis sie wieder einer menschlichen Reaktion fähig war.

Etwas von dieser Distanz und Härte wurde auch meiner Mutter nachgesagt. Ich selbst habe ein ganz anderes Bild von ihr. Ich empfand sie niemals unnahbar oder von distanzierter Kühle, wohl aber gequält von einer wilden Leidenschaft, die einer niemals erfüllten und wohl niemals erfüllbaren Sehnsucht entsprang und nicht von triebhafter Glut erwärmt wurde. Immer erwartete sie mehr, als ihr entgegengebracht wurde, wohl als Folge ihrer wenig glücklichen Jugend. Immer blieb sie vom Verstand her mißtrauisch und zweifelnd, so daß ihr die letzte Hingabe fehlte. Eine oft ungerechte, durch ungestillten Machtdrang noch verstärkte Art, den anderen zu verletzen, entstammte mehr einer inneren Not als einer gewollten Aggression und verlor an Bitterkeit durch impulsive Einsatzbereitschaft und Generosität. Auch wenn sie manchmal zu drastischen Erziehungsmethoden griff, konnte ich ihr nicht böse sein. Ich liebte sie mit meinem ganzen kindlich offenen und zutraulichen Herzen und fühlte mich geborgen bei ihr, so daß ich ihr oft sagte: „Denke du für mich."

Meine Mutter war ein sehr mutiger, temperamentvoller Mensch von einer großen Intelligenz und strengster Disziplin. Sie konnte sich mit ungeheurer Kraft und Intensität für andere einsetzen und war immer da, wenn wir krank waren oder Sorgen hatten. Die Liebe, mit der sie das kleine Kind auf den Armen hielt, begleitete mich auch in das spätere Leben hinein. Ich habe immer das Gefühl gehabt, daß ein Mensch, der in der Jugend Liebe empfing, niemals ganz verlassen und unglücklich werden kann, und ich spürte hinter aller Strenge die lebendige Einsatzbereitschaft und Großzügigkeit meiner Mutter. Aber natürlich gab es Ausnahmen und bittere Erfahrungen. So erinnere ich mich, wie ich, etwa zehn Jahre alt, zusammen mit meiner zwei Jahre älteren Schwester wieder einmal ein schlechtes Zeugnis bekam und mich voller Angst nicht nach Hause wagte. Wir beschlossen, in den Grunewaldsee zu gehen und gemeinsam zu sterben. Hand in Hand liefen wir durch den Wald. Als wir vor dem Wasser standen und nun doch nicht recht wußten, was weiter geschehen sollte, traf uns der Architekt unseres Hauses und fragte, warum wir so bitterlich weinten. Als wir ihm den Grund erzählten, nahm er uns mit nach Haus. Wir wurden auch nicht gescholten, weil meine Mutter sich schon große Sorgen um uns gemacht hatte.

Mit vierzehn Jahren kam ich in das Grunewald-Gymnasium, in dem ich später mit Jungens zusammen eine sehr umfassende humanistische Ausbildung erhielt. An diesem Gymnasium hatten wir Wahlfreiheit und konnte uns zusätzliche Fächer aussuchen. Mich interessierten vor allem die Literaturstunden, die der Direktor uns gab. Neue Welten öffneten sich mir. Hier lag auch der Beginn meiner frühen Begeisterung für Gundolf, der mich in seiner Liebe zur Dichtung und in der Verehrung für die großen Schriftsteller faszinierte.

An diesem Gymnasium lehrte ein Professor, der später Leiter von Schul-Pforta wurde, und ein anderer, der das Arndt-Gymnasium in Dahlem übernahm, Männer mit einem großen Wissen und einer echten humanistischen Bildung. Ich ging in die gleiche Klasse wie Dietrich Bonhoeffer, mit dem ich auch Hebräisch lernte und später bei Harnack Vorlesungen hörte. Eine Mitschülerin und Freundin war die spätere Frau des Grafen Peter Yorck, einem der hingerichteten Widerstandskämpfer des 20. Juli. Eine Klasse vor mir waren Dohnanyi, Delbrück und andere, die ebenfalls zu dieser Widerstandsgruppe gehörten. Ich erinnere mich noch an eine spätere Unterhaltung über den Widerstand, bei der ich die Meinung vertrat, man müßte die magisch beschworene Kugel eines „Freischütz“ haben, um einen dämonischen Menschen wie Hitler zu töten.

Die Fundamente für meine späteren Interessen und für meine Liebe zu Literatur und Religion wurden in dieser Grunewald-Schule gelegt und durch die umfassenden Kenntnisse meiner Mutter wie die stille Kultur meines Vaters ausgebaut. Wie oft ging meine Mutter mit uns in Museen, erklärte uns Bilder und Stilarten von Möbeln. Oder sie las abends Gedichte, Theaterstücke, Erzählungen vor und besprach sie mit uns. So lernten wir die großen Dichter und ihre Werke kennen, die Göttliche Komödie, Tasso, Iphigenie, Faust, Schillers Dramen und manche Gedichte, die ich heute noch auswendig weiß. An anderen Abenden spielte mein Vater Klavier, häufig mit meiner jüngeren Schwester Bärbel, die schon mit fünf Jahren, als sie kaum auf dem Klavierhocker sitzen konnte, Musik machte und später eine bekannte Pianistin wurde.

In unserem Haus sprach man nie vom Büro, von Geschäften oder Geldverdienen. Niemals brachte mein Vater Akten mit heim. Es herrschte eine völlig entspannte Atmosphäre. Reichtum, Stellung, Name waren damals noch eingebunden in Kultur, Verantwortung und Verpflichtung. Es waren nicht selbständige Größen der Ichbehauptung oder des Machtanspruches.

Wenn ich an unser Zuhause in Grunewald denke, an das Haus, dessen Front von klarer Ebenmäßigkeit und edlen Schönheit war, nach dem Goldenen Schnitt gebaut, mit den großen Räumen, den alten Möbeln, den geschmiedeten Bronze-Gittern, dem hohen

Kamin, den „Holzfiguren", die mein Vater mit Liebe und viel Verständnis sammelte, und den herrlichen Büchern, dann umfaßt mich wieder eine Atmosphäre der Ruhe, der Harmonie und Geborgenheit. Ein solches „Haus" wurde nicht vom Radio oder Fernsehen, von Telefon oder Arbeitsrhythmus bestimmt. Nichts war kollektiv, unpersönlich oder sachlich.

In den Räumen wurde musiziert, ein wirkliches Gespräch vor dem angezündeten Kamin geführt, ein gutes Buch gelesen und dem Gehörten und Erlebten nachgespürt und nachgesonnen. Man hatte Zeit – nicht im Begriff der Uhr, sondern im Sinn von Ruhe und Geduld, von Besinnung und intensiv gelebter Gegenwart. Hinter den starken Mauern, die den damaligen Häusern sichtbar tragende Grundfesten gaben, lebte noch eine echte Ordnung, ein bewußtes Maßhalten, das Unterschiede kannte zwischen der verantwortlichen Autorität der Erwachsenen und dem, was den Kindern erlaubt war, zwischen der echten Macht und Herrschaft des Vorgesetzten und der freiwilligen Pflichterfüllung der Angestellten, im Wissen, daß Geben und Nehmen zur Harmonie des Lebens gehören und daß die erzwungene Erfüllung einer Forderung nichts wert ist, daß vielmehr ein Gefühl des Dankes und des gerechten Verdienstes beim Empfangen und „Vergüten" notwendig ist.

Meine Mutter, die eine starke Beziehung zu allem Schönen und ein sehr gepflegtes Kunstverständnis besaß, hatte das Haus im Grunewald und unser Landhaus in Feldafing am Starnberger See zum großen Teil selbst entworfen, in fruchtbarer Zusammenarbeit mit dem Architekten ausgeführt und nach eigenem Geschmack eingerichtet. Das Landhaus war von Fritz Breuhaus, einem sehr begabten modernen Architekten, erbaut worden. Und doch war es kein „modernes" Haus im heutigen Sinn. Es war ganz der Landschaft eingefügt, ein wenig oval, dem Verlauf des Hanges entsprechend, und wurde im Volksmund „Niere" genannt. Es hatte einen großen Wohnraum, der typisch für die heutigen Bauten ist, und man konnte die Fenster des Eßzimmers herunterlassen, so daß man ebenerdig auf einer großen Veranda stand und der Blick über weite Rasenflächen und Baumgruppen bis zum Starnberger See hin die Landschaft in den Innenraum einbezog. Man fühlte sich aber nicht nach außen entgrenzt. Der Raum blieb ein „Innen" der

Umschlossenheit und Geborgenheit, abgeschirmt von der Unruhe und Betriebsamkeit der Welt.

Die Landhäuser sind heute meist flach, in die Breite gezogen, so daß die horizontale Linie als Sinnbild des Erdhaften besonders betont ist. Im Feldafinger Haus aber war auch die Vertikale mit einbezogen durch einen Turm, der dem Hause sein besonderes, harmonisches Gepräge gab. Eine spiralförmig geschwungene Treppe führte zu einem Turmzimmer, in dem die Bewegtheit der Formen und die Zartheit der Töne ein Gefühl fast schwereloser Beschwingtheit vermittelte.

Das Haus in Feldafing mußten die Eltern 1938 verkaufen, da es die Nazis mit dem umliegenden Terrain für eine Führerschule benötigten. Das Haus im Grunewald war schon einige Monate zuvor aufgegeben worden, weil seine Bewirtschaftung zu teuer geworden war, während das Haus der Großeltern nach ihrem Tod einem Künstlerclub vermietet worden war. Hier verkehrte auch Hitler, der wohl nicht wußte, wem das Haus früher gehört hatte. Einmal gab es eine große Aufregung, als er einer charmanten Frau, die er dort traf, die Hand küßte – und dann erfuhr, daß sie Halbjüdin war. Später wurde das Grundstück zum Bau der Nord-Süd-Achse enteignet und während des Krieges ausgebombt.

Der Verlust der Häuser hat mich niemals traurig gestimmt, denn ich finde, daß solche Häuser von fast vollendeter Harmonie und Schönheit mit den gepflegten Blumen- und Gartenanlagen nicht mehr in unsere Zeit hineingehören. Zum Teil, weil sie nicht mehr entsprechend gehalten werden können und wegen des Mangels an Personal zu einer unerträglichen Belastung werden, zum Teil auch, weil die meisten Menschen heute gar nicht Kraft und Zeit haben, ein großes Haus mit persönlicher Atmosphäre zu erfüllen. Heute tut es fast mehr not, einen kleinen Winkel abzugrenzen, der zum Ort der Besinnung und Meditation wird, in dem ein Bild, ein Gegenstand ein persönliches Erlebnis auslöst wie die Bildrolle der japanischen Maler, die in einer Wandnische hängt und zu bestimmten Gelegenheiten ausgewechselt wird, um dem Betrachtenden den Weg zu einem seelischen Erlebnis zu öffnen.

Wenn ich die zahllosen großen und kleinen Häuser unserer Zeit sehe, so frage ich mich, ob das heutige Haus noch die gleiche

Bedeutung hat wie einst, ob der heutige Mensch überhaupt weiß und wissen will, was Haus, was Geborgenheit, Umhegtsein, Abgeschlossenheit bedeuten. Wieviel persönlicher Einsatz und menschliche Fülle sind Voraussetzung, damit man sich an irgendeinem Ort wirklich wohl fühlen kann.

Daß für uns Geschwister der Begriff Haus nichts mit Reichtum oder Luxus zu tun hat, verdanken wir der großen Bescheidenheit meiner Eltern. Als wir noch klein waren, fragten wir meinen Vater, wieviel Geld er verdiene, und er gab zur Antwort: „Wenn ich fleißig bin, bekomme ich am Tag fünf Mark, zu Weihnachten aber ein Goldstück." Dann zeigte er uns ein seltsames Gehäuse an einer langen Kette, in dem er seine Goldmünzen aufbewahrte. Wenn wir später von jemand, der sehr luxuriös lebte, meinten, er müßte sehr reich sein, sagte mein Vater nur: „Er gibt viel Geld aus. Ob er es hat, weiß ich nicht."

Als er im Ersten Weltkrieg zum Dank für seine Verdienste im Wirtschaftsministerium das Eiserne Kreuz am weißen Band bekam, legte er es schweigend beiseite. Wir haben es niemals an seinem Frack gesehen, der ihm so gut stand. Damals zog man sich noch um, wenn man in eine Gesellschaft, ein Theater oder Konzert ging oder bei anderen festlichen Gelegenheiten, weil man eine sichtbare Zäsur zwischen Alltag und Freizeit zu machen verstand. Bei den Engländern war es üblich, vor dem Abendessen ein Bad zu nehmen und sich umzuziehen, um allen Arbeitsstaub, in Wirklichkeit und symbolhaft, zurückzulassen.

Als wir erwachsen waren, begleiteten wir unseren Vater während der Mittagszeit oft in Antiquitätengeschäfte oder zu Auktionen und in Kunsthandlungen, wo er alte Bücher, seltene Kupferstiche und vor allem seine geliebten Holzplastiken mit großem Verständnis und sicherem Kunstempfinden aussuchte.

Das Wichtigste aber, was uns mein Vater lehrte, war jenes Wort von Pestalozzi: „Erziehung ist Vorbild und Liebe, weiter nichts." Dank solcher Einstellung gab es keine autoritären Machtansprüche oder willkürlichen Forderungen der Eltern, und wir fügten uns zwanglos einer gegebenen Ordnung ein. Schlichte Sätze meines Vaters haben mich durch mein Leben begleitet. Noch heute sage ich einem Bettler, dem ich ein Geldstück gebe, ein freundliches Wort und sehe ihn dabei an, weil es unser Vater so getan hatte. Oder wenn ich einen guten Gedanken habe und zu träge bin, ihn auszuführen, höre ich ihn sagen: „Wenn du etwas Gutes tun willst, habe auch die Zeit, es auszuführen." Niemals schrieb er sich etwas Persönliches auf, das man von ihm erbat oder woran er sich erinnern sollte. Eine Herzensangelegenheit dürfe man nicht vergessen.

Lange vermochte er zu schweigen und griff nicht in Diskussionen ein. Wenn es aber geschah, dann nahm er ganz selbstverständlich Stellung, wissend, unbeirrbar, sicher und tat, was zu tun notwendig war. Dank seinem Instinkt und Einfühlungsvermögen erfaßte er Situationen und Probleme mit großer Umsicht und intuitivem Weitblick. So hatte er auch den Ersten Weltkrieg lange Zeit vorausgesehen und war nach dessen Ende überzeugt, daß es eine unabsehbar lange Zeit keinen wirklichen Frieden mehr geben würde, da alles im Aufbruch und Umbruch sei.

Obwohl mein Vater sich vom Kriegsdienst nicht befreien ließ, wurde er zurückgestellt, weil er einen schweren Herzfehler hatte. Nach dieser Untersuchung ging er jedes Jahr in ein Sanatorium, wodurch seine labile Gesundheit gebessert wurde. Oft begleitete ich ihn nach Kissingen oder in ein Sanatorium bei Dresden. Dort verlebten wir eine vertraute, schöne Zeit zusammen. Mein Vater konnte auf seinen Reisen vollkommen von der Arbeit abschalten, so verantwortungsvoll diese auch war. Aber er fand, daß es noch Wichtigeres gäbe, und hatte die Gelassenheit eines Menschen, der innerlich sehr wenig an materiellen Dingen hängt, was er vor allem in den Jahren seiner Emigration bewies.

Eine von uns Schwestern, immer die Älteste, die noch zu Hause war, begleitete ihn auf seinen größeren Reisen. Da ich bald nach meiner Schwester Maria heiratete, blieb mir nicht viel Möglichkeit für solche Reisen. Ich lernte aber London, Paris und New York kennen. Solche Reisen waren schön und interessant, weil es keinen Streß gab, sondern genügend Zeit für das kulturelle Leben einer Stadt und für persönliche Begegnungen. Auf einer solchen Reise wollte mir mein Vater ein schönes Kleid schenken. In falsch verstandener Bescheidenheit schlug ich dies ab. Darauf verließ er den

Laden und meinte: „Wenn man dir etwas schenken will, verdirb einem nicht die Freude, sondern nimm das Geschenk an und sag: ‚Danke'."

Nur selten kümmerte sich mein Vater um unsere Erziehung – er wollte Freude an seinen Kindern haben. Aber solche Sätze oder ein ganz ruhiges: „Fühle dich geohrfeigt", waren schlimmer als eine richtige Strafe.

Meine ältere Schwester war sehr kritisch und hatte schon sehr jung eine ausgezeichnete Beobachtungsgabe und Menschenkenntnis. Sie schrieb ihre Kritiken in ein Heft, das mein Vater eines Tages fand. Er nahm es ihr fort mit der Bemerkung: „Erst werde du etwas und leiste etwas, dann hast du das Recht, andere zu beurteilen oder gar zu verurteilen."

Mit Maria teilte ich meine große Leidenschaft zum Theater. Ich hatte das große Glück, durch meine Freundin, die spätere Gräfin Yorck, deren Vater Verwaltungsdirektor der Staatstheater – Hofoper und Schauspielhaus – war, öfter eingeladen zu werden. Auch für die Theater von Reinhardt bekam ich Freibilletts. Obwohl meine Eltern mit Reinhardt befreundet und mein Vater im Verwaltungsrat seiner Theater war, hätten sie mir niemals zu Freikarten verholfen – das tat „man" nicht. Da erlebte ich einmal eine Aufführung der Maria Stuart mit Hermine Körner, diesem genialen rothaarigen „Raubtier" mit der tiefen Stimme als Elisabeth und der schönen, wenn auch nicht sehr begabten ersten Frau von Reinhardt, Else Heims, als Maria. In meiner Begeisterung schrieb ich dieser einen so schwärmerischen Brief, daß sie mir versprach, meine Theaterleidenschaft zu unterstützen. Ich brauchte von da an nur bei der Sekretärin des Bruders von Max, Edmund Reinhardt, anzurufen und bekam Plätze, wann ich wollte. Dieser sehr stille, bescheidene, ganz zurückgezogen lebende Bruder liebte Max abgöttisch und war ausschließlich für ihn da, führte alle Geschäfte und trat doch niemals in Erscheinung.

Meine Mutter konnte in alle Proben gehen, und häufig nahm sie uns mit. Manche Schauspieler liebten das nicht, und es konnte geschehen, daß sie sich hinter dem Vorderstuhl verstecken mußte, wenn ein Schauspieler nervös wurde und in den dunklen Zuschauerraum hineinrief: „Herr Professor, ich sehe ein Gesicht!" Wenn dann das Licht anging und niemand zu erblicken war, konnte die Probe weitergehen.

Es dauerte manchmal Stunden, bis eine Probe anfing und Reinhardt laut durch den Raum rief: „Türen zu!“; dann begann diese Welt der Verzauberung. Während Reinhardt vor seinem Lesepult saß, auf dem das Regiebuch lag, ging der „Trommler“ Reinhardts, Felix Holländer, einer seiner Dramaturgen und treuesten Anhänger, zu meiner Mutter, um ihre Meinung zu hören. War sie begeistert, dann war er enttäuscht, weil sie keinen Publikumsgeschmack hatte und die Stücke, die ihr gefielen, meist nicht bei der Allgemeinheit ankamen. Blieb sie aber ungerührt oder ablehnend, dann rieb sich die kleine graue Gestalt mit den schnellen Bewegungen und den glitzernden schwarzen Augen vor Vergnügen die Hände. Nun würde das Stück Erfolg haben.

Von der ersten Leseprobe an studierte Reinhardt mit jedem Schauspieler seine Rolle, bis dies später ein Korrepetitor übernahm. Ergreifend war es, wenn er einer kleinen Charge eine Rolle vorspielte und selbst der unbedeutendste Schauspieler alles so genau nachahmte, als hätte der geniale Regisseur einen Menschen zum Leben erweckt.

Einen unauslöschlichen Eindruck machten mir zwei Stücke, die ich unter Reinhardts Regie sah und in denen sich die Welt seiner genialen Begabung zeigte. Das eine war „Der Schwierige“ von Hofmannsthal, in dem Helene Thimig spielte. Hier beherrschte Reinhardt die Kunst des Interieurs und der intimen Atmosphäre vollendet, und die Thimig war in ihren Liebesszenen mit fast nur angedeuteten Bewegungen von einer vibrierenden Zartheit und Nuanciertheit, während Waldau mit seinem österreichischen Charme und der spürbaren Elektrizität seines erotischen Spiels ungeheure Spannung auslöste. Ganz ohne „Theater“: ein großartiges Spiel.

Das zweite Stück, der genaue Kontrast zu dieser stillen Kunst der Kammerspiele, wurde im neueröffneten „Großen Schauspielhaus“, einem riesigen, umgebauten Zirkus, aufgeführt. Es war die „Orestie“. Wir saßen in einer der vorderen Logen, gleichsam eingefangen in die erregenden Massenszenen, die sich dort abspielten, eine Regie, die zu jener Zeit noch völlig neu war und revolutionierend wirkte. Das Großartige daran war die Sammlung in einem Mittelpunkt, da die Schauspieler das Kollektivgeschehen des Chores nicht von sich ablösten, sondern es in ihrer eigenen Person zusammenhielten. Jeder einzelne in der großen Masse war auf die Handlung bezogen; so entstand ein gemeinsames Schicksal, das zugleich jeden persönlich anging. Nichts sprengte den Rahmen der Gesamtdarstellung.

Es gab kein Nebeneinander, sondern gleichsam ein Ineinander-Verwobensein, ein Hinfließen zu dem Ereignis, das im Mittelpunkt stand. Ein leises Murmeln zuerst, dann immer stärkeres Anschwellen, ein sich zum Höhepunkt hin Sammeln und nun das langsame Verklingen und Verhallen; die Einzel-Darsteller, die Masse, die Tongeräusche, die Gongschläge, Posaunen und Glokken, die in der „Orestie" die Stimmung unterstützten, steigerten sich zu einer unheimlichen Stärke und schwächten sich in vielfachen Stufungen wieder ab. Darunter die langgezogenen und in immer höheren Skalen ausklingenden Worte von Moissi. Als ich nach der Premiere der „Orestie", noch erfüllt von dem Erlebten, am Potsdamer Platz auf die elektrische Bahn wartete, schrie ich in diesem nie nachahmbaren gewaltig anschwellenden Ton Moissis „Muttermörder" in die Gegend hinein, so daß die Menschen zusammenliefen, eine Sensation witternd, und meine arme Schwester sich schrecklich genieren mußte.

Neben Reinhardt, der eine neue individuelle Note des Theaters schaffte und den Zuschauer verzauberte, spielte zu meiner Zeit auch Jessner, der im Theater am Gendarmenmarkt Regie führte, eine große Rolle. Er war sehr begabt und einfallsreich, aber seine politische Einstellung, die den Links-Intellektuellen zugewandt war, machte seiner Laufbahn am Gendarmenmarkt ein jähes Ende. Viel weiter links noch stand Piscator, der zwischen 1919 und 1931 ein sehr erfolgreicher Regisseur war und bald ein eigenes Theater gründen konnte. Ich habe nie verstanden, wie das Bürgertum den Stücken, die Piscator auf die Bühne brachte, diesen revolutionierenden Anklagen gegen die Gesellschaft, so viel Beifall zujubeln konnte. Vielleicht nur, weil sie sich von der ganz neuen Art der Inszenierung – Ergänzungen des Spiels durch kommentierende Filme, die die Szene nach hinten abschlossen oder zur Seite hin erweiterten – begeistern ließen, aber zu träge oder uninteressiert waren, über den Inhalt der Stücke nachzudenken.

Bei der Erwähnung des Theaterlebens in diesen Jahren darf Jürgen Fehling nicht vergessen werden, den ich auch später noch bei seinen Inszenierungen in München bewundern konnte. Dieser Mann mit der Freizügigkeit und Maßlosigkeit des Genies, das keine Grenzen kennt, konnte mit wenigen Mitteln die unheimlichste Stimmung auf der Bühne hervorzaubern. Es war ein archaisches Erlebnis, das Fehling in den Zuschauern zu wecken vermochte, ein Verwobensein in Schicksalsgewalten, ein Aufsteigen dunkler, schreckensvoller Visionen. Das Hintergründige, Unheimliche, das dieser geniale Regisseur darstellte, war von solcher Gewalt, daß er ihm selbst zum Opfer fiel. Er suchte dann eine Zeitlang in einem Nervensanatorium Ruhe und Gesundung seines gestörten Gleichgewichts. Ich lernte auch die Frau kennen, die er liebte und die ihn auf seinem Weg durch die Höhen und Tiefen des Lebens begleitete: die faszinierende Rumänin Joana Maria Gorvin.

Ich habe Fehling auf unserem Hof in Bayern erlebt und dann in unserer Münchner Wohnung. Alle Möbel suchte er dort umzustellen, „weil nichts schräg stehen dürfte". In dem großen Raum, den wir in München bewohnten und der sehr schöne Möbel und einen malerischen Kamin hatte, wollte er arbeiten. Doch er tat dies mit einer so großen Rigorosität, daß keiner neben ihm Platz haben konnte. Seine Wutanfälle und seine Rücksichtslosigkeit waren mir verständlich und berührten mich menschlich im Gegensatz zu der fast zynischen Aggression von Fritz Kortner, der ein vielleicht ebenso großes Genie war.

Ich hatte diesen schon in Berlin als Schauspieler unter Reinhardts Regie erlebt, dann später in München, wo seine Inszenierungen als Ausdruck einer sprühenden Phantasie und eines vollendeten Formgefühls vom künstlerischen Standpunkt aus sehr beeindruckend waren. Unverständlich aber ist mir sein Ressentiment geblieben, seine selbstzerstörerische Art, die auch aus seiner Biographie spricht. Trotz aller Leiden, die er durch seine Auswanderung und das Schicksal seiner Glaubensgenossen erfahren mußte, hätte sich die Größe seiner schöpferischen Verwandlungskraft vielleicht nicht nur im Theater, sondern auch im Leben beweisen sollen. Nicht einbezogen in seine Aggressionen war Johanna Hofer, seine Frau, die er liebte und die in fast magischer Kraft seine Liebe erwiderte.

Diese Blütezeit des Berliner Theaterlebens war reich an Anregungen und Eindrücken, auch wenn schon die dunklen Wolken der Zukunft das sorglose Leben verdunkelten.

Anfang 1927 verließ ich das Elternhaus, nachdem ich zuvor nur ein halbes Jahr außerhalb von Berlin, in Heidelberg, studiert hatte. Damals heiratete ich Hans-Karl von Mangoldt. Mein Mann stammt aus einer Familie von Gutsbesitzern und Offizieren. Sein Vater war Hofmarschall bei der königlichen Familie in Dresden. Es war Tradition, daß er bei Ausbruch des Krieges aktiver Offizier wurde. Nach dessen Beendigung aber war er frei, nach eigenem Willen zu handeln. Er studierte Jura und ging nach seiner Promovierung als Syndikus zu einer Berliner Privatbank, später dann nach München als Leiter der dortigen Niederlassung von Hardy und Co. So zogen wir nach München.

Meine Trauung fand am Tag der silbernen Hochzeit meiner Eltern statt. Dies war ein langersehnter Wunsch von mir, der in Erfüllung gehen konnte, da meine Schwester ein halbes Jahr zuvor geheiratet hatte – einen Diplomaten, mit dem sie nach Prag übersiedelte. Denn wir hatten ausgemacht, daß ich die Ordnung wahren und nicht zuerst heiraten würde. Meine Mutter, die eine große Begabung hatte, Feste zu einem ungewöhnlichen Ereignis zu machen, hatte meine Hochzeit besonders feierlich gestaltet. Als wir nach der Trauung am Nachmittag in das Elternhaus kamen, wurden wir vom „Laudate Dominum" und einem alten Lied von Hans Leo Hassler „Ich bin dein, du bist mein" empfangen. Der damals sehr bekannte Dirigent Ochs, ein Freund der Eltern, hatte den Chor einstudiert. Das Haus war mit roten Rosen und weißem Flieder geschmückt. Es wurden viele Tischreden gehalten, unter anderem von meinem Theologie-Professor Harnack und von dem China-Forscher Richard Wilhelm. Die schönste Rede aber hielt mein Vater, dessen Worte, wann immer er sprach, das Herz berührten.

Nach Besichtigung der Fülle an Geschenken wurde noch einmal musiziert – das Horntrio von Brahms. Dann legte ich mein Hochzeitskleid und den langen Spitzenschleier mit den zwei um den Kopf gesteckten Myrtenranken ab. Als wir reisefertig waren, begleiteten uns die Brautjungfern und Brautführer mit leuchtenden Fackeln zum Auto. Unter dem roten Feuerschein fuhren wir in das neue Leben hinein.

Oft kam ich nach Berlin, um die Eltern zu besuchen. Und immer, wenn ich an diese Zeiten denke, sehe ich meinen Vater vor mir, wie er voller Hingabe vor seinen Holzplastiken stand oder in seine Bücher vertieft war. Es mochte Balzac oder Stifter, ein politisches oder ein geschichtliches Buch sein, am liebsten aber las er Goethe, der in der Emigration sein ständiger Begleiter war. Ob er diese Liebe von Marianne von Willemer, der Freundin Goethes, geerbt hatte, nachdem die Frau seines Vorfahren Jean Andreae aus der ersten Ehe des preußischen Hofbankiers und Konsuls Geheimrat Willemer stammte?

Mein Vater war immer der gleiche – ohne Launen, von innerer Harmonie, zuverlässig, still, voller Güte und Menschlichkeit. Der Spruch auf seinem Wappen, der von Johann Valentin, dem Theologen und Rosenkreuzer, stammte und der, aus dem Lateinischen übersetzt, heißt: „Mein Heil liegt im Rosenkreuz", stand als Symbol über seinem Leben. Von diesem Kreuz, das von Rosen umgeben ist, schreibt Goethe in dem Gedicht „Geheimnisse": „Er sah das Kreuz von Rosen dicht umgeben –. Wer hat dem Kreuze Rosen zugesellt?" Es ist das Zeichen des Leides, das die Liebe umkränzt. Schon begannen die Zeiten der Hitlerherrschaft, aber mein Vater belästigte niemanden mit seinen Sorgen und Ängsten. Dabei war er so feinnervig, daß er unter jeder Ungerechtigkeit und jedem Schmutz in seiner Umwelt bitter litt.

Als er 1939 mit meiner Mutter und den beiden jüngeren Schwestern nach Zürich auswanderte und dort in viel bescheideneren Verhältnissen leben mußte und als er später auch noch von seinen geliebten Holzplastiken Abschied nahm, um sie zu verkaufen – immer blieb er der gleiche, still, gütig, ohne Klage. Niemals sprach er häßlich über einen Menschen, und wenn in seiner Gegenwart Unfreundliches geredet wurde, meinte er, er habe keine Zeit, daran teilzunehmen. Man solle ein großes weißes Tuch nehmen und alle negativen Gedanken, gemeinsam mit den unguten Menschen, hineinlegen und tief in die Erde versenken. Er sprach auch niemals unsachlich Schlechtes über die Nazis. Dabei haben die Zeiten, die er noch unter ihrer Herrschaft in Berlin lebte, und die Monate des Wartens auf die Auswanderung ihn tief beunruhigt und belastet.

In diesen letzten Jahren lebten die Eltern schon nicht mehr in dem großen kostspieligen Haus, sondern in dem früheren Haus meines Onkels im Grunewald. Walther Rathenau hatte dies verhältnismäßig kleine Haus nach eigenen Angaben bauen lassen. Einen Raum hatte er selbst ausgemalt. Die Einrichtung war dem Stil seines Freienwalder Schlosses angepaßt. Nach seinem Tod wurde auf Anregung eines Freundes, des Kunstwarts Professor Edwin Redslob, eine Walther-Rathenau-Gesellschaft gegründet, der dieses Haus übertragen wurde. Sie verwahrte die Schriften und Dokumente Rathenaus, gab Veröffentlichungen ihm Gleichgesinnter heraus, verteilte Preise und veranstaltete Vorträge. Der Leiter dieser Gesellschaft war satzungsgemäß der Reichspräsident, zuerst Ebert, dann Hindenburg. Unter Hitler, dem man solche Leitung nicht „zumuten" konnte, wurde das Archiv später, zugleich mit dem Haus, stillschweigend den Eltern zurückgegeben. Das Archiv wurde bei einem Freund in Bayern untergebracht, mußte aber zurückgeholt werden, da die Eltern sonst nicht die Genehmigung für ihre Auswanderung bekommen hätten. Es kam in das Reichsarchiv in Potsdam. Wo es heute ist – bombardiert, versteckt, bei den Russen, vernichtet –, wissen wir nicht.

An einem Sommerabend – es war im Juli 1939 – waren wir alle zum letztenmal in diesem Haus zusammen. Meine älteste Schwester sprach trotz des Lampenfiebers, das sie immer bei Reden in größerer Gesellschaft hatte, wehmütige Abschiedsworte in dem Sinn, daß für uns überall da Heimat sein würde, wo unsere Eltern lebten. Trotz allen Schmerzes war es ein gutes Gefühl, zu wissen, daß sie nun allen Verfolgungen und Drangsalen entkommen würden. Am nächsten Tag trafen wir uns am Flugplatz. Niemand außer uns beiden „Großen" mit ihren Männern, einer Freundin meiner Mutter und einem befreundeten Anwalt war zum Abschied gekommen. So sollten wir das Wort „Sic transit gloria mundi" verstehen lernen, das Ende einer Zeit, in der die Eltern eine große Rolle in der Gesellschaft und mein Vater in der Geschäftswelt gespielt hatten. Am Abend kam dann der Anruf aus Zürich, daß sie gut dort gelandet waren – ein Aufatmen für die Zurückgebliebenen, zugleich aber für uns der Auftakt zu jenen Zeiten, in denen Rassengesetze und Paragraphen über Vernunft und Menschlichkeit triumphierten.

Mein Vater lebte noch sechs Jahre in der Emigration mit meiner Mutter und meinen beiden jüngeren Schwestern – die eine Pianistin, die andere Psychologin und Graphologin. Für meine Eltern wurde die Schweiz niemals zur Heimat. Meine Schwestern aber leben gern in Zürich und sind heute dort eingebürgert. Die Jüngere ist mit einem Schweizer verheiratet.

Mein Vater starb so still, wie er gelebt hatte. Auf seiner Grabplatte stehen die Worte, die seinem Leben und Sterben gelten: „Selig sind die Friedfertigen." Als er von uns ging, hatte ich das Gefühl, daß ein Ort des Friedens, der Reinheit und der Lauterkeit sich für immer verschlossen hat.

Das Gesellschaftsleben in Berlin

In Berlin erlebte ich mit meiner älteren Schwester, ehe ich 1927 heiratete und fortzog, die große Welt der Gesellschaften in ihren letzten Ausklängen. Meine Eltern hatten noch ihre Blütezeiten mitgemacht und in diesen das Anregende der Begegnungen mit schöpferischen und originellen Menschen sehr genossen. Meine Mutter, an deren schöne Brokatkleider mit dem alten Renaissanceschmuck auf einem sehr weißen Dekolleté ich mich so gern erinnere, hatte eine große Begabung, die Menschen auf deren wesentlichste Interessen anzusprechen, und da sie mehrere Sprachen beherrschte, war sie immer schnell in lebhafte Gespräche verwikkelt. Die Eltern waren fast jeden Abend eingeladen oder gingen in Oper, Theater oder Konzerte. So hörten sie unter anderem eines der ersten Konzerte von Yehudi Menuhin, von dem meine Mutter, wie sie immer tat, sehr knapp und den Kernpunkt erfassend, in ihrem Tagebuch berichtete:

„1929. Ein dicker blonder Bub in Wadenstrümpfen und weißer kurzärmeliger Bluse verbeugt sich kindlich, harmlos, ungeniert, die Geige, die für den Dreizehnjährigen viel zu schwer scheint, im Arm.

Die Philharmonie ist ausverkauft. Man redet, hört, wartet, ißt Pralinés, sieht sich die eleganten Kleider der Damen an. Oben sitzt Henry Gouldman, der, wie es heißt, dem Jungen eine echte Stradivarius geschenkt hat. Neben ihm seine Mutter, eine gut aussehende blonde Frau.

Boß setzt sich ans Klavier. Der Junge hebt den Bogen. Tief, voll, ganz klar setzt er ein. Wir erleben ein Wunder. Er beherrscht die Technik vollkommen, als ob er schon nichts mehr von ihr weiß, und es klingt aus seiner Geige wie aus Engelssphären. Der ganze Saal ist von Musik erfüllt, durchbraust. Kindlich, unberührbar, selbstverständlich und unbeirrbar steht der Junge da und spielt – jeder hält den Atem an. Dieses Kind ist Musik, lebendig gewordene Musik. Sein Können ist vollendet – was kann er noch dazulernen.

Mit $2\,{}^1/_2$ Jahren soll er schon nach einer Geige verlangt haben. Seitdem hat er in aller Herren Ländern gelernt und gespielt. Er kennt keinen Ehrgeiz, keine Ruhmsucht, kein Raffinement. Er spielt, wie ein Vogel singt. Es ist ganz gleich, was er spielt: Brahms, Beethoven, Mozart. Alle Musik ist tiefste kosmische Verbundenheit und Heiterkeit. Das Kind kennt keine Geziertheit oder Schüchternheit."

Was aber mag der Erwachsene erlebt haben, daß ihn so oft das Lampenfieber und die Scheu vor seinen Konzerten überfällt? Oder war er in seiner Frühreife schon zu einheitlich, allumfassend, daß er das Menschsein mit allen seinen Spannungen und Enttäuschungen erst nachholen mußte?

Da die Eltern mit Siegfried Ochs und Leo Blech befreundet waren, gingen sie in viele der Konzerte und Opern, die diese dirigierten. Als Blech, früher ein kleiner Buchhalter, seine erste Oper in Berlin mit Emmy Destinn und Caruso dirigierte, erlebte er einen unerhörten Erfolg. Damals lernten ihn meine Eltern kennen, und seither kam er mit seiner rothaarigen Frau oft zu uns.

Einmal brachten die Eltern ihn mit einem noch völlig unbekannten Sänger zusammen, der in unserem Haus zum ersten Male sang. Es war Heinrich Schlusnus. Seine herrliche Stimme vibrierte zuerst voller Befangenheit. Dann aber überstrahlte sie den zarten Menschen, der sie hervorbrachte, und zwang alle Hörer in ihren Bann.

Es wurde oft bei uns musiziert. Meine Mutter war mit einer norwegischen Opernsängerin, Cally Monrad, befreundet, und durch sie lernte ich die schönen Lieder von Schumann, Schubert, Hugo Wolf und Brahms kennen oder Arien aus Butterfly, Traviata und so vieles andere.

Nicht nur Schlusnus begann als noch unbekannter Künstler bei uns seine Laufbahn. Ein internationaler Kunsthändler brachte auch die damals noch unbekannte Elisabeth Bergner in unser Haus. Diese zierliche Frau mit der leisen Stimme und der wunderbaren Ausdrucksfähigkeit war dann lange Zeit mit einem Bankier in Berlin befreundet, den wir gut kannten.

Die vielen Menschen aufzuzählen, die „man" damals in Berlin traf, wäre vielleicht langweilig. Es waren fast überall die gleichen, wenn man einmal zu diesem Kreis der Diplomaten, Industriellen, Bankiers oder Künstler gehörte. Eine solche typische Einladung aber möchte ich nach Aufzeichnungen meiner Mutter schildern. Es war 1929. Der Staatssekretär Carl von Schubert, dessen elegante Frau eine der noch wirklich „großen" Damen war, gab eines seiner vielen Diners. Dies der Bericht meiner Mutter:

„Menschenmengen. Vor dem Essen steht man herum, schaut sich die Menschen an und überlegt, mit wem man nach Tisch reden will oder muß. Zuerst der Nuntius Pacelli (der spätere Papst Pius XII.). Ein wundervoll geschnittener Römerkopf, schmale, vielleicht ein wenig kalte weiße Hände, mit dem leuchtenden Saphirring geschmückt. Ein Purpurmantel hebt die ungewöhnlich große, vornehme Erscheinung noch mehr hervor, eine Purpurkappe läßt das edle Profil noch gemmenhafter erscheinen. Auf der Brust das goldene Kreuz. Er durchdringt dich mit klaren, nicht großen, aber alles durchschauenden Augen, selbst wenn sie von einer Brille verdeckt sind – vollendete Höflichkeit und Vornehmheit eines Hofmannes. Er spricht viel, sagt aber im Grunde nichts, im Gegensatz zu unseren treuherzigen, ungeschickten Politikern, die sich so gern reden hören.

Heute hat er allen Grund, glücklich zu sein. Denn sein Bruder hat es zuwege gebracht, daß Mussolini dem Papst ein Stück Land abgegeben hat und der Papst nun auch weltlicher Herrscher ist.

‚Ein Danaergeschenk', meint der Theologe Professor von Harnack, der sehr alt geworden ist, sich aber noch immer an seine große Zeit beim Kaiser erinnert. Wie schön waren die Abende in seinem Haus, in dem er aus den Kirchenvätern las und alles, was er sagte, klar durchdacht und durchgearbeitet, wenn auch vielleicht nicht transzendent oder geistig war. ‚Niemals', sagte er mir, ‚ist es dem Papsttum so gut gegangen wie seit Anno 70, wo es weder Kanonen noch Macht, noch Reibereien oder Besitz hatte.'

Graf Limburg-Stirum, der holländische Gesandte mit seiner Frau, die mit ihren sechzig Jahren noch wie Gretchen aussieht, mit einem Stirnreif im Haar, tugendhaft, aber reizlos und langweilig, ist, ebenso wie der schöne italienische Botschafter, deutsch-feindlich, woraus er auch keinen Hehl macht. Er entrüstet sich, weil bei einem Diner eine Gesandtenfrau niedriger gesetzt war als Daisy Gutmann, die hübsche Frau des Direktors der Dresdner Bank. Er wäre aufgestanden und mit seiner Frau fortgegangen, wenn ihm solches passiert wäre!

Die Frau des Staatssekretärs Weißmann, deren Schwiegersohn der Kritiker Kerr ist, rollt spitzenbedeckt durch den Saal und macht Konversation. Ihr Mann, der ungewöhnlich klug und dabei künstlerisch begabt ist, weiß so viel von allen Politikern und Diplomaten, daß jeder sich vor ihm fürchtet, aber keiner ihn zu stürzen wagt. Kardorff, der dritte Mann der amüsanten und sehr burschikosen Kathinka Oheimb, saß neben mir. Seine Liebe ist die deutschnationale Politik.

Außerdem sah man Gräfinnen mit gutklingenden Namen und gelangweilten Gesichtern, einige Gesandte, darunter den sehr gescheiten Gesandten in Oslo, Köster, und Schmitt-Ott, der später nach Tokio versetzt wurde.

Im Hintergrund stand der Sohn des Großherzogs von Baden, ein bildhübscher frischer Junge, im Gespräch mit der Tochter der Fürstin Lichnowsky, die nicht im entferntesten an den Zauber ihrer Mutter heranreicht, dieser seltsamen Frau, die nach dem Ende einer großen Liebe ein erschütterndes Buch schrieb, in dem die Steine reden.

Herbert von Hindenburg, der Vetter des Generalfeldmarschalls und Bruder der schönen Helene Nostiz, die oft zu uns kommt, ist mit der englischen Schriftstellerin Mary Hay verheiratet, einer von den überall herumgereichten sogenannten bedeutenden Frauen Berlins. Er scheint sich zu langweilen.

Ich fange Bruchstücke eines Gesprächs in meiner Nähe auf: Ein mecklenburgischer Baron, der linkssozialistische Thesen vertritt, fragt die neben ihm sitzende Dame: ‚Was werden Sie tun, wenn Sie Ihr Vermögen verlieren?‘ – ‚In einer kleinen Wohnung ohne Dienstboten leben und nur noch die Menschen empfangen, die mir sympathisch sind.‘ Antwort: ‚Dann sind Sie auch ohne Geld Kapitalist.‘

Am interessantesten für mich war das Ehepaar Hermann Müller; er: sozialdemokratischer Außenminister und Reichskanzler, ein kluger, sehr gebildeter, gut orientierter, offener Mensch, ehrlich und ohne Falsch, bescheiden, ohne Eitelkeit. Sein Vater war Angestellter bei Stumm gewesen. Sie: eine einfache, warmherzige Frau mit grauem Bubikopf. Er hatte mit seiner Füllfeder in Versailles den Friedensvertrag unterschrieben. Eisern und schweigsam sei man nach Versailles gegangen, habe keinen Menschen gegrüßt und wortlos unterschrieben. ‚Als ich nach Hause kam und meinen Reiseanzug auszog, sah ich, wie mir das Wasser nur so über die Brust floß.' Seltsam, diesen einfachen Mann, der primitiv und ehrlich vieles erzählt und dabei gemütlich und redlich dreinschaut, neben dem Nuntius sitzen zu sehen, der gemessen, seiner hohen Würde stets eingedenk, huldvoll, in eiserner Verschlossenheit verharrt. Sonst die gleichen, leeren Masken, die man überall trifft, das gleiche Geschwätz, die abgedroschenen Banalitäten, Eitelkeit, Strebertum, Ehrgeiz, Konvention."

Wenn meine Eltern auch selbst viele dieser Menschen einladen mußten, so war doch die Atmosphäre bei uns persönlicher und das Gespräch unmittelbarer. Davon erzählte mir meine ältere Schwester Maria:

„Wenn ich an meine Mutter zurückdenke, so sehe ich sie in der Erinnerung in vielerlei Gestalt vor mir, am liebsten aber an einem jener Tage, an dem ein Diner oder Fest bei uns zu Hause stattfand.

Ich sehe dann, wie Mama vor ihrem Toilettentisch sitzt und sich in ihr tiefschwarzes Haar die schönen großen Platinnadeln mit den Brillantsplittern steckt. Sie machte sich nie irgendwie zurecht, aber sie verstand es besonders gut, einen eigenen Stil zu prägen.

Von den Vorbereitungen zu einem großen Essen merkten wir Kinder wenig. Erst viel später lernte ich bewundern, mit welcher Ruhe und Kühle diese getroffen wurden, als ich selbst im Trubel solcher Verpflichtungen stand.

Es kam ein sogenannter ‚Traiteur'. Ich weiß noch, er hieß Kraft. Dieser rundliche, dicke Herr brachte viele Vorschläge für Speise-Zusammenstellungen mit, aus denen Mama sich dann das heraussuchte, was sie am besten fand. Die Weine dazu mußte mein Vater mitbestimmen, der sich sonst um wenig kümmerte und meist zu sagen pflegte: ‚Heute bin ich bei meiner Frau zu Gast.' Die Firma Kraft schickte die vorbereiteten Speisen etwa eine Stunde vor Beginn des Essens, wärmte sie und richtete sie bei uns in der Küche an. Es ging dort munter zu, da gleichzeitig die sogenannten Lohndiener erschienen. Wir gingen als Kinder und noch als junge Mädchen gern durch die Küchenräume, um unsere Nasen in die Töpfe zu stecken, auch einmal eine Kostprobe zu erwischen. Es duftete herrlich dort.

Die Tafel – meist für 36 Personen gedeckt – sah pompös aus. Unser Eßzimmer hatte weiße Holzvertäfelungen, braune Chippendale-Möbel, grüne Vorhänge und Stuhlbezüge. Der Teppich war einfarbig grün. Das riesige Damasttischtuch hatte in der Mitte ein handgearbeitetes Filetmilieu. Das Porzellan war weiß mit kobaltblauem Rand. Schwere silberne Schalen mit passenden Blumen gefüllt, die eigens von einer Künstlerin arrangiert wurden. Die Tafel sah unerhört festlich aus.

Am Tage vor dem Diner wurden Tischkarten ausgeschrieben. Mama machte die Tischordnung. ‚Ich setze nach Kultur, nicht nach Etikette', pflegte sie zu sagen und hatte eine besondere Gabe, die Menschen wie mit einem Würfelbecher durcheinanderzumischen. Sie überlegte sich, wer kann zu wem passen und wer sich mit wem gut unterhalten; das war ihr Leitmotiv. Sie fragte niemals nach dem Protokoll. Die Eltern luden Wirtschaftler, Künstler, Diplomaten und Freunde aus freien Berufen ein, so wie es ihnen unterhaltend und fruchtbringend erschien. An der Tafel wurde dann auch laut und intensiv gesprochen, und man hatte meist das Gefühl, daß die Tischordnung gelungen war. Stellte meine Mutter fest, daß sich ein Gast gelangweilt hatte, so tat sie nach Tisch ihr Bestes, um diesen selbst zu unterhalten oder mit anderen bekannt zu machen. Papa spielte dabei eine mehr konventionelle Rolle, aber seine große Bildung, sein Charme und seine verbindliche Liebenswürdigkeit machten ihn überall beliebt.

In den schönen Wohnräumen standen und saßen die Gäste nach dem geräuschlos und rasch servierten Abendessen herum und unterhielten sich, immer bewacht von dem Auge der Gastgeberin, die sich eigentlich kaum setzte, um überall Fäden zu spinnen, die Menschen mit einem Thema, einer Frage anzuregen oder in eine lahm gewordene Unterhaltung einzugreifen. Mama sprühte vor Lebendigkeit, geistreichen Einfällen und Witz.

Unter den Gästen der Eltern lernten wir Kinder im Laufe der Jahre viele kennen, die damals in Berlin einen Namen hatten: Politiker, Botschafter, Wissenschaftler, Künstler."

Hierzu möchte ich ergänzend hinzufügen: Ich erinnere mich noch an die wunderschöne Lady D'Abernon, die Frau des englischen Botschafters, an den französischen Botschafter Margerie mit dem roten Band der Légion d'honneur, dessen Frau die Nichte des Autors von „Cyrano de Bergerac", Edmond Rostand, und dessen Sohn Roland später französischer Botschafter in Bonn war. Als Pierre de Margerie einmal von Frau Stresemann gefragt wurde, ob es ihm nicht unangenehm wäre, wenn deutsch gesprochen würde, antwortete er: „Ma grand-mère était d'origine allemande et elle était la plus belle femme de notre famille."

Wie anders jene Botschafterin, die auf einer Gesellschaft laut zu dem italienischen Missionschef sagte: „Diese Boches haben so gar keine Kultur." Dabei hatte meine Mutter diese Dame kurz zuvor in einem Stück von O'Neill mit einem jungen Deutschen in sehr vertrauter Nähe gesehen.

Auch die großen Bankiers jener Zeit kamen zu solchen Festen: Mendelssohn, Rothschild, Schwabach. Vornehm, gepflegt, wie ein alter Marquis war Paul von Schwabach, einer der kultiviertesten Bankiers von Berlin. Jedes Fest, auch wenn es bei ihm zu Haus stattfand, verließ er um 12 Uhr mit der Begründung, daß man den Höhepunkt einer Unterhaltung nicht überschreiten solle. Im Hause von Mendelssohns und Arnholds haben wir unter den schönsten Bildern alter Meister getanzt. Geheimrat Arnhold, der aus einem Bankhaus in Halle stammte und ein großes Braunkohlen-Unternehmen besaß, hatte auch eine herrliche Sammlung von Impressionisten.

Und nun weiter der Bericht meiner Schwester:

„Bei unseren Gesellschaften durften wir uns – da wir damals noch zu jung waren – nicht an den Unterhaltungen beteiligen, aber wir lernten durch die große Gewandtheit und Geschicklichkeit unserer Mutter früh, Feste zu gestalten, was mir später als Frau eines Diplomaten sehr zu Hilfe kam.

Leider hat meine Verlobung 1926 den ungebundenen und frei gestalteten Festen meiner Eltern ein jähes Ende bereitet. Dies tut mir noch heute in der Erinnerung leid. Mein damaliger Verlobter war ausgerechnet beim Protokoll. Einmal geschah es, daß sich ein ‚offizieller' Gast beim Protokollchef beklagte, nach der Tischordnung meiner Eltern falsch gesessen zu haben, und dies in einem Hause, wo der zukünftige Schwiegersohn im Auswärtigen Dienst sei. Papa, der die vom Protokoll diktierten Schwierigkeiten einsah, übergab von 1926 an – dem Jahr unserer Eheschließung – alle Tischordnungen dem Protokoll des Auswärtigen Amtes zur Überprüfung oder zur selbständigen Gestaltung nach den internationalen Gesetzen und Gebräuchen. Meine Mutter ärgerte sich nicht zu Unrecht. Nun saßen die Gäste ihres Hauses nicht mehr ‚nach Kultur', sondern nach ‚Amt und Würden', und es ging viel von der Lebendigkeit und Eigenart verloren, da sich die meisten Gäste schon auf anderen Festen getroffen, kennengelernt und ausgesprochen hatten."

Die Feste, die meine Schwester und ich in Berlin besuchten, waren zum Teil von großer Eleganz und fanden in sehr kultiviertem Milieu statt, in dem die Gobelins, die Rembrandts und van Eycks, die goldenen Bestecke und schweren Kandelaber zur Atmosphäre einer gewachsenen Tradition gehörten. Bei sehr eleganten Gesellschaften standen hinter jedem Stuhl Diener mit weißen Handschuhen und strenger Miene, die mich oft störten, weil sie mich an der Unmittelbarkeit der Unterhaltung hinderten. Trotzdem kam ich meist sehr angeregt und glücklich, von Bowle oder Sekt belebt, nach Haus – und immer ein wenig verliebt. Wenn mich dann Maria fragte: „In wen?", gab ich oft die Antwort: „In die Liebe".

Das Schönste für mich waren die Sonntagnachmittage bei den Eltern, an denen kommen konnte, wer wollte. Dies waren meist sehr interessante Menschen, deren Gespräche ich mit wachen Sinnen aufnahm. Man nannte solche ungezwungenen Einladungen „jour fixe" oder „wir sind an dem oder jenem Tag zu Haus".

Die Eltern empfingen die Gäste in dem mit rotem Damast bespannten Renaissancezimmer, zu dem eine schwere Glastür mit bronzenem Gitter führte, durch die man die Ankommenden schon von weitem erkennen konnte. An solchen Sonntagen kamen die verschiedensten Menschen. Ich möchte nicht zu ausführlich von ihnen sprechen, weil sie zum Teil genügend bekannt sind, nur von einigen kurze charakteristische Merkmale aufzeigen, wie dies meine Mutter in ihrer direkten Art tat. Ich erwähne sie, ohne eine bestimmte Ordnung einzuhalten, so wie sie für kurze oder längere Zeit kamen, zusammensaßen, häufig in ein gutes Gespräch vertieft, manchmal in unguter Fremdheit sich meidend; Männer und Frauen, berühmte und weniger bedeutende, aber fast alle angeregt und verbunden durch die Lebendigkeit meiner Mutter, die unterstützt wurde von der Wärme des Zimmers mit den alten Holzplastiken, den schönen Renaissancemöbeln und dem angezündeten Kamin.

Thomas Mann mit seiner Frau, der Tochter des bedeutenden Mathematikers Pringsheim, die meine Mutter von Jugend an kannte. Dieses Ehepaar bildete eine seltene Einheit – sie voller Leidenschaft, vitaler Unmittelbarkeit und Lebendigkeit, er, der intellektuelle Humanist mit der Gabe glänzender Formulierung, alles verstehend, in alles sich einfühlend, plötzlich aber mit eisiger Ironie alles wieder in Frage stellend: der bürgerliche Prophet vom Untergang des Bürgertums.

André Gide mit seinem Prälatenkopf, der scharfgeschwungenen Römernase, den schmalen Lippen, sensiblen Ohren und den harten dunklen Augen, die etwas unsicher hinter der Brille hervorblickten. Das Zeremonielle, betont Kultivierte, Maßvolle und ganz Unpersönliche wirkte gekünstelt: ein müder, zersetzender, übergebildeter Intellektueller, dem Schwung und Glut des Künstlerischen fehlen. Er wirkt liebeleer und lieblos, ein empfindsamer Ästhetiker, der Ersatz sucht für das, was die Natur ihm nicht gegeben hat, für das echt lebendige, warmherzige, blühende Leben. Etwas Mephistophelisches liegt in seinem Analysieren und Negieren, das er auch gegen sich selbst richtet.

Gerhart Hauptmann, der „Doppelgänger" Goethes. Er hatte seine Einsamkeit in Agnetendorf aufgegeben, um seiner grazilen, dunkelhaarigen, jungen zweiten Frau, einer begabten Geigerin, die Stadt mit ihren Anregungen und Genüssen zu zeigen. Fast schwerfällig, langsam, gemessen, nach dem richtigen Ausdruck suchend, unterbricht er sein langes Schweigen, um in eine Diskussion einzugreifen.

Bei meiner Hochzeit sagte er mir, ich solle niemals meinen Mann zur Eifersucht reizen, dies sei das Schlimmste, was es gäbe. Aus welchem Leid mochten solche Worte stammen?

Sein Antipode, der schöne Hermann Sudermann, in seiner Jugend vergötterter Heros der Masse, dann aber bald vergessen, obwohl er einige Jahre zuvor durch seine „Frau Sorge" zu großer Höhe aufgestiegen war – ein formeller, höflicher, zutiefst aber unsicherer und mißtrauischer Mensch.

Ludwig Fulda, auch schon vergessen, einst bekannter Schriftsteller und Übersetzer, mit einem stets pessimistischen, gelangweilten Gesicht, ein wenig spießbürgerlich und voller Selbstzufriedenheit.

Hermann Stehr, der starke, einfältige, herbe, urväterliche Schlesier, Schullehrer und Schriftsteller, dessen Bilder aus dem Urquell seines Wesens aufsteigen und dessen Sprache wie aus Stein gehämmert ist.

Moritz Heimann, der mit blankgeschliffenen, stahlharten Worten Gültiges und Wahres in herbe Form prägt und doch weltmännisch geistreich ist, mit der Schwermut und Heimatlosigkeit des Juden.

Fritz von Unruh, dessen Stück „Prinz Louis Ferdinand" mit viel Erfolg aufgeführt wurde, ein wenig theatralisch, heldenhaft, mit leisem weiblichem Unterton.

Der halb blinde Karl Wolfskehl, wie Pan berauscht und seine Umwelt berauschend, ewig verliebt, die Welt anbetend, voll innerer, nie verlöschender Glut. Es war erschütternd, daß dieser Urdeutsche als Jude in der Nazizeit auswandern mußte. Aus dem Exil schrieb er 1942 an meine Mutter, wie gut er sich an die „oft langstündigen, immer weitgreifenden, manchmal enthüllenden" Gespräche mit ihr erinnere und an das Bild ihres Bruders als „beherrschenden, ja beseelenden Mittelpunkt in seiner ganzen reichen Fülle. Ganz Würde und Wissen, Feinheit und Kraft, Überlegenheit und Güte."

Ernst Hardt, der Dichter des „Hjalmar" mit seiner damaligen Frau, einer zarten, schönen Griechin, um die er sieben Jahre geworben hatte.

Wenn Wedekind zu uns kam, war er meist voller Ressentiment

gegen die Kritiker oder in einen der vielen Prozesse um seine Stücke verwickelt. Was heute fast langweilig erscheint – man braucht nur den Film „Lulu" zu sehen –, verstieß damals gegen alle Sitte und Anständigkeit. Dabei war Wedekind gar nicht der lasterhafte, gefährliche Mensch, den man sich nach seinen Stücken hätte vorstellen können, sondern ganz im Gegenteil: ein wenig spießig, ungelenk, mit einem breiten Gesicht, dem jede Ausstrahlung fehlte: Pedant, Skeptiker und Moralist. Er erzählte, daß er sich die Lulu tierisch naiv gedacht habe, ohne das Raffinement und die Perversion, die der Auffassung der Eysoldt zugrunde lag, als sie diesem Stück zu Weltruhm verhalf. Von dieser seltsamen Frau mit der nixenhaften Stimme, der großen Häßlichkeit und der unscheinbar kleinen Gestalt ging ein unvergleichlicher Zauber aus, und ihr gespannter Wille war von leidenschaftlicher Phantasie durchglüht. Ich habe den „Erdgeist" später mit Maria Orska gesehen, diesem kleinen, schmiegsamen Geschöpf mit großen, schwarzen, weichen Augen, einem grazilen, zarten Kinderkörper, sehr schmalen, feingliedrigen Händen und mit einem sinnlich begehrlichen Mund voll unschuldig-schuldiger Lüsternheit. Barnowsky hatte sie in Berlin entdeckt. Bei ihrer Vorstellung in seinem Büro telefonierte er als vielbeschäftigter Regisseur die meiste Zeit und ließ sie erkennen, daß er keinen besonderen Wert auf diese Verabredung lege. Da räumte sie eine Ecke des Schreibtisches frei, schwang sich auf die Platte hinauf und begann zu spielen und zu rezitieren. Das war der Beginn ihrer steil aufwärtsführenden Karriere. Ich sah Maria – „die" – Orska, auch in Strindberg-Stücken mit ihrem verführerischen Zauber, verlockend, leidenschaftlich.

Etwas von der Zwielichtigkeit Strindbergs wurde in diese Sonntagsempfänge durch Harriet Busse, seine dritte Frau, hineingetragen. Ein lauernder Zug lag in ihren Augen, und ihr Mund war von sinnlicher Schönheit. Sie erzählte von Strindbergs krankhafter Eifersucht, die so pathologisch war, daß man ihn am Ende wirklich betrog, was er in seinem Mißtrauen und Argwohn schon immer erwartet hatte. So war sie nach einigen Jahren Ehe mit einem Schauspieler von ihm fortgegangen. Strindberg hatte sie kennengelernt, als er eine Schauspielerin für eines seiner Stücke suchte. Er engagierte sie, eine ganz junge Anfängerin, ihrer schönen Beine wegen. Für sie schrieb er „Traumspiel“, „Kronbraut“, „Schwanweiß“ und „Ostern“. „Schwanweiß“ war sein Verlobungsgeschenk. Er hatte das Manuskript mit bunten Initialen versehen, in Pergament binden und mit einer Schließe aus ihren goldenen Haaren versehen lassen. Wie sie erzählte, hat Strindberg in einem Manuskript niemals etwas korrigiert. Jeden Satz schrieb er erst nieder, wenn er ihn in seinem Kopf ganz fertig hatte. Er sei ein sehr fleißiger Mensch gewesen. Nach ihrer Scheidung habe sie kein Wort mehr von ihm gelesen.

Harriet Busse war eine der Frauengestalten, die Strindberg in seinen Dramen verewigt hat: eine Weibchennatur voller Charme, Zärtlichkeit und Grausamkeit, naiv, mit einer Elfenstimme und doch egoistisch, selbstbewußt, eine Angorakatze, faszinierend, mit lauernden Augen und einem unbeschreiblichen Zauber.

Die Atmosphäre Strindbergscher Stücke läßt die Erinnerung an Karl Vollmoeller lebendig werden, den wir oft sahen – an Sonntagnachmittagen, an Abenden, wo er ganz allein bei uns war, oder in den Premieren von Reinhardt. Aus einer reichen Kaufmannsfamilie stammend und selbst beteiligt an der Textilfabrik seiner Eltern, Flieger, Weltmann, Dichter, war er ein Mann der Zügellosigkeit und zugleich genialen Begabung, der die Menschen faszinierte und sich doch für niemanden wirklich einsetzte, da er nicht die Kraft des Durchhaltens besaß. Die Feste in seiner Wohnung am Pariser Platz, bei denen ständige Gäste Ruth Landshoff, Fritzi Massary, Pallenberg, Charell, Josephine Baker, Harden, die Fürstin Lichnowsky und viele andere Künstler waren, gestalteten sich in großer Freizügigkeit und waren in gewissem Sinn das Gegenteil der Feste bei uns, die von Haltung und Zurückhaltung getragen wurden. In der Nähe meiner Mutter konnte man keinen leichtfertigen Witz wagen. Unverheiratet durften wir zu den Festen von Vollmoeller nicht gehen, um nicht Schaden an unserem Ruf, vielleicht auch an der Seele zu nehmen. In der heutigen Zeit wäre solches Verbot wohl lächerlich oder sinnlos. Aber es gab damals noch Schleier, die das Geheimnis nicht enthüllten, und Menschen, die Scheu und Verantwortung kannten, wenn Bräuche und Sitten sich auch zu lockern begannen und es noch manche andere Feste in

Häusern des Reichtums und der Ungebundenheit gab, an denen wir nicht teilnehmen durften.

Vollmoeller war mit einer unbeschreiblich schönen Frau, Maria Carmi, verheiratet gewesen. Seltsam, wie viele wirklich schöne und in ihrer Schönheit eigenartige Frauen es damals in Berlin gab, als noch nicht der Typ des Filmstars, die Frisur der „First Lady", die Figur des Mannequins den Menschen Leitbild waren. Maria Carmi hatte straff zurückgekämmtes, blauschwarzes Haar, dunkle, schwermütige Augen, schmale Schläfen, regelmäßige Züge wie aus Marmor gemeißelt – eine große schlanke Renaissance-Erscheinung, fast immer schwarz gekleidet, mit dem unvergeßlichen Lächeln der Mona Lisa. Für diese unendlich verführerische Frau, der Männer wie Frauen verfielen, hatte Vollmoeller in einer Liebe, die fast bis zum Wahnsinn ging, sein Stück „Das Mirakel" geschrieben, dessen Hauptrolle bei der Aufführung von Reinhardt Maria Carmi, bei der späteren Verfilmung Lady Diana, die Frau von Duff Cooper, spielten. Der Inhalt dieses Stückes war die Legende einer Nonne, die um ihrer leidenschaftlichen Liebe willen das Kloster verläßt und nach Jahren, körperlich und seelisch gebrochen, wieder Schutz in seinen friedlichen Mauern sucht. Niemand hatte ihr Fortgehen bemerkt, da die Madonna ihre Gestalt und ihr Gewand angenommen hatte und an ihre Stelle getreten war, um durch ihre Reinheit die schuldige Liebe der Sünderin in wahre Hingebung zu verwandeln.

Vollmoeller hätte ein großer Dichter werden können; dies zeigt vor allem sein Schauspiel „Katharina von Armagnac" in seiner geformten, strengen, klangvollen Sprache, das er mit zwanzig Jahren schrieb. Trotz aller Leidenschaft und Begeisterungsfähigkeit aber war er wohl zu berechnend, kalt und zynisch, um ein wirklich schöpferischer Mensch zu werden.

Maria Carmi, die sich von ihm scheiden ließ, heiratete einen Fürsten Maciabelli. Er öffnete der einst armen Bäckerstochter die große Welt. Später traf ich sie noch einmal in Begleitung eines indischen Pseudo-Heiligen, inmitten einer großen Schar seiner Anhängerinnen, die den „Meister" durch die Welt begleiteten und Propaganda für ihn machten.

Noch einige Künstler, die zu den Sonntagen kamen:

Edwin Fischer mit seiner schönen Frau Eleonora von Mendelssohn, die einer zarten Madonna glich. Sie hatte meinen Onkel sehr geliebt, und sein Tod ging ihr schmerzlich nah. Er hatte einmal zu meiner Mutter gesagt, sie müsse einen Mann heiraten, der ihr viel Zeit schenken könne. Ob der geniale Edwin Fischer, der mit seinem Klavier „verheiratet" war und viel zu stark an seiner Mutter hing, ihr diese Zeit geben konnte? Jedenfalls ging die Ehe bald wieder auseinander.

Ferruccio Busoni, bei dessen Schüler, Leo Kestenberg, wir Kinder Klavierstunden hatten, ehe dieser als Sozialdemokrat in das Kultusministerium eintrat und dort im Rang eines Ministerialrats eine große Rolle spielte. Busoni war ein sehr vertrauter Freund der Eltern, der oft bei uns musizierte. Sein Spiel war faszinierend. Zu jener Zeit wurden auch seine Opern aufgeführt, die aber meiner Meinung nach weniger begabt waren als sein Klavierspiel. Einmal schrieb er von der Probe einer seiner Opern: „Wir gehen aus der Probe wie Don Quichotte und Sancho nach einem kläglichen Abenteuer. Der Vergleich stimmt. Denn die Verwirklichung eines Kunstwerkes ist ein Kampf gegen Windmühlen und Schafherden, eine Donquichotterie." Busoni am Klavier war ein Erlebnis. Seine Töne klangen wie Engelsglocken.

Wilhelm Furtwängler, den bedeutenden Dirigenten, kannte ich aus jener Zeit, in der er mit der Ärztin Maria Dalen befreundet war, einer ungewöhnlichen, eigenwilligen, reizvollen Frau. Doch als damals seine Scheidung von der schönen Dänin endlich vollzogen war, heiratete er Marias jüngere Schwester. Dieses tragische Schicksal brachte diese an den Rand der Verzweiflung. In jenen Tagen des Abschieds schenkte sie mir eine Plato-Ausgabe, und ich mußte an das Gleichnis der aus der Einheit gefallenen Seelenhälften denken, die in Sehnsucht und Liebe zueinanderstreben.

Zu den Künstlern, die viel bei uns waren, gehörte der Bildhauer August Gaul, der den Eltern die Skulptur einer wuchtvollen Löwin schenkte, die lange auf dem Schreibtisch meines Vaters und später vor unserem Kamin Platz fand. Noch heute erinnert sie mich an diesen guten stillen Freund. Er liebte die Tiere wohl mehr als die Menschen, da er mit größter Zuneigung und Bewunderung von ihren Eigenarten sprach und meist nur von ihnen Skulpturen machte. In seiner Atmosphäre wurde alles warm und lebendig.

Georg Kolbe, der wie ein ewiger Jüngling wirkte, obwohl seine Gesten herb, fast hölzern waren, kam mit seiner reizvollen Frau „Ben", einer Holländerin. Sie vibrierte von Musik und hatte Augen, die leuchteten, als wüßten sie von einem tiefen inneren Glück. Später verlosch der Glanz. Das Leben hatte sie zerbrochen. Sie starb sehr jung. Täglich ging Kolbe an ihr Grab und schuf, ihr zuliebe und zum Gedächtnis, eine Statue, die im Opernhaus aufgestellt wurde, mit einem herrlichen Frauenkörper und einem Jünglingskopf. Dort stand sie an der Stelle, wo Ben so oft, allein mit ihren Träumen und Tränen und der großen Liebe in ihrem Herzen, den Klängen der Musik gelauscht hatte. Die meisten Statuen, die Kolbe schuf, erinnern an diese schöne, unvergeßliche Frau.

Melchior Lechter, der Maler des George-Kreises, der vertrauteste Freund meiner Eltern, traf an einem dieser Sonntagnachmittage mit Hofmannsthal zusammen, was beinah eine Tragödie ausgelöst hätte. Denn dieser liebenswerte, überaus kultivierte Dichter, in dessen Gedichten der wehmütige Zauber lag, der auch in seinen Augen schimmerte, war ebenso wie Gundolf aus dem Kreis Georges, zu dem er einst gehörte, ausgeschlossen worden. Lechter erzählte davon: George hatte einst auf diesen sehr begabten jungen Künstler einen großen Einfluß gehabt. Die Trennung aber war so unerbittlich, daß George eine Widmung zurückwies, mit der Hofmannsthal ihm später eins seiner Werke zueignen wollte.

Auf mich wirkte Hofmannsthal immer ein wenig konventionell und gesucht förmlich, ganz im Gegenteil zu seiner sehr unmittelbaren Tochter, die den Indologen Zimmer heiratete, mit dem ich in Heidelberg viel zusammen war und der Indien, seine Philosophie und Menschen ungewöhnlich gut kannte – dabei war er niemals dort gewesen –, weil er eine intuitive Schau und eine große Liebe zu diesem Land besaß.

Daß Hofmannsthal bei dem Begräbnis des einen seiner beiden Söhne aus Kummer starb, gehört zu den erschütternden Erlebnissen, von denen sein Leben geprägt war, die aber durch seine konventionelle Hülle hindurch nur selten spürbar wurden.

Auch Olaf Gulbransson, der geniale Zeichner und ungebändigte Naturbursche, kam oft zu uns. Zu jenen Zeiten liebte er eine Freundin meiner Mutter, die blonde, schlanke, wunderschöne May Ilse, Tochter eines preußischen Generals, deren faszinierender Charme, mit einer fast unnahbaren Vornehmheit verbunden, unendlich anziehend war. Auf Briefen, die Olaf schrieb, zeichnete er oft Züge ihres Gesichtes, und aus vielen seiner Bilder sprechen unvergeßliche Erinnerungen an sie. Wenn Olaf am Kamin saß, nahm er uns Kinder in die Arme oder warf Holzscheite in das Kaminfeuer. Er zerbrach in seiner dynamischen Kraft silberne Löffel, knackte Hühnerbeine und schwärmte von seiner glühenden Liebe. Köstlich waren seine eigenen Karikaturen.

Lovis Corinth dagegen war uns weniger vertraut. Er ging selten unter Menschen, war oft mürrisch und erklärte meiner Mutter, er sei aus Angst vor Frauen und Kindern Junggeselle geblieben. Viele würden sich nur aus Gewohnheit nicht von dem Menschen trennen, der für ihr leibliches Wohl sorge, also ihre Köchin heiraten. Als er meiner Mutter eines Tages vorschlug, uns Kinder zu malen, dies aber sehr teuer sei, erwiderte sie ihm in ihrer schlagfertigen Art, ob er nicht statt der Kinder sie selbst für zehn Mark malen wolle. Und Corinths Antwort: „Dann male ich Sie furchtbar häßlich." Meist stand er wohlbeleibt und viel trinkend in den Ecken herum mit seiner gelben Weste, seiner breiten weißen Krawatte und dem strähnigen Haar, das über die Augen fiel. Zuerst blieb er teilnahmslos schweigsam, dann aber fing er ganz plötzlich an zu lachen und wurde zu einem aufgeschlossenen freundlichen Menschen.

Ganz anders war Emil Orlik, der unter anderem für Reinhardt Bühnenbilder entwarf und, wo er stand, ein Stück Papier aus der Tasche zog, um schnell etwas hinzuskizzieren; die Dame, deren Halslinie ihn besonders interessierte, den Mann, dessen Hände ihn fesselten, das junge Mädchen, dessen Bewegungen ihn faszinierten. Er machte eine bezaubernde Zeichnung von meiner Schwester und mir, die er den Eltern schenkte. Mit Tuschfeder illustrierte er die vielen Postkarten, die er ihnen schrieb und die von einfallsreichem Witz waren.

Im Gegensatz zu ihm malte Reinhold Lepsius, der immer liebenswürdige ruhige Alte, jahrelang an einem Bild, um dann resigniert festzustellen, daß es ihm immer noch nicht genüge. Voller Verehrung sprach er von seiner Frau, die nicht nur malte, sondern auch geistreich klug schrieb, mit eiserner Schärfe alles beobachtete und sehr gewandt und unterhaltend war.

Leo von König malte ein sehr schönes und ähnliches Bild von meinem Vater, während Fritz Rhein, der fast in allen Porträts Züge seiner gutaussehenden Frau durchscheinen ließ, mich malen wollte, was ich sowohl ihm wie anderen, die mich darum baten, abschlug. Ich möchte nicht gern in irgendeinem Zustand oder Alter festgehalten werden. Eine Ausnahme bildet nur ein kleines Jungmädelbild von Melchior Lechter, dem Freund von Stefan George, das charakteristischer ist für seine stilisierte Art des Malens als für mein damaliges Aussehen.

Von den Naturwissenschaftlern, die in unser Haus kamen, ist mir in Einzelheiten nur noch Einstein vertraut, obwohl ich mich erinnere, daß die Nobelpreisträger Planck und Fritz Haber, einer der bedeutendsten Chemiker und damals Leiter des Kaiser-Wilhelm-Instituts für physikalische Chemie in Berlin, an diesen Sonntagen interessante Gespräche mit den Eltern führten. Vielleicht verstand ich zuwenig davon. Aber an Einsteins stille, zurückhaltende Art kann ich mich noch gut erinnern. Er beobachtete die Menschen, lauschte, horchte auf, und dann erst sprach er. Wenn ein Wort fiel, das ihm Eindruck machte, lächelte er wie ein Kind. Auch sein Gesicht, besonders der Mund, hatte etwas kindlich Reines, und seine klaren Augen blickten erwartungsvoll und voller Offenheit. Er erzählte meiner Mutter, daß seine Einfälle ihm im Traume kämen, er dann aber viele Jahre brauche, bis er die mathematische Formel für sie fände. Oft habe ich mich in den letzten Jahren gefragt, was er sterbend gesagt haben mag, als die amerikanische Krankenschwester ihn, der in seiner Muttersprache redete, nicht verstand.

Vertrauter als die naturwissenschaftlichen Themen waren mir philosophische Gespräche, deren viele zu Haus geführt wurden. Unter anderen mit Hermann Keyserlingk, dem baltischen Grafen, den ich später noch öfter wiedersah. In unserer Münchener Wohnung war er gern zu Gast, auch wenn er in unserem jungen Haushalt nicht das soignierte Essen und die guten Weine bekam, die er gewohnt war. Die dynamische, unleserliche Schrift seiner Briefe zeigen denselben Schwung und die unruhige Vitalität wie seine schnelle Sprache und die temperamentvolle Art, mit der er den Partner immer ein wenig überrannte. Er gehörte zu den Menschen, von denen er schrieb: „Magische Menschen, welche die Welt von innen heraus als Kosmos erkennen und die mit der Macht ihrer Persönlichkeit das Erschaute im Wort zu beschwören wissen."

Mit seinem mongolischen Gesicht, seinem spitzen Bart, mit den schlauen blauen Augen und dem energischen Kinn wirkte dieser Riese etwas erdrückend. Aber seine Gedanken waren voller Einfälle, voller „esprit". Er wußte um die Urgründe des Lebens und sah vieles voraus. Als erster führte er in Deutschland die Form der Tagungen ein, die heute allgemein üblich geworden sind, in denen ein Thema von den verschiedensten Gesichtspunkten aus betrachtet und besprochen wird. Die Tagungen seiner „Schule der Weisheit" in Darmstadt waren immer etwas snobistisch, doch sprachen dort viele bedeutende Menschen und gaben zahlreiche neue Anregungen. Keyserlingk hat seine Unabhängigkeit und seinen Mut, die wohl seiner überlegenen starken Natur entstammten, auch in den Nazizeiten unter Beweis gestellt. Seine Frau, eine Tochter von Bismarck, war mit großer Fürsorge um ihn bemüht und hatte es nicht leicht, seine Ansprüche zu erfüllen und ihm Gesprächspartner zuzuführen, nach denen seine einfallsreiche Dynamik verlangte.

Hans Hasso von Veltheim war Keyserlingk in einer gewissen Art ähnlich – auch er wußte viel von den Tiefen des Lebens und konnte sehr geistreiche Gespräche führen, wenn auch in einer leicht stokkenden, stotternden Art. Er wurde später sehr bekannt durch seine Berichte aus Indien, wo er mit Ramana Maharshi zusammenkam, dessen Ashram ich auf einer Reise nach Tiruvanamalai kennenlernte. Dieser strahlte auch nach dem Tod des Maharshi eine so starke Atmosphäre der Menschlichkeit, Toleranz und Güte aus, daß es für mich ein unvergeßliches Erlebnis blieb. Veltheim war ein Mensch mit einem fast unheimlichen Doppelleben, in dem eine abgespaltene Hintergründigkeit neben geistiger Höhe Raum hatte.

Um so nüchterner und geradliniger war der Indologe Professor Helmuth von Glasenapp, der Sohn des einstmaligen Vizepräsidenten der Reichsbank, der in der europäischen Geisteswelt ebenso bekannt und geachtet wie in Indien beliebt und als häufiger Gast dort gern gesehen war.

Zu den Politikern, die uns besuchten, gehörte unter anderen Professor Hoetzsch mit seiner Frau. Hoetzsch war unter den damaligen Deutschnationalen einer der wenigen mit klarem, realistischem Blick, der sich von den einseitigen Fanatikern oder den vielen Unbegabten seiner Partei in erfreulicher Weise abhob. Er gab die große russische Publikation der letzten Zarenakten in deutscher Sprache heraus.

Mit Richard von Kühlmann, der 1917/18 Staatssekretär im Auswärtigen Amt war, hatte mein Vater viele gemeinschaftliche Interessen. „Dick", wie er von seinen Freunden genannt wurde, war intelligent, überlegen und verstand von Politik ebensoviel wie von Kunst und schönen Frauen. Er war eine Zeitlang mit der kapriziösen „Baby" von Friedländer-Fuld verheiratet, die dank ihres großen Reichtums alles zum Hintergrund ihrer Selbstdarstellung machen konnte und ihre vielfältigen Begabungen spielerisch vergeudete.

Ebenso war Hans von Raumer, Minister und später bekannter Wirtschaftsführer, ein sehr umfassender Kenner und Liebhaber alles Schönen. Auch noch mit mehr als neunzig Jahren war er ein anregender Gesellschafter mit einem ausgezeichneten politischen Spürsinn. Seine Schwiegermutter Elisabeth von Heyking, die in den berühmt gewordenen „Briefen, die ihn nicht erreichten", eine tragische Liebesgeschichte schilderte, war eine der bekanntesten Erscheinungen Berlins.

Einige Male erlebte ich auch Fritz Ebert mit seiner sehr bescheidenen Frau. Voller Anstand, Würde und Ungezwungenheit verleugnete er niemals seine kleinbürgerliche Herkunft. Seine Frau, die auch zu snobistischen Gesellschaften in einem hochgeschlossenen, einfachen Kleid erschien, das am Hals mit einer goldenen Nadel zugehalten war, sagte in meiner Gegenwart, als man sich über fremde Länder unterhielt und auf Italien zu sprechen kam: „Dort bin ich einmal mit meiner Herrschaft gewesen." Es hieß, daß sie auch als Frau des Reichspräsidenten keine Dienstboten hatte und die Wohnung selbst besorgte.

Wenn ich an Ebert und die Revolution 1918 denke, fällt mir eine Erzählung von Möllendorff ein. Als die meuternden Soldaten über die Anlagen vor dem Schloß liefen, rief jemand: „Nicht auf den Rasen treten!“ Und alle folgten dem Befehl. So stark war der alte preußische Gehorsam noch eingeprägt.

Wichard von Möllendorff war der vertrauteste Freund meines Vaters. Ich habe 1922 eine besonders schöne Zeit mit beiden verlebt, als meine Mutter und die Schwestern schon auf Sommerurlaub waren, ich aber wegen des Abiturs noch zu Haus arbeiten mußte. Möllendorff war Ingenieur, Volkswirt, Unterstaatssekretär. Nach seinen Ideen von einer gelenkten Wirtschaft, die auch mein Vater vertrat, wurde die Rohstoffversorgung von Rathenau während des Krieges organisiert. Von ihm stammt das unvergeßliche Wort: „Jein“, weil die meisten Menschen sich weder zu Ja noch Nein entscheiden, sondern gern dazwischen stehen. Als echter Humanist warnte er vor dem Nihilismus, zu dem der Rationalismus ein erster Schritt sei, und vor einem Glück, das man durch mangelnde Ordnung und überstarke Betriebsamkeit herbeiführen wolle. Er erkannte die Illusion eines Materialismus als Selbstzweck, bei dem die Gesellschaft sich nicht in ihren Ansprüchen bescheidet und nicht anstrebt, mit einem Minimum an Forderungen die größte Leistungsfähigkeit zu erreichen.

In den Jahren aufgeschlossenster Empfangsbereitschaft hat Möllendorff einen großen Einfluß auf mich ausgeübt, weil er mir auf vielen Gebieten Wertvolles und Schönes im Gegensatz zu Kitsch oder Sentimentalität zeigte und erklärte. Selbst war er ein unglücklicher und depressiver Mensch, der mit dem Leben nicht fertig wurde. Als er von dem Begräbnis seiner zweiten Frau, einer Ärztin, die an einer schweren Krankheit litt und sich den Tod gegeben hatte, nach Hause kam, nahm er das gleiche Gift und hoffte, so den Frieden zu finden, der ihm während seiner Erdenzeit nicht vergönnt war.

Eine echte Freundschaft verband die Eltern mit General von Schleicher, der 1932 eine kurze Zeitlang von Hindenburg mit der Regierungsbildung betraut war. Er wollte meinen Vater in sein Kabinett nehmen. Dieser aber lehnte zu allen Zeiten eine politische Stellung ab.

Auch noch in den Jahren, in denen die Nazis die Macht immer stärker in Händen hielten, besuchten uns einige der damals maßgebenden Wirtschaftler und Politiker. So kam unter anderen der spätere Außenminister von Neurath oft in das elterliche Haus. Er schickte, noch zehn Jahre nach dem Tod von Rathenau, ein Telegramm an meine Schwester Holzhausen, deren Mann Diplomat im Auswärtigen Amt war, bis er 1934 mit einem eigenhändig von Hitler unterschriebenen Brief entlassen wurde. Neurath betonte in diesem Telegramm, daß Rathenau sein Leben heldenmütig für das Vaterland gegeben habe.

Wenn ich an die vielen undurchschaubaren Gestalten oder heimlichen Sympathisanten der Nazis denke, die bei uns verkehrten und viele Vorteile von den Eltern annahmen, sie aber nachher nicht mehr kannten, oder an die Schriftsteller und Künstler, die von ihnen oder von Walther Rathenau unterstützt worden waren, später aber Auszeichnungen von Goebbels annahmen und gegen die Juden schrieben, dann hätte ich manches über die Charakterlosigkeit einer großen Schicht unseres Volkes zu berichten.

Lieber erzähle ich noch von einigen bedeutenden Frauen, die zu uns kamen und die einen kleinen Ausschnitt von dem wiedergeben, was vor der Nazizeit zum Leben und zur Kultur Berlins gehörte – von Fritzi Massary, dieser übersensiblen Frau, einer Mischung von Seele, Intellekt und Körperzucht, von Melodie der Bewegung und einer Phantasie, die aus dem dümmsten Kitsch ein Zauberwerk schuf; von Katharina Godwin mit den wasserblauen Augen, die geistreiche und witzige Geschichten schrieb; von Hedwig Dohm, die bis zu ihrem Lebensabend eine leidenschaftliche, sprühende Vorkämpferin der Frauenbewegung war; von Alice Salomon, die, warmherzig, großzügig und von klarer Intelligenz, eine der ersten Frauen war, die promovierten. Sie setzte sich für die soziale Frauenschule mit großer Energie ein und trat doch niemals in den Vordergrund. Zu Frauen unseres Bekanntenkreises gehörten auch Frau Schacht, die erste Frau des Reichsbankpräsidenten, mit dem mein Vater viel zu tun hatte, mit ihrer matronenhaften Steifheit; Frau von Seeckt, „Dodo“ genannt, mit ihrem ursprünglichen Berliner Witz, und die sechsundachtzigjährige Mutter des

Dichters Björnson, die von ihren Kindern aus Tradition und Ehrfucht in der dritten Person angeredet wurde.

Zum Schluß möchte ich noch von zwei Menschen sprechen, die ich bei meinen Eltern traf und die mir einen bleibenden Eindruck hinterließen, wenn sie auch große Kontraste waren: von Rainer Maria Rilke und Albert Talhoff. Rilke mit seinem schlanken Körper, seinem kleinen Ziegenbärtchen und den großen strahlenden Augen, von denen ein faszinierendes Leuchten ausging, wirkte zart und gebrechlich. Wenn er aus seinem Leben erzählte oder aus seinen Werken las, verzauberte er die Hörer. Was seine Worte berührten, was seine vibrierenden Hände erspürten, lebte, atmete, träumte. Er erweckte die Schönheiten nicht nur in den betonten, sondern mehr noch in den kleinen, unwichtigen Dingen. Das banalste Ereignis wurde durch seine Schilderung zum Wunder, und er erzählte Märchen von spielerischem Zauber. Die Frauen umgab er mit einer einschmiegsamen Zärtlichkeit, so daß sie unter seinem einfühlenden Charme auflebten, auch wenn sie später in eine abgrundtiefe Leere stürzen mußten, weil er die Liebe zu ihnen nicht ein Leben lang durchtragen konnte.

Manchmal frage ich mich, in welchem Maß solche Männer, die den Frauen eine nie stillbare Liebe und Sehnsucht für Augenblicke zu erfüllen scheinen, weil ihre Begeisterungskraft sie in ungeahnte Höhen emporreißt, verantwortlich und schuldig sind. Sicher beglücken ihre Werke unzählige Menschen, aber für ihr eigenes Leben mag wohl weniger die große Begabung ins Gewicht fallen als die Tragik ihres Schicksals, das der Inspiration der Frauen bedarf und doch niemals die eine Frau meint, in die persönliche Begegnung zu ihr tritt und bewußte Verantwortung auf sich nimmt.

Wie seine regelmäßigen klaren Schriftzüge war auch die Sprache Rilkes fein gemeißelt und formvollendet. Er redete häufig von Rodin, dessen Sekretär er war und den er oft bei seinen morgendlichen Spaziergängen begleitete. So öffnete sich ihm der Blick für die Natur und ihren Zauber. Wenn er den geliebten Meister erwähnte, leuchteten seine Augen. Rodin habe nie Gedankliches, Abstraktes, sondern nur Dingliches, Tatsächliches dargestellt und mit fast schwärmerischer Liebe die Schönheiten der Natur in sich aufgenommen. Durch ihn lernte Rilke Fürsprecher sein für die Dinge, die zwischen dem Aussprechbaren und dem nicht in Worten Sagbaren liegen.

So berichtete er von einem Erlebnis, das er im Süden Frankreichs hatte. Er spürte seine Seele plötzlich so innig mit einem Baum vereint, daß er fühlte, wie er, in den Geist der Natur eingeweiht, eins mit der Schöpfung wurde. Ein andermal sprach er von Ägypten, das ihm lange Zeit fremd, fast feindlich begegnet war, bis er ein ganz seltsames Erlebnis hatte. An einem Nachmittag sei er zu der Sphinx hinausgefahren. Um ihn die vielen Menschen, die sich auf Kamelen fotografieren ließen, eine gähnende Stimmungslosigkeit und glühende Sonne. Traurig habe er sich in den Sand gelegt. Da sei ein Bettler, den er schon tags zuvor gesehen hatte, mit schwerfälligen Bewegungen auf ihn losgehumpelt und habe ihm einen Becher Wasser gereicht. „Von dem Augenblick ab hatte ich von Ägypten Besitz genommen. Seitdem der Bettler mir den Willkommensgruß dargebracht hatte, gehörte es mir ganz."

Rilke war sehr zart und oft sehr still, so daß man spürte, wie er unter der Nähe der Menschen litt, dieser Nähe mit ihren Forderungen und Wünschen, ihren Ansprüchen und ihrem Besitzwillen, die ihn erdrückte, die er aber doch nicht entbehren konnte.

Er las uns einmal die Sonette der Louise Labé vor. In seinen Worten und Liedern lebte diese längst vergessene Frau mit aller Sehnsucht und Schönheit ihrer Seele auf und ließ einen Hauch der Seele Rilkes selbst verspüren.

Er schenkte meiner Mutter die Sonette an Orpheus, dieses Buch „der unendlichen Tröstungen", wie er in das Exemplar hineinschrieb. Und doch waren die letzten Worte seines eigenen Lebens: „Aber die Höllen – – –"

Und nun Talhoff, dieser starke, urwüchsige Mensch, der mit den Gewalten des Lebens und des Todes umzugehen verstand.

Ich lernte Talhoff bei den Eltern Ende 1930 kennen. Es sollte bei ihnen eine Tagung stattfinden von einer „Threefold Movement", den Anfängen der späteren „Oxford-Bewegung", die dann in die „Moralische Aufrüstung" überging. Man wollte, anläßlich der großen Weltausstellung in Chikago 1930, auch eine Weltreligionskonferenz abhalten mit dem Motto: Verständnis zwischen Ost und West, Bruderschaft der Menschen, Anerkennung aller Religionen und Rassen. Mr. Weller, der mit acht Jahren Zeitungsjunge gewesen war und sich dann zu einem reichen Kaufmann heraufgearbeitet hatte, wollte diese Tagung in unserem Hause mit Hilfe eines schlesischen Adligen, Herrn von Krumbhaar, vorbereiten. Es waren viele Menschen gekommen, aber es geschah an diesem Abend nicht allzuviel für diese Konferenz, sondern etwas anderes geschah: die Begegnung mit Albert Talhoff.

Er zerschmetterte alle Abstraktionen und Ideologien, alle Ausflüchte und Verstecke, forderte Klarheit und Wahrhaftigkeit, lächelte über das Manierierte, die Floskeln, die Lügen und stand wie ein donnernder Gott in der Mitte des Raumes. Seine Frau, die schöne Elmy von Alvensleben, von der er mir einmal sagte, sie gliche einem gotischen Dom, der über alle Niedrigkeit und Kleinheit der Welt herausrage, war nicht mitgekommen. Aber später lernte ich sie kennen und lieben, eine Frau, die bis in ihr Alter hinein von gütiger Weisheit, Schönheit und liebender Einfühlung war.

Talhoff erzählte, wie er in seiner Kindheit – es war wohl mit sieben Jahren – auf dem Schweizer Bauernhof seiner Großeltern zur Strafe in eine Bodenkammer gesperrt wurde, wo Ratten und Mäuse ihr Spiel trieben. Das Kind verging vor Angst und hatte nur den einen Wunsch, daß ein kleiner Lichtstrahl in diese Kammer fiele, die seine wirbelnde Phantasie mit Gespenstern und Teufeln füllte. Er tastete zitternd vor Furcht im Dunkeln hin und her – und fand, o Wunder, einen Lichtstumpf und Streichhölzer in einer verstaubten Hose des Großvaters, die zwischen dem Gerümpel lag. Er zündete das Licht an, und der Gespensterraum wurde ihm vertraut und heimisch. Träumend ließ er seiner Phantasie ihren Lauf. Ein solches Licht, sagte er zu den Anwesenden, möchte er in den Herzen aller Menschen anzünden, die im Dunkeln suchen.

Oft habe ich Talhoff später in München gesehen und die Vielschichtigkeit seines Wesens kennengelernt. Gern las er uns aus seinen Dichtungen vor oder klebte Farbenspiele aus buntem Seidenpapier an unsere Fenster. Manchmal erschien er im Fasching plötzlich bei uns, um mich so erstaunlich zu bemalen, daß ich mich ganz identisch mit mir fühlte. Er hatte die seltene Gabe, das Besondere eines Menschen hervorzuholen. Dann wieder ließ er die Welt Grünewalds in ihrem Symbolgehalt vor uns erstehen und erzählte vom „Totenmal“, mit dem er ein Mahnmal für die Gefallenen aller Völker des Ersten Weltkriegs setzte. Zusammen mit Mary Wigman gestaltete er dieses Schauspiel durch Tanz-, Licht- und Sprechchöre zu einem unvergeßlichen Erlebnis. Es wirkte auch sein Gongorchester mit, das den ganzen Menschen mit seiner herrlichen Klangwelt, mit den zartesten wie den gewaltigsten Schwingungen aufrühren und verwandeln konnte.

Die Polyphonie von Tanz, Licht und Wort erschloß sich ihm, wie er erzählte, durch das Brausen des Wassers in den Bergen und durch den Glockenklang der Kühe auf den Almen, durch den rhythmischen Tanz der Blumen im Wind und durch das Licht, das die Berge im Abend erglühen läßt. So vermochte er die Kraft der Erde im Menschen wieder fruchtbar zu machen – „denn ich weiß, wie eine Kartoffel wächst“, pflegte er zu sagen. Er wußte von dem Urschoß der Erde, dem die Frau noch nahe ist, und von der Verklärung des Lichts, von magischen Kräften und von der Heilung durch die Liebe. Diamantklar, scharf umrissen waren seine Worte wie die Berge seiner Schweizer Heimat, unerbittlich und liebend sein Suchen nach Wahrheit. Er erkannte Gott in jedem Teil der Schöpfung, deren Herrlichkeiten er, wie kaum ein anderer, durch seine Worte beschwören konnte.

Wenn ich noch einige kurz umrissene „Porträts“ von Menschen gebe, so geschieht dies aus dem Wunsch, die Bereiche des Erlebens aufzuzeigen, die meine Jugend und mein reiferes Alter vielseitig und kreativ gestalteten. Dies war in dem damaligen Berlin möglich, in dem vieles, auch sehr Gegensätzliches Raum hatte. So gab es den Wedding, die Armenviertel, die Zille und Käthe Kollwitz malten, neben den eleganten Hotels, in denen sich das Leben der Gesellschaft abspielte, die fast slawische Landschaft mit den kleinen Seen, die jetzt zur DDR gehören, neben dem schreckengeladenen Moabit, in dessen Gefängnis die Opfer des 20. Juli 1944 ihre Hinrichtung erwarteten. Oder die adligen Gutsbesitzer, die jährlich zur „Grünen Woche“ kamen, neben den für ihren Witz bekannten Taxifahrern und Droschkenkutschern. Was für mich unvergeßlich ist, bleibt das Berlin einmaliger Menschen und geistiger Anregungen.

Porträts berühmter Menschen

Liebermann war ein Vetter meines Großvaters mütterlicherseits, aber von verwandtschaftlichen Beziehungen merkten wir nicht viel. Dabei sehe ich ihn noch genau vor mir mit seinen schwermütigen Augen, seinem scharfen Profil und dem gepflegten Bart, kultiviert, geistvoll, witzig, von hinreißender Diktion und auch mit 83 Jahren noch rüstig und lebensbejahend.

Mir imponierte seine unabhängige Haltung. Er verlangte vom Künstler, daß er sich weder von der Gunst der Fürsten noch von der Meinung des Publikums beeinflussen läßt, sondern daß er diesen seine Auffassung vermittelt, selbst auf die Gefahr hin, daß er sich irrt oder nicht verstanden wird. Denn nur die individuelle Kunst könne Fruchtbares bewirken. Sicherlich gibt es Regeln, gegen die der Künstler nicht verstoßen darf, aber erst wo die Regel aufhöre, finge das freie persönliche Schaffen an, und die Kunst beginne, wo das Können am Ende sei. Dank seiner Freiheit und Unabhängigkeit verspielte Liebermann oft das Wohlwollen des Kaisers. Dennoch wurde er zum Ehrenbürger von Berlin ernannt, eine Auszeichnung, die aber nicht aufhalten konnte, daß sein Name später von den Nazis in den Schmutz gezerrt wurde.

Manchmal begegneten wir Liebermann bei Gesellschaften oder in Konzerten, aber er lud uns nur selten in sein Atelier ein. Neben Szenen aus dem holländischen Volksleben malte er gern Porträts seiner Frau und Tochter in ländlichen Situationen. Er hatte einen köstlichen Humor. Einer Kommerzienrätin, die ihr Porträt nicht ähnlich fand, sagte er: „Ähnlich woll'n Se nicht sein – Zum Kotzen ähnlich!“ Und Sauerbruch, der die Sitzungen häufig unterbrach, beschimpfte er: „Ne, ne, so geht das nicht. Wenn Ihnen ein Malheur passiert, dann deckt's der kühle Rasen zu. Wenn ich aber schlecht male, dann hängt det Bild das ganze Leben lang an der Wand.“

Meine Eltern wurden zu den großen Gesellschaften von Liebermann eingeladen. Es waren im allgemeinen gegen 150 Menschen dort. Alles war voller Eleganz und Gepflegtheit. Im Atelier wurde getanzt, in den unteren Räumen bewunderte man die modernen Bilder, die Liebermann sammelte. Als meine Mutter ihn einmal fragte, ob es stimme, daß eine schöne Frau, als sie das Atelier betrat, ausrief: „Das ist der schönste Augenblick meines Lebens!" und er geantwortet habe: „Das hoffe ich nicht", erwiderte er mit seiner charmanten, niemals bissigen Schlagfertigkeit: „Alle guten Witze, die von mir erzählt werden, sind echt. Mit den schlechten habe ich nichts zu tun."

Diese amüsante und originelle Art stand in Gegensatz zu seiner kultivierten Zurückhaltung und seiner ausgesuchten Höflichkeit. Er war ganz ohne Launen und Stimmungen und glich mit seinem durchgearbeiteten, scharfgeschnittenen Gesicht mehr einem antiken Philosophen als einem Menschen der Sinne und Empfindungen.

Wenn Liebermann von Kunst sprach, vermochte er das Tiefe, Wesentliche herauszukristallisieren. Mit Liebe, Verehrung und Verständnis bewunderte er die Maler, deren Bilder er sammelte. Ich kann mich nur noch an Degas und den Holländer Israëls erinnern, zu denen ich durch seine Ausführungen Zugang fand. Er verfügte über die Meisterschaft, den Betrachtenden mit den Augen des Künstlers sehen zu lassen und auf dessen Weise Menschen und Darstellungen verstehen zu lernen. Nach seiner Meinung müsse die Kunst die Natur widerspiegeln, das gemalte Bild das erschaute Motiv wiedergeben und der Künstler sich von höchster Objektivität leiten lassen.

An solche Aussprüche muß ich denken, wenn ich Bilder der heutigen Maler betrachte, die nach subjektiven Empfindungen und nicht nach sachlichen Wertmaßstäben ihre künstlerischen Aussagen machen. Sie erkennen nicht mehr den Begriff der Wahrheit als oberstes Gesetz an, die Liebermann für die Vorbedingung jeder künstlerischen Gestaltung hielt.

So epochemachend Max Liebermann einst für moderne Malerei war, gefeiert, bewundert, ein glänzender Redner bei der Eröffnung der Berliner Sezession, so sehr ist er in letzter Zeit vergessen worden. Wie wenig wird noch über ihn geschrieben, wie relativ billig werden seine Bilder gehandelt. Vielleicht ist er zu einfach und natürlich gewesen, ein wenig bürgerlich in jenem schönen Sinn des Bürgertums, das einen Stand echter Ordnung und Sitte darstellt. Vor kurzem war ich in einer Ausstellung seiner Bilder in München, in der viele seiner volkstümlichen holländischen Bilder zu sehen waren. Trotz interessanter Beschreibungen seines Werdeganges hatte die Sammlung keine Ausstrahlung. Das charakteristische Bild meines Großvaters, würdevoll neben seinem Schreibtisch sitzend, fehlte, wie vieles andere auch.

Liebermann starb 1932. Er hatte das Glück, noch nicht von den Nazis und ihren Gesetzen erniedrigt zu werden. Um so mehr mußte seine Frau darunter leiden. Freunde hatten zwar die schöne Wohnung, in der sie lebte, auf ihren Namen umgeschrieben und ihr damit das Bleiben in Berlin ermöglicht, aber sie mußte den Judenstern tragen und ging kaum noch auf die Straße. Dafür wurde sie von Menschen belagert, die billig Bilder und Zeichnungen ihres Mannes kaufen wollten, um damit im Ausland Geschäfte zu machen. Als ich sie einmal besuchte, erzählte sie mir, wie sie unter solcher Belästigung litte, und schenkte mir eine sehr hübsche Zeichnung – eine junge Bäuerin, die wartend vor dem Fenster steht –, weil ich nichts von ihr gewollt hatte.

Sie sah noch in ihrem Alter entzückend aus, zart und gütig. Man versuchte sie aus Deutschland herauszubringen. Ihre Tochter, Käte Riezler, und ihr Mann, der vor seiner Auswanderung im Auswärtigen Amt gearbeitet hatte, taten das Ihrige. Aber die Devisensumme, die Hitlers Regime als Gegenwert für ein Menschenleben forderte, war nicht zusammenzubringen. So sollte sie abtransportiert werden.

An dem Morgen, als die Gestapo kam, lag sie friedlich auf ihrem Bett. Sie hatte Gift genommen, so still und ohne Aufsehen, wie ihr ganzes Leben gewesen war.

Unvergeßlich ist mir die Wohnung Melchior Lechters in einem Hinterhaus in Berlin, vier Treppen hoch. An dem Geschrei der spielenden Portierskinder, an Schmutz und Küchengeruch vorbei, steigt man mühsam die alten Treppen hinauf. Plötzlich aber, wenn sich die Tür öffnet, ist man eingefangen von einer Ruhe und Feierlichkeit, die aus einer anderen Welt zu kommen scheint. Ein schmaler Vorplatz, ein kleines Schlafzimmer mit gemalten, farbenglühenden und ein wenig kitschigen Tristan-Bildern, darunter die Worte „Ewig sich zu sehnen, sehnend nicht zu sterben“. Ein gotisches Bett, ein Kamin, neben dem zwei gotische Leuchter stehen – alles dunkelblau, geheimnisvoll. Kerzen brennen, Weihrauch erfüllt die Luft.

Wir gehen durch die Bibliothek, einen kleinen Raum mit einem Harmonium, vielen Büchern und Fotografien von Stefan George, dessen Profil mich an Dante erinnert. Dann treten wir in ein helles Atelier, in dem Lechters Bilder stehen. Voller Phantasie und Farbfülle, fast überladen vom Reichtum des Inhaltes, ein wenig Böcklin und Feuerbach, ein wenig stilisierte Gotik – Engel mit Riesenflügeln, Frauen in blauen Gewändern, eine Welt der Symbolik, der Wunder und der Leuchtkraft. Neben dem Orpheus, der die Leier spielt, einem hohen Turm, auf dem ein purpurner Baum blüht und Engel tanzen, stehen herrliche Bilder von Capri, dieser Insel der Blumen, der Sonne und der unbeschreiblichen Bläue, nach der ich mich sehnte, seitdem ich diese Bilder sah. Als ich viele Jahre später dort war, gab es wohl noch die Blumen und Farben. Aber Schönheit und Stille waren längst zerstört durch die Unzahl von Menschen, die sich dort „erholten“.

Neben diesen Bildern wieder Fotografien von George, eine Bibel – aufgeschlagen die Offenbarung des Johannes.

Lechter machte damals ein Porträt von mir – ich war wohl 16 Jahre – hatten Schnecken über den Ohren, eine Stupsnase und einen Blick voller Sehnsucht und Erwartung. George kam einmal, um sich dieses Bild anzusehen; er sprach kaum ein Wort und verschwand wie eine Fata Morgana. Seine Gedichte aber begleiteten mich durch mein Leben. Er hat die große Wende vorausgesagt, an der wir heute stehen, er hat die ewige Schönheit gesucht und den Adel des neuen Seins besungen – „neuen adel, den ihr suchet/führt nicht her von schild und krone" –, aber er mußte erfahren, daß seine prophetischen Worte ungehört verklangen und er selbst zutiefst mißverstanden wurde. So blieb er trotz der Freunde ein großer Einsamer. Da er keine Kompromisse mit dem Hitlerregime zu schließen bereit war und sich nicht von ihm auf das Banner des Hakenkreuzes erheben ließ, ging er aus Deutschland fort und starb in der Fremde. Ein kaltes Grabmal in Minusio im Tessin ist Zeuge dieser Einsamkeit, ebenso die Vergessenheit, die ihn heute schon aus den meisten Anthologien berühmter Dichter ausgeschlossen hat.

Georges Gedichte an den geliebten, jung verstorbenen Maxim, der ihm in der „ungebrochenen fülle und lauterkeit der jugend" als Verkörperung alles Schönen erschienen war, schenkte mir Lechter in einem Pergamentband, auf Bütten gedruckt und mit Goldverzierungen geschmückt.

Oftmals las Lechter aus Georges Dichtungen vor. Ich habe noch seinen Ton im Ohr, er schwoll am Ende zu melodischer Klangfülle an und blieb gleichsam im Raume stehen – stark, geheimnisvoll, von feierlicher Kraft. Es war überhaupt immer ein wenig festliche Stimmung, wenn Melchior bei uns war oder wenn wir mit ihm zusammen in die Oper gingen, vor allem in Wagner-Stücke, die er genau kannte und in denen er mir Symbole und Motive erklärte. Meine Eltern, die sich seiner angenommen hatten, sorgten für ihn und hatten viele seiner Bilder erworben. Lechter schenkte uns monumental eingebundene und mit echten Steinen verzierte Erstausgaben. Zu diesen prunkvollen Bänden gehörten sein „Tagebuch einer Indienreise" und die „Nachfolge Christi" von Thomas a Kempis.

Durch Melchior Lechter hörte ich zum ersten Mal von Indien und der indischen Philosophie. Er las uns aus den Veden und der Bhagawadgita vor und erzählte von seinen persönlichen Begegnungen in Indien. Er schenkte meiner Mutter das Blatt eines Baumes, das, blau umrandet, in einem goldenen Rahmen von dem heiligen Spruch „Om mani padme hum" eingefaßt ist. Später bekam ich dieses Blatt. Es stammt von dem uralten heiligen Bo-Baum, dem ältesten Baum der Erde, der ein Ableger ist des heiligen Baumes in Buddhi-Gaya.

Bewundernswert erschien uns damals, daß Lechter unter äußersten Strapazen in der Sonnenglut diese Reise durch Indien unternahm, wenn man daran denkt, wie bequem heute diese weiten Strecken mit dem Flugzeug zurückgelegt werden. Aber das war Lechter: der suchende, nimmermüde, von Begeisterung erfüllte, in stiller Gelassenheit zufriedene, einem geistigen Ziel zugewandte Pilger durch die Geheimnisse des Lebens. Mit seinem etwas breiten Gesicht, den kleinen Äugelchen, der dicken Nase und den blaugrünen Opalen – einen großen trug er als Ring, einen kleineren als Krawattennadel – lebte er, fern von jedem rationalen Denken, in einer Welt des Einklangs und der großen Naturumfassung.

Als einer der engsten Freunde von George brachte er uns mit anderen dieses Kreises zusammen: mit dem Dichter Derleth, der ein Titan war, aber aus Eitelkeit und Machtwahn sich und sein Können überschätzte; mit Wolfskehl, dem von Unruhe und Liebe ewig Verzehrten; mit Gundolf, diesem zarten, leidenden Menschen, den ein tragisches Schicksal – er heiratete die Frau, die ihn bei einer seiner schweren Krankheiten mit letzter Aufopferung gepflegt hatte – für immer von George trennte. Ich habe Gundolfs Vorlesungen an der Universität Heidelberg gehört und unvergeßliche Abende in der Unterhaltung und Diskussion mit ihm erlebt. Mit den edlen, ein wenig traurigen Zügen, der hochgewölbten Stirn und den strahlenden Augen wirkte er faszinierend und manchmal ganz aufgeschlossen, nah, fast jungenhaft. Trotzdem hatten Krankheit und Leid sein Gesicht geprägt – er starb 1931 am Geburtstag Georges.

1919 wurde Melchior Lechter plötzlich gelähmt. Meine Eltern brachten ihn in ein Sanatorium. Er erholte sich zwar wieder, mußte aber bis zu seinem Tod – 1929 – am Stock gehen.

Viele seiner Bilder und Glasmalereien sind zu stark mit Symbolen überladen. Aber das Malen war nicht ausschlaggebend für sein Leben. Vielmchr war es der ganzheitliche Mensch mit der unendlichen Freude und Ehrfurcht, die er dem Leben, seinen Schönheiten und Geheimnissen gegenüber empfand. George hat in einem seiner Gedichte an Lechter diese reine und dem Wunder geöffnete Seele besungen:

„Deinem sinn frei und stolz gegen unbill gefeit
Erz im tiegel des heils, aller schlacken befreit.
Deiner seele, die hoch überm traumland regiert,
Und der welt jahr um jahr neue wunder gebiert,
Deinem sein, allen einsamen trost und geleit,
Turm von bleibendem strahl in der Flutnacht der zeit.“

Glück des Entdeckens, Unverstand der Umwelt, menschliche Schwächen, Größe und Ruhm – das waren die charakteristischen Merkmale des genialen Arztes Carl Ludwig Schleich. Er war durch die Erfindung der Lokalanästhesie weit über die Grenzen Deutschlands hinaus bekannt geworden. Da er aber einer der einsamen Bahnbrecher in die Zukunft hinein war, wurde er mit viel Feindschaft und Mißverständnis umgeben.

Er war und blieb lange ein großer Junge. Vom Vater, einem bekannten Augenarzt, geleitet und gestützt, in allen schlimmen Lagen getröstet und mit Einsicht, Güte und auch Strenge geführt, unterwarf er sich gern dem Urteil des Älteren. Wie stark er dieser Hilfe bedurfte, hat er uns an einem Beispiel erzählt. Als er noch ein junger Assistenzarzt an der Berliner Charité war, begann er seine Forschungsarbeit, die zu der bahnbrechenden Erfindung der Lokalanästhesie führte, einer Operationsmöglichkeit ohne Narkose, durch die weder Herz noch Lunge des Patienten gefährdet werden.

Als er diese Erfindung einem hohen wissenschaftlichen Gremium vorführte, stand der Vater, der niemals Zweifel an der Begabung seines Sohnes hatte, stolz und erwartunsvoll unter den Zuschauern. Die Demonstration gelang, der Patient erlebte mit Hilfe der Lokalanästhesie die Operation bei Bewußtsein und völlig schmerzfrei. Es war die Ausschälung eines Karbunkels nahe dem Rückenmark. Schleich strahlte, die Anwesenden waren verblüfft und begeistert. In seiner Freude rief Schleich: „Ein Verbrecher, wer noch ohne unbedingte Notwendigkeit eine Vollnarkose macht." Da erhob sich Professor von Esmarch, der Nestor der Chirurgie, und verließ den Saal mit den Worten: „Aber so operiert man doch nicht." Betretenes Schweigen. Vater Schleich klopfte seinem Sohn auf die Schulter. „Du warst großartig. Du wirst siegen." An der Hand seines Vaters verließ Carl Ludwig die Stätte, die später seine Triumphe erleben sollte.

Heute hat sich seine Erfindung als etwas ganz Selbstverständliches durchgesetzt und ist eingebaut in die Wissenschaft der Chirurgie. Schleich aber fand in ihr kein Genüge. Immer wieder fielen ihm neue Ideen ein. Denn „wenn wir Naturwissenschaftler ein Rätsel gelöst zu haben glauben, stehen gleich drei neue vor uns auf“. Und immer wieder erlebte er die Tragik des Genialen, der gegen die Skepsis einer ganzen Welt anzukämpfen hat. Oft war es erst ein Ahnen, ein Gefühl, das ihn auf eine Fährte führte, von der er in noch kaum verständlichen Worten sprach. Dann wurde dieses Spüren zum Erkennen. Die Überwindung des Spezialistentums mit Hilfe einer Ganzheits-Methode, die Körperliches wie Seelisches umfaßte und nicht nur ein spezielles Organ untersuchte, wurde von ihm angewendet, noch ehe die psychologisch-physiologische Wechselwirkung allgemein bekannt wurde.

Der unerschütterliche Glaube an seinen Auftrag ließ ihn Mißerfolge überwinden und die Anfeindungen der Gegner ertragen. Wenn ihn aber eine allzu engstirnige Kritik traf, konnte er zornig auffahren. Seine Augen schossen dann Blitze, sein struppiger Bart sträubte sich in Kampfeslust; er sah aus wie ein gereizter Troll, doch Triumphgefühl stand in seinem Gesicht. Bald darauf strahlten seine blauen Augen wieder Menschlichkeit und Güte aus.

Erschwerend waren für ihn seine vielseitigen Interessen und Begabungen. Er malte, dichtete, musizierte, komponierte und war auf diese Leistungen stolzer als auf sein ärztliches Können. Er war ein Licht, das an beiden Enden zugleich brannte, sich verzehrte und sein Herz verbrauchte. Denn sein Herz war überall mit dabei. Wenn er in ein Krankenzimmer kam, strahlte er eine so unmittelbare Kraft und Heiterkeit aus, daß hierin schon seine großen Heilerfolge gründeten.

In seinem unstillbaren Drang nach immer Neuem, in seinem unauslöschlichen Durst, die Grenzen des Möglichen zu überschreiten, gewann der Dämon in ihm, seine Lust am Trinken, oft Gewalt über alle guten Vorsätze und das sonst so hellwache, bewußte Leben, das er führte. Schon als Student hatte er mit Freude getrunken, damals, als er in Zürich lebte und eines Tages Gottfried Keller am Stammtisch begegnete. Als er diesen auf seine Werke ansprach, meinte Keller: „Hier wird nicht Literatur geschwätzt, hier wird getrunken.“

Einige Sätze aus seinen Büchern, die nicht nur wissenschaftlichen Inhaltes waren, sind mir im Gedächtnis geblieben:

„Des Mannes Liebe ist ein versprühender Funke, das ganze Leben der Frau verglüht an der entzündenden Flamme ..."

„Ein Mann kann durch vieles glücklich werden, die Frau nur durch die Liebe ..."

„Das Weltall glüht vor unseren Augen, und es verglüht in unseren Tränen."

Mir schrieb Schleich in ein Buch, das er mir schenkte, die für ihn sehr charakteristischen Worte: „Der ist nicht lebend, der nicht liebend lebt."

Schleich lebte in einer sehr unglücklichen Ehe. Die Hausgemeinschaft teilte eine halbirre Schwester seiner Frau, die aus unerwiderter Liebe zu einem Dompteur, dem sie monatelang nachreiste, in Trübsinn gefallen war. Seine Frau, eine grundsätzliche Antialkoholikerin, hatte es sicher nicht leicht mit ihrem Mann, der häufig verliebt war und zu einem pathologischen Trinker wurde. Sie hatte ihn wohl nie verstehen können und ihn mit ihrer Tugendhaftigkeit, mit ewigen Vorwürfen noch tiefer in sein Laster hineingetrieben. So kam es, daß Schleich nach einigen Wochen immer wieder verschwand und ohne Geld, Uhr und Zigarettenetui in den verkommensten Lokalen aufgefunden wurde.

Im Ersten Weltkrieg holte meine Großmutter väterlicherseits ihn jeden Morgen mit einem Taxi ab, damit er nach den verbummelten Nächten zur Zeit in das Lazarett kam, das er leitete. Oder sie ließ ihn durch Freunde suchen, damit er nicht wieder tagelang fortblieb. Der Schriftsteller Wolfgang Goetz, der zu diesen Freunden gehörte, schrieb hierüber, wie auch über seine erste Begegnung mit Schleich im Haus meiner Großmutter:

„Es mag 1906 gewesen sein, als ich, ein junger Student, aber doch kein Neuling in Berlin, einen Katalog des Fischer-Verlags durchblätterte. Da waren auch die Bilder der Autoren zu sehen. Neben dem spöttischen Gesicht Kerrs erblickte ich einen merkwürdigen Kopf, freundliche Züge, Schnurrbart und dichtes Haupthaar. C. L. Schleich stand daruntzer. Ich konnte mir bei diesem Namen gar nichts denken. Ich fragte einen literarischen Freund nach diesem Unbekannten. Ja, das sei ein Arzt, der, wenn er sich recht erinnere, eine wichtige Entdeckung gemacht habe und nun ein gutes, sehr interessantes Buch über die Seele geschrieben habe, ich sollte es mal lesen. Ich habe es nicht gelesen.

Drei oder vier Jahre später war ich einmal wieder bei Bertha von Arnswaldt zu Tisch geladen. ‚Heute kommt Schleich', strahlte sie. Richtig, Schleich, der die Entdeckung gemacht und ein Buch über die Seele geschrieben hatte. Aber vorsichtshalber erkundigte ich mich doch des näheren. Die liebe Frau schlug die Hände über dem Kopf zusammen, weil ich so schrecklich ungebildet war. Ob ich denn nicht wisse, daß er der Mann sei, der die Lokalanästhesie erfunden habe, ein Heiland der gequälten Menschheit und obendrein ein Philosoph, ja, ein Dichter. Nein, das wußte ich nicht, nicht einmal etwas von der örtlichen Betäubung wußte ich, und es war doch fast zwei Jahrzehnte her, daß Schleich unter tumultuösen Umständen im Langenbeck-Saal der Kollegenschaft seine große Entdekkung verkündet hatte.

Nun kam er selbst. Ich hatte einen hochmütigen, dozierenden Professor erwartet. Aber da stand ein frohgemuter Mann, ein Fünfziger, der gar nichts Geheimrätliches an sich hatte, der eher aussah wie ein Kaufmann. Und nun prasselte das Gespräch los voll herrlichster Geistigkeit, voll sich überstürzendem Witz und einer barocken Phantastik.

Hunderte von solchen Gesprächen sind diesem ersten gefolgt, und es war immer wieder ein neues Erlebnis. Immer wieder war es ein Fest, mit diesem Carl Ludwig zusammenzusitzen, sei es ‚im trauten Eck' bei Bertha von Arnswaldt, sei es im Pschorr an der Gedächtniskirche, sei es in finsteren Kneipen oder bei Schollka am Montagstisch. So tiefsinnig die Gespräche auch sein mochten, Schleich blieb stets ein Plauderer. Da war nichts Doktrinäres, im Gegenteil, er brachte bisweilen Thesen vor, die nicht unbestritten bleiben konnten. Dann ging es hoch her, um so höher, je gewichtiger die Kontrahenten waren. Und das waren sie meist.

Je erregter die Geister um ihn tobten, desto ausgelassener wurde er, wie ein Student, wie denn wohl selten ein berühmter und gereifter Mann sich so hemdärmelig gab wie er, ohne dabei mit dieser Haltung posieren zu wollen. Nein, es war seine Natur. Er war der geborene Freund des Lachens, das ihn halbe Minuten lang durchschütteln konnte. Er wollte auch die anderen zum Lachen bringen.

Hinter diesem Gelächter aber stand doch immer seine tiefe, innige Lebensfrömmigkeit. Denn die Themen dieser Gespräche waren nicht etwa Anekdoten oder gar Witze. Es waren immer Probleme. Es ging um Gott und Tod, Relativitätstheorie und Unsterblichkeit. Es waren die letzten Fragen. Es waren die ewigen Rätsel, die da zur Debatte standen.

Diese große Heiterkeit half ihm auch als Arzt. Wenn er ins Zimmer trat, war der Kranke schon halb gesund, so strahlte es von Schleich aus.

Von sich selbst sagte er einmal zu Bertha von Arnswaldt: ‚Bei mir ist viel Plus, aber ebensoviel Minus, und Plus-Minus, das hebt sich auf.‘ Deshalb nannte sie ihn Plus-Minus. Und Plus-Minus war das Zeichen, das sie mir sandte, wenn der Freund verschwunden war.

Wir brauchen es heute, da mehr als ein Vierteljahrhundert seit seinem Tode vergangen ist, nicht mehr zu verschweigen, daß es Epochen gab, da die Verzweiflung über diesen heiteren Geist Gewalt bekam und in denen er untertauchte. Nach Tagen banger Sorge kam dann ein Anruf bei Bertha von Arnswaldt aus irgendeiner Kaschemme, und mitten in der Nacht klingelte der Postbote bei uns. Ich wußte schon, daß er die ominöse Rohrpostkarte brachte mit dem bösen Zeichen + – (Plus-Minus). Weiter stand nichts darauf. Dann mußte ich zu unserer Freundin, dort bekam ich das nötige Geld, und der Ort wurde mir bezeichnet, wo er zu finden war. Es waren schlimme Stunden, wenn ich den wundervollen Mann aus einem Kreise von Zechgenossen und Zechgenossinnen holte, die bei der Polizei meistens aufs beste bekannt waren.

Das dramatische Auf und Ab seines Daseins erschöpfte seine Lebenskraft. Er starb mit 62 Jahren 1922 an einem Herzschlag, ein Tod, der seinem Leben gemäß war.

Wieviel Liebe sich dieser Mensch erworben hat, dessen bin ich ein guter Zeuge. Vor dem Kriege bin ich fast täglich an seinem Grabe in Stahnsdorf vorbeigegangen. ‚Grenzstein des Lebens, nicht der Liebe‘ steht auf dem Monument, das Werner Begas, Reinholds Sohn, entworfen hatte. Jedesmal, wenn ich die Stätte sah, lagen Sträuße auf dem Efeu, Spenden dankbarer, meist wohl unbekannter Verehrer.“

Das Theaterleben von Berlin zwischen 1905 und 1930 wurde von dem damals zweiunddreißigjährigen Wiener Max Reinhardt nicht nur bestimmt, sondern in weitgehendem Maße auch verändert. Dieser geniale Bühnenreformer sprengte die alten übernommenen Formen und machte die Welt des Theaters zu einem völlig neuen Erlebnis. Unter seiner Regie wurde alles unkonventionell, ungewöhnlich, neu, erregend, aufreizend. Er stellte das Theater wieder auf das „Spiel“ ein und ließ den Menschen in der Verzauberung sich selbst vergessen.

Oft saßen wir in den Proben mit unserer Mutter in einer der Reihen hinter ihm und konnten ihn vor seinem Regietisch genau beobachten. Es gab Tage, an denen er kaum ein Wort sprach. Das waren die „stillen Tage“. Dann saß er in seiner charakteristischen Haltung, den Kopf nach vorn gebeugt, die Hände aufgestützt, und jedes Wort kam zögernd wie unter großen Mühen hervor. Er sog alles in sich hinein, war nur aufnehmend, hörend, schauend und von einer fast spröden Verschlossenheit. Manchmal dagegen wirkte er vollkommen gelockert, gelöst und war von ungewöhnlichem Charme. Jeden einzelnen sprach er dann an, befeuerte ihn mit seiner unbegrenzten Phantasie, die aber niemals überströmte, sondern von ihm geistig gestaltet und in Bahnen gehalten wurde. Durch wenig Worte, kleinste Gebärden, durch irgendeine Tonschattierung brachte er die Bilder seiner inneren Vorstellungswelt zum Ausdruck.

Es konnte aber auch sein, daß er selbst auf die Bühne sprang und gleichzeitig die verschiedensten Rollen spielte. Die Atmosphäre war dann von einer erregenden Intensität, und Reinhardts Leidenschaft, die unter einer fast unbegreiflichen Ruhe glimmte, wurde zum Werkzeug geistiger Kreativität. Reinhardt verfügte über eine starke Suggestionskraft, die er auf die Schauspieler zu übertragen vermochte, um deren schöpferische Fähigkeiten auf ein Höchstmaß zu steigern. Und doch fühlte sich keiner von ihm vergewaltigt, sondern in seiner persönlichen Eigenart bis zur Vollendung gestärkt. Das Fluidum, das von ihm ausging, wenn er wie gebannt auf die Bühne blickte – manchmal ein Wort in das vor ihm liegende

Regiebuch schreibend, manchmal in die Handlung eingreifend –, hielt Schauspieler wie Zuhörende in einem unlösbaren Bann. Selbst die Tische und Stühle auf der Bühne, die Treppe, die Wand, sie alle wurden zum Leben erweckt und in diese Einheitlichkeit hineingenommen. Alles spielte mit, alles war zum Leben erwacht. Man könnte sagen, daß Reinhardt aus diesem Fluidum, aus diesem Lebendigwerden auch der belanglosesten Dinge heraus schöpferisch wurde. Denn als er sehr viel später einen Film drehte, versagte seine geniale Begabung. Die Technik ließ seine Schöpferkraft, die von der Glut des Herzens getragen war, erkalten.

Er mußte von allem angerührt sein, von seinen Stücken und seinen Schauspielern, seiner Inszenierung und seinen Dekorationen, dann beseelte und beseligte er das Spiel und schuf ein Wunderwerk. Selbst Große, wie die Thimigs, wie Wegener, Moissi, Deutsch, Krauß, die Eysoldt, Körner, Straub, Massary und wie diese wunderbaren Künstler alle hießen, blühten auf unter seinen Händen und seinem auch im reifen Alter immer noch jungenhaften Charme. Licht- und Farbeneffekte, Massenwirkungen wie intimste Liebesszenen meisterte er mit gleichem Können. Ohne Voreingenommenheit inszenierte er Stücke der Vergangenheit dem modernen Empfinden entsprechend, als würden sie aus unserer Zeit stammen oder für unsere Zeit geschrieben sein.

Die Schauspieler, die bis zu den kleinsten Rollen hinab Meisterwerke vollbrachten, wurden von ihm in einem Ensemble zusammengehalten, so daß keiner mit einer Starrolle herausfiel, im Gegensatz zu der heutigen Zeit, in der nicht das Stück, sondern der Star im Vordergrund steht, in der meist nicht der innere Wert einer Aufgabe, sondern die Höhe der Gage den Reiz einer Rolle ausmacht.

Ich erinnere mich noch, wie beim „Kaufmann von Venedig“ die bedeutendsten Künstler mitwirkten, und doch war das Stück nicht auf einen von ihnen abgestellt. Schildkraut gab den Shylock – ein winselnder alter Jude, voll kleinlicher Schadenfreude und schmutziger Mißgunst. Agnes Sorma spielte die Portia mit weiblicher Zartheit und verführerischem Zauber. Ida Roland, die spätere Frau des Grafen Coudenhove-Kalergi, des Begründers der Paneuropäischen Bewegung, war eine schöne und strenge Jessica. Den

Antonio spielte Fritz Kayssler mit verhaltener Leidenschaft und großer Ruhe, während Waßmann den geckenhaften degenerierten Prinzen von Aragón gab. Und der Genialste: Moissi als Bassanio mit seiner melodischen Stimme und dem glühenden Herzen. Sie alle waren eingebaut in eine zauberhafte Landschaft im fahlen Mondschein des Gartens von Belmont, in dem die weißen Blumen leuchteten und in weißem Samt gekleidete Gestalten sich bewegten – leichtfertige Sorglosigkeit, in die das fremde Verhängnis einbrach. Oder die schmutzige Wohnung von Shylock mit dem fettglänzenden Boden, der drastischen Unordnung, in deren Mitte ein reichbeladener Silberschrank stand, oder die glühende Farbenpracht von Venedig mit seinen Palästen und Balkonen, seinen Brücken und Winkeln und dem Kanal, den das Mondlicht erleuchtete – Trunkenheit der Lebensfreude, Begeisterung und vibrierende Leidenschaft.

Reinhardt legte in seine Kunst das Schönste und Edelste, das in ihm war. Als Mensch war er faszinierend, aber grausam. Ich habe schöne, wertvolle Frauen um ihn weinen sehen, die voller Verzweiflung das Ende seiner Leidenschaft nicht fassen konnten. Wie in seine Stücke, in seine Schauspieler, seine Dekorationen war er auch in die Frauen verliebt. „Mit Männern ist man befreundet, Frauen liebt man.“ Aber wie viele und wie kurze Zeit nur.

Einmal erlebte ich Reinhardt menschlich wirklich aufs tiefste erschüttert. Er kam zu meiner Mutter, bebend vor Wut und Verzweiflung. Seine Frau, die schöne Else Heims, die es mit ihren beiden Kindern sicher nicht leicht bei diesem genialen Menschen hatte und viel zu bürgerlich war, um ihn zu begreifen, hatte im Papierkorb den zerrissenen Brief einer großen Liebe gefunden, die Stücke zusammengeklebt und dem Mann dieser Frau geschickt. Das war das Ende einer wirklich tiefen, vielleicht der einzigen, ganz großen Liebe im Leben Reinhardts.

Im allgemeinen nahm er die Liebe als beglückendes Geschenk und faszinierendes Spiel, ohne selbst Liebe zu geben. Das Leid der Frauen, die ihm zum Teil willenlos verfielen, hat er wohl trotz seiner lebendigen Phantasie niemals verstanden. Daß die Liebe zu Helene Thimig und die Ehe mit ihr Jahrzehnte durchhielt, mag dieser seltsamen Frau zuzuschreiben sein. Unter scheinbarer

Tugendhaftigkeit, Weltabgewandtheit und Geistigkeit verbarg sie eine fast grausame Wildheit neben einem sehr realen Verstand. Ihr trockenes, abgebrochenes hartes Lachen konnte ihren Freunden nicht verbergen, daß sie oft schmerzhaft nach innen weinte und daß sie immer auf der Grenze zwischen Leben und Tod stand. Denn neben der glühenden, qualvollen Leidenschaft verschloß sie in ihrem Innern verkrampfte Bitterkeit. Helene Thimig kam oft zu meiner Mutter, und ich habe sie nach Reinhardts Tod noch einmal in Wien auf der Bühne gesehen – immer noch jung und mit dem gleichen Charme, doch weniger zwiespältig. Sie war wiederverheiratet mit einem großen Schauspieler.

Wir lernten fast alle Künstler des Reinhardtschen Kreises nach den Premieren kennen, die vor allem in den Kammerspielen das Ereignis jeden Winters waren. Dort erlebte ich Bassermann, der in seiner Überlegenheit, Güte und Menschlichkeit einen großen Zauber ausübte. Jedes Wort, jede Bewegung waren in seinem Spiel genau erarbeitet und einstudiert, und doch wirkte alles ganz unmittelbar, als käme es aus einem augenblicklichen Einfall. Er wurde sehr umschwärmt, lebte aber in einer fast unheimlichen Verstrickung mit seiner Frau, die wenig begabt und sehr unscheinbar war. Sie mußte in allen Stücken, in denen er auftrat, mitspielen, was für die Regisseure eine ziemliche Zumutung war. Wenn man etwas gegen sie sagte, konnte er die häßlichsten Szenen machen und ganz aus der Rolle des Weltmanns fallen.

Ich lernte auch Moissi kennen, in den ich – oder war es in seine Stimme? – sehr verliebt war. Mein Onkel hatte schon beim erstenmal, als er ihn auf der Bühne sah, seine große Begabung erkannt und meine Eltern und mich mit ihm zusammengebracht. Aber meine Mutter hatte schreckliche Angst, daß ich mich nicht nur für sein Spiel, sondern auch für den Menschen begeistern könnte, ging doch das unheimliche Gerücht herum, daß er Frauen in seinem Wagen mit heruntergelassenen Gardinen entführte. Dieser bezaubernde, immer etwas schmuddlige Mensch mit der großen Liebessehnsucht und dem unbezwingbaren Wunsch, sich auszuleben, war unübertreffbar als Fedja im „Lebenden Leichnam“ oder als Prinz im „Hamlet“.

An solchen Abenden, nach der Premiere, begegneten wir auch

Fritz Kayssler mit seiner Frau, einer der elegantesten und ein wenig berüchtigten Damen Berlins, die er völlig verwandelt hatte. Ich höre noch ihre Worte, wie Reinhardt ihr ein Glas Sekt anbot: „Ich trinke keinen Champagner mehr. Das habe ich meinem Mann versprochen.“ Oder Gertrud Eysoldt, diesen genialen Puck mit den brandroten Haaren und der silbernen Stimme, ein koboldartiges Wesen, ein unheimlicher Geist von erschreckender Häßlichkeit mit höhnisch grinsenden Augen, verführerisch, verzaubernd. Und zwischen ihnen allen Reinhardt, der geniale Meister, dessen Begabung aus diesen Menschen ihr Letztes, Größtes hervorholte, dessen Phantasie das Theater neu beseelte und mit seinem Leben erfüllte.

Es hatte etwas Gottähnliches, wenn er aus einer farblosen, kleinen Rolle einen lebendig vibrierenden Menschen hervorzauberte, wenn er einem Schauspieler, der noch nicht den richtigen Ton gefunden hatte, ein gutes, ermunterndes Wort sagte, anstatt ihn zu kritisieren, und dieser plötzlich aufblühte und über sich hinauswuchs. Und wenn er dann selbst auf die Bühne ging und Männer- wie Frauenrollen vorspielte, hörte man im Zuschauerraum die knisternde Erregung: Weinen und Angst, Freude und Lachen, Begeisterung und Lust. Dann fanden seine Schauspieler in sich neue Töne, Tiefen und Leidenschaften, von denen sie zuvor nichts geahnt hatten, und jeder, der dieses miterleben durfte, spürte hinter dem tatsächlichen Geschehen Höhen wie Abgründe des Lebens, Schmerz, Sehnsucht und Seligkeit auf der schmalen Scheide zwischen Traum und Wirklichkeit.

Harden, der mit Familiennamen Witkowsky hieß, diesen Künstlernamen aber als Schauspieler angenommen und dann behalten hatte, war einer der unglücklichsten Menschen, an den ich nur mit innerem Unbehagen zurückdenken kann. Er gehörte zu jener Art von Juden, die mit kristallklarer Dialektik und ironischer Kritik, mit bohrendem Verstand und kalter Berechnung das Lebendige und Fruchtbare zu töten vermögen. Auch der gefürchtete Kritiker Kerr hatte eine solche sarkastische Art der Zersetzung, wenn er Stücke und Menschen sezierte; sein Spott hatte etwas Unversöhnliches und Verbittertes. In diesem durchdringenden geistreichen Zergliedern, das jede Unbefangenheit und Unmittelbarkeit zerstörte, lag eine Ähnlichkeit zwischen beiden. Immer mußte man aufpassen und auf der Hut sein, wenn man Harden begegnete, damit nicht eine Atmosphäre des Hasses, der niedrigen Aggressionen lebendig wurde und eine häßliche Opposition hervorrief.

Harden konnte schnell bissig und hinterhältig werden, denn sein Element war der Kampf – für oder gegen den Menschen. In seiner Kampflust überspielte dieser von Natur aus feige Mensch seine Schwächen und Minderwertigkeitsgefühle. So nahm er eine sehr klare und mutige Stellung in dem unerfreulichen Streit zwischen Geheimrat von Holstein und dem Fürsten Eulenburg ein und stellte sich gegen diesen und den Kaiser. Er hielt Eulenburg nicht nur wegen seines sittlichen Verhaltens, sondern auch wegen seiner schlechten Ratschläge für einen Schädling und forderte deshalb seinen Sturz. Voller Schärfe und Sarkasmus waren seine Artikel in dieser Auseinandersetzung. Ebenso mutig sprach er in einem Vortrag im Oktober 1918 über die Note, die an Wilson verfaßt werden sollte, und über die Opfer, die vom deutschen Volk verlangt wurden. Gleichzeitig aber erklärte er, daß der Kaiser nur bleiben dürfe, wenn er eine demokratische Regierung einrichten würde. In jedem Augenblick erwartete man damals, daß Harden verhaftet würde, und der Ruf: „Danton!" gellte durch den Saal.

Schon im Äußeren dieses sehr gegensätzlichen Menschen lag ein Kontrast zwischen den schönen dunkelblauen, doch stählern harten Augen und dem häßlichen, bitteren, verächtlichen Mund. Er hatte eine hohe Stirn, darüber braune gelockte Haare, eine kleine Nase und schmale Lippen, die den Eindruck des boshaft Sarkastischen noch verstärkten. Er war ewig unzufrieden, empfindsam, gequält und fühlte sich ständig beleidigt. Zu Frauen konnte er sehr charmant sein, Männern gegenüber war er ein gefährlicher Feind.

Von überragender Belesenheit und Klugheit, formulierte er seine Worte mit einer gewissen Langsamkeit und Überlegung in einem druckfertigen und geschliffenen Stil. Sein politischer Spürsinn trog ihn nie.

Vom Schauspieler wurde er zum gefürchteten Publizisten, der die Wochen-Zeitschrift „Die Zukunft“ im eigenen Verlag herausgab. In ihr erhob er gefährliche Anklagen und geißelte seine Zeit. Neben politischen Beiträgen wurden auch kulturelle und wirtschaftliche Themen, wie Fragen der Technik und Naturwissenschaften in dieser Zeitschrift behandelt. Ich greife zwei Nummern wahllos heraus. Die eine vom 5. Oktober 1901. Ihr Inhalt lautet:

Märchenbrunner
Schwachsinn des Weibes von Frieda Freiin von Bülow
Kriminalistische Hetzereien von Karl Jentsch
Gedichte in Prosa von Oscar Wilde
Neugriechisch von Rise und Rose
Kupfer von Plutus
Psychologie des Kunstempfindens

Oder eine Nummer vom 13. Juli 1903, in der unter anderem geschrieben wurde über Militärpensionen, über Sombarts Wirtschaftspsychologie (von Willy Hellpach), über die Psychopathie der Kinder, über Erich Rathenau und über Transvaal-Aktien. Auch Walther Rathenau gehörte zu den Autoren, von denen Aufsätze in der „Zukunft“ veröffentlicht wurden.

Ein niemals ganz geklärtes Geheimnis wird die Beziehung von Harden zu Rathenau bleiben. Zuerst sein Freund, wurde Harden später zu einem gemeinen und erbitterten Feind. Vielleicht, wie manche meinen, aus Neid, vielleicht aus der Spannung zwischen Verstand und Seele. Zu diesen hatten beide eine entgegengesetzte Einstellung: Harden rückte den Intellekt in den Vordergrund, Rathenau aber verlor niemals die Sehnsucht nach dem Seelenmenschen, auch wenn er selbst sie nicht zu erfüllen vermochte. Vielleicht mögen noch andere, tiefere, uns unbekannte Gründe die Trennung zwischen Harden und Rathenau verursacht haben, die eine seltsame Schicksalsgemeinschaft verband.

Ich glaube, Harden hatte sehr wenig Herz. Er verkörperte in fast mephistophelischer Weise das negierende Leben, vielleicht um seiner Selbsterhöhung willen. Denn er war voller Eitelkeit und von einem gefährlichen Stolz. Mein Onkel sagte von ihm, daß er nur von sich über sich im Selbstverlag spräche. Denn in keiner Beurteilung, in keiner Kritik vergaß er seine eigene Person. Es machte ihm scheinbar Freude, gehässig zu sein und andere zu vernichten. Auch hierin bestand ein Gegensatz zu Rathenau, der nur kritisierte, um den anderen zu erziehen oder die eigene Weltanschauung zu verteidigen.

Der erste Bruch zwischen beiden hatte einen ganz persönlichen Anlaß. Harden hatte einen Brief, den Lili Deutsch, in einer Regung von Wut und gekränkter Eitelkeit, an ihn geschrieben hatte, Rathenau hinterhältig in die Hände gespielt. Dieser litt ebensosehr unter der Indiskretion wie unter dem Inhalt des Schreibens und zog sich von Harden zurück. Auf Veranlassung meines Vaters kamen beide 1914 wieder zusammen, und es schien, als ob sich die alte Freundschaft wieder anbahnen würde. Aber noch einmal übernahm Harden eine dunkle Rolle in Rathenaus Leben. Er druckte in der „Zukunft" Privatäußerungen von ihm ab unter dem Motto, daß es nichts gäbe, was er nicht veröffentlichen würde, wenn er es für nötig hielte. Später verfolgte er, wohl aus Neid, Rathenaus Eintritt in die Politik mit spöttischen Kommentaren, da er selbst von jeder politischen Stellung ausgeschaltet wurde.

Nun war der Bruch für immer besiegelt, und die offiziellen Briefe, die Rathenau noch an ihn schreiben mußte, hatten die kalte Unterschrift: „Mit der Ihnen gebührenden Hochachtung". Nach Rathenaus Tod kondolierte Harden meiner Großmutter in einem erschütternden Brief, und die alte Dame schenkte ihm als Andenken Walthers goldene Uhr. Wenig später aber veröffentlichte Harden in der „Zukunft" einen niederträchtigen Nachruf.

Im Juli 1922 war ein Attentat auf Harden verübt worden – auch eine der schicksalhaften Parallelen zum Tode Rathenaus. Aber nach seiner damaligen schweren Verletzung lebte Harden noch fünf Jahre im Ausland. Im Oktober 1927 soll er einen fast kläglichen Tod gestorben sein in einem kleinen Hotel, in dem er sich mit seiner Freundin zur Kur aufhielt. Die Trauerfeier, die in Berlin für ihn veranstaltet wurde, entbehrte jeder Feierlichkeit. Auch hier schien noch einmal sichtbar zu werden, daß er der Einsame war, der vom Leben weniger Begünstigte, der die angebliche Zurückstellung nicht hatte verarbeiten können und der sich deshalb zu den Unglücklichen und Verfemten zählte.

Der erste Eindruck, den ich von Tagore hatte, war ergreifend und intensiv. Später verflüchtigte er sich in dem Maße, wie dieser große Weise Indiens sich immer mehr europäisierte und sich von den Menschen verehren ließ. Er wurde zum Leitbild all dessen, was diese mit Geist, Weisheit, Güte und Toleranz in Verbindung brachten. Ich sah ihn nach unserer ersten Begegnung im Haus der Eltern noch einmal in München. Dort hielt er in seinem Hotelzimmer Audienzen ab; die Menschen kamen und gingen und ließen ihn selbst beim Essen nicht in Ruhe. Warum er sich hiergegen nicht wehrte, weiß ich nicht. Vielleicht tat er es aus der in Indien gewohnten Weltoffenheit der Meister, die jederzeit aufgesucht werden können.

In Indien bin ich viel Bewunderung für ihn begegnet, vor allem für seine Schule und seine Dichtungen. Ich hörte auch, daß die langjährige Gefährtin von Sri Aurobindo, die später den Ashram von Pondichéry leitete, ursprünglich aus Frankreich zu Tagore habe fahren wollen, auf dem Schiff aber Aurobindo begegnete und ihn nicht mehr verließ.

Gefährlich für viele Weise und sogenannte Heilige ist die Art, mit der sie im Westen aufgenommen werden. Vor allem bezeugen Frauen ihnen eine Verehrung, die sich mehr auf die Person als auf die von ihnen verkündete Lehre bezieht. Wahrscheinlich ist solche Anbetung und Bewunderung, die schon an Götzendienst grenzt, in Indien noch größer, aber hier gilt sie nicht dem Menschen als einer gesonderten Persönlichkeit, sondern dem Göttlichen, das durch ihn hindurchstrahlt, dem Selbst, das eins mit Gott und Kosmos ist. So nehmen die indischen Heiligen auch im Westen die Verherrlichung ganz selbstverständlich entgegen. Und doch verlieren sie dabei etwas von dem Geheimnis und der Ausstrahlung, die im indischen Raum der Allverbundenheit und Frömmigkeit ein unmittelbares Erlebnis ist.

Die Schüler, die im täglichen Umgang mit ihrem Meister in seinem Bann stehen und eingebunden sind in seine göttliche Ausstrahlung, sind in ihrer Verehrung und Hingabe echt und glaubwürdig. Später hinzukommende Anhänger aber, die sich nicht mehr in diesem vertrauten Verhältnis bewegen, werden leicht zu fanatischen Sektierern, die die lebendigen Worte der Meister in feste Begriffe einengen, die Wirklichkeit zu Ideologien verflüchtigen und die eigentlichen Ziele zu materieller Zweckhaftigkeit ausnutzen. So ist es wohl nicht die Schuld der Lehrer, sondern der Fanatismus der Schüler, wenn die Verehrung in eine gewisse Götzenanbetung ausartet und die Lauterkeit der Meister in Frage stellt. Dies gilt nicht nur für Indien, vielmehr besteht die Gefahr überall dort, wo Anbetung und Kult, deren das menschliche Herz bedarf, nicht an Gott gebunden sind.

Als Tagore das erste Mal zu meinen Eltern kam – es war 1920 –, meinte meine kleine, damals fünfjährige Schwester, so habe sie sich den lieben Gott vorgestellt. Er sah mit seinen gütigen Augen, mit seiner hohen, reinen Stirn, in seinem langen silbergrauen Gewand, auf dem Kopf eine Samtkappe, auch wirklich wie Gottvater oder einer seiner Propheten aus. Wunderbare Stille umgab ihn und zwang zu Ehrfurcht und Andacht. Die gleichsam aus Elfenbein geschnitzten Hände legte er beim Eintreten zu einem Dreieck über der Stirn zusammen. So begrüßte er uns segnend, ohne Worte.

Ich weiß nicht mehr, was er sprach, er war einfach da, strahlend und verklärt, so daß man in seiner Nähe kaum zu atmen wagte. Dann sang er ein paar altindische Lieder, die wie gregorianische Gesänge klangen. Er liebte die Musik, und in meinem Ohr klingt noch die wehmütige Melodie: „I long for Indians silence, I long for Indians woods.“ Deutsche Musik – es war Bach – hörte er zum ersten Male bei meinen Eltern, von Alma Moodie gespielt. Zuerst war er erstaunt, dann gefesselt und ergriffen.

Bei einer späteren Unterhaltung erklärte er uns, daß die Begeisterung für den Buddhismus, die jetzt in Europa einsetze, aus der heutigen Lage zu verstehen sei. Das Denken des Westens sei im Augenblick negativ, zweckhaft und völlig unchristlich. So freue man sich, eine Philosophie scheinbarer Negation zu übernehmen, die zugleich auf Gesetzmäßigkeit und Ethik aufgebaut sei. Auch sehne sich der Abendländer nach einer Meditation, die ihm Ruhe geben kann. Befragt nach der Art einer solchen Meditation, erklärte er, daß er selbst nur einige wenige Worte gebraucht, um in den Zustand der Versenkung einzugehen. Man solle dreimal am

Tag meditieren, möglichst im Freien, an einem windgeschützten Ort, in völligem Schweigen, damit die innere Stille sich entfalten kann.

Er bezeichnete sich als einen Vagabunden und Rebellen, der keine Konventionen kennt, während der typische Inder heute alles durch die Brille englischer und kontinentaler Zeitungsberichte betrachtet. In seiner Schule in Kalkutta lehre man neben dem ursprünglich Indischen ähnliche Fächer wie im Westen. Alle Kasten seien zugelassen. Ich habe diese Schule auf meiner Reise durch Indien nicht besucht, aber sehr aufgeschlossene Menschen getroffen, die dort gelehrt und studiert hatten. Die allgemeine Auffassung war, daß sie nicht die indische Tradition fortführt, sondern die Begegnung mit dem Westen bezweckt.

JIDDU KRISHNAMURTI

Meine Mutter war Mitglied der Theosophischen Gesellschaft, die von Anni Besant ins Leben gerufen war. Ich habe diese im Haus der Eltern kennengelernt; anderen bedeutenden Theosophen aber – darunter Leadbeater –, die dort verkehrten, bin ich niemals begegnet. Vielleicht ist dies Zufall, vielleicht lag es auch daran, daß ich einen begründeten Argwohn gegen manche ihrer Lehren habe. Anni Besant jedoch machte einen tiefen Eindruck auf mich. An der Echtheit ihres Wollens und Strebens ist wohl nicht zu zweifeln. Man mußte ihr Verehrung entgegenbringen – dieser alten Frau im weißen indischen Gewand, mit der Überlegenheit, die sie ausstrahlte, und in der Kraft ihrer glühenden, noch im Alter strahlenden Leidenschaft zum Geist, die des Machtwillens nicht entbehrte.

Im Krieg war meine Mutter aus der Gesellschaft ausgetreten, weil Anni Besant die Deutschen verfemte und hinter Deutschland das Wirken schwarzer Mächte sah. Sie schickte den glänzenden bunten Stern zurück, der, Zeichen der Mitgliedschaft, den Beginn einer neuen Zeit ankündigen sollte, kam aber nach dem Krieg wieder in Kontakt mit Anni Besant und vor allem mit Krishnamurti, den diese für den Weltlehrer und führenden Geist des kommenden Zeitalters hielt.

Krishnamurti selbst hat sich niemals so genannt, aber um Anni Besant, die sich seiner angenommen hatte, nicht zu enttäuschen, widersprach er ihr nicht in der Öffentlichkeit.

Ich habe ihn bei den Eltern kennengelernt. Später sah ich ihn bei einem Vortrag in Hamburg, danach in Paris. Aus dem Schüler von Anni Besant, der in Ommen, Holland, einen großen Kreis von Anhängern um sich versammelt hatte, war ein stiller zurückgezogener Mensch geworden, der in Oja, Kalifornien, lebte und nur wenig Menschen Zutritt zu sich gewährte, ein Einsamer, der einen „magischen“ Kreis von Unnahbarkeit um sich legte, so daß man auch in seiner Nähe keine Vertrautheit, sondern undurchdringbare Distanz spürte. Nach Jahren trat er aus dieser Phase heraus und hielt wieder Vorträge. Jährlich fand eine Tagung von ihm in der Schweiz statt. Sein Nachbar dort war der Sufimeister Inayat Khan, der in großer Abgelegenheit Meditationsschulungen hielt.

Krishnamurti hat kein Lehrsystem, sondern gibt unmittelbare Antworten auf Fragen und Probleme, ohne Vorurteil oder begriffliche Fixierung. Das Denken ist bei diesem Vorgang nicht fragend, zergliedernd, kritisch oder wertend, es ist nicht aktiv, sondern nur noch passiv empfangend, aufmerkend und aufnahmebereit. Es gibt kein urteilendes oder beobachtendes Ich, nur einen Seinszustand, der in Erscheinung tritt. Das Handeln aus solcher Haltung heraus beruht nicht auf einer Idee, einem System, es ist nicht in Sinneswerten gefangen, sondern entstammt der unmittelbaren, ungespaltenen Erfahrung. Der höchste Seinszustand ist das zeitlose Glück, in dem Wahrheit und Liebe, das ganzheitlich schöpferische, gegenwärtige Sein Wirklichkeit sind. Der Maßstab für alle Werte wandelt sich mit dem ewig sich erneuernden Leben. Es gibt kein gleichbleibendes, für alle gültiges Gebot.

Lauscht man den Worten Krishnamurtis, kann man sich gar nicht mehr vorstellen, daß man Affekte hat oder Zweifel empfindet, daß man sich erregt, daß man sich ungesichert, unglücklich fühlt oder mit Aggressionen reagiert. Man ist geborgen und heil in der ganzheitlichen Umfassung der Schöpfung, als gäbe es keinen Bruch, keine Ohnmacht, als lebe der Mensch noch in der Reinheit und Einheitlichkeit des Paradieses. Dieses unbelastete Gegenwärtigsein ist das Glück, von dem Krishnamurti spricht.

Meine Mutter hat mir oft von ihren Begegnungen mit ihm in Ommen erzählt. Der Krieg löste diese Zusammenkünfte auf. Später wurde auf derselben Erde, auf der sich die vielen Tausende von Menschen um ihn geschart hatten, eine Begräbnisstätte für die in holländischen Konzentrationslagern Gestorbenen errichtet. Wie wenig denken die Menschen überhaupt daran, daß es gesegnete Erde gibt und daß die unvorbereitet, in Qual oder plötzlichem Erschrecken Gestorbenen auch solcher heilenden Erde bedürfen, um Ruhe zu finden.

Krishnamurti wurde zu seinem Wissen um Frieden und Glück durch ein Leben der Leiden und Entsagung geführt. Aus einer alten Brahmanen-Familie stammend, verlor er mit sechs Jahren seine Mutter und wurde mit seinem Bruder, den er unsagbar liebte, von Anni Besant nach England mitgenommen. Dort starb der Bruder. Als Krishnamurti die Nachricht erhielt, wurde er ohnmächtig und blieb drei Tage lang in einem Zustand völliger Bewußtlosigkeit. Nach dem Erwachen hatte er die Beherrschung und Ruhe gefunden, die ihn nicht wieder verließen.

Bis zu seinem sechsundzwanzigsten Lebensjahr blieb er bei Anni Besant, die überzeugt war, daß er der Weltlehrer der kommenden Rasse sei, in der sich Buddhi, die Funktion der höheren Intuition, entwickeln würde. Die früheren Rassen hätten die Kräfte des Körpers und der Sinne zum Einsatz gebracht. Die augenblickliche Rasse entwickle die Fülle des niederen und höheren Denkens, die nächste aber würde die Menschheit zu jener geistigen Vollkommenheit vorbereiten, die Krishnamurti verkündet.

Bei einem Besuch in Ommen, wo er in einem Zelt vor mehr als 3000 Menschen sprach, erzählte Krishnamurti meiner Mutter, daß er sich nicht für den Weltlehrer und Vorläufer der neuen Rasse halte, sondern die Wahrheit verkünden wollte, die er selbst erfahren habe. Es gäbe für ihn nur die Wahrhaftigkeit des immer sich wandelnden, ewig sich erneuernden Lebens, und er kenne für alle Werte nur einen dynamischen Maßstab, der sich mit dem Leben wandle. Dann sprach er zu ihr von dem Tod des Bruders. Es sei ihm nichts anderes übriggeblieben, als selbst zu sterben oder den Sinn des Schmerzes zu verstehen. Da habe er erfahren, daß die Vergangenheit in die Gegenwart hineingenommen und dort lebendig bewahrt werden könne und daß es nur um dieses gegenwärtige Leben ginge, nicht um die Probleme danach. Wenn man fest verwurzelt in der Gegenwart lebe, könne der Sturm nichts abbrechen. Auch die Angst höre auf, wenn man tief genug in das Leben eindringe. Wer Angst vor dem Tod hat, könne nicht richtig leben, und das allein sei wichtig.

Als Krishnamurti 1929 meine Mutter in Berlin besuchte, war ich zufällig dort. Er war scheu und zurückhaltend; trotz seiner dreißig Jahre wirkte er durch seine Schmächtigkeit und Zartheit sehr knabenhaft. Er hatte große, strahlende Augen, eine schmale, geschwungene Nase, zerbrechliche, feine Hände und sehr kleine, wie aus Elfenbein geschnitzte Ohren.

Er erzählte von seiner Mutter, die er tief geliebt und verehrt hatte. Als Kind habe sie ihm so viel von Shri Krishna und seinem

Flötenspiel erzählt, daß er in allem den Gott zu erblicken meinte. Wohin er auch ging, immer stand Krishna vor ihm.

Krishnamurti sprach von seiner Liebe zu den Menschen. Nachdem sein Bruder gestorben war, wußte er, daß er nun seine Liebe allen Menschen schenken müsse und niemand zu kurz kommen dürfe, weil er einen anderen mehr liebe. Er sprach auch von seinen Anhängern und daß manche ihn verließen, weil er ihnen keine Gebote und Satzungen gäbe. Er selbst hatte sich von allen Bindungen befreit, auch von denen seiner Kaste. Da er mit Nicht-Brahmanen zu Tische saß, wenn er dabei auch nur vegetarisch aß, keinen Alkohol trank und nicht rauchte – rauchen sei für die geistige Entwicklung besonders schädlich –, und die Speisen nicht von einem Brahmanen-Koch zubereitet wurden, durfte er in Indien nicht mehr mit seinem Vater gemeinsam essen.

Nichts Abstraktes war in den Reden von Krishnamurti. Er war ganz lebensnah und wirklichkeitsbezogen.

Die Fähigkeit zur Konzentration hatte Krishnamurti in langer Übung erworben. Wochenlang hatte er nur von Wasser, später nur von Suppe gelebt und alle seine Kräfte auf das Innen gesammelt im Glauben, daß alle Energie latent in uns läge und nur geweckt werden müsse. Es sei sein einziger Wunsch gewesen, das innere Gleichgewicht zu finden und das Leben in sich zu spüren. Es bedürfe aber vieler Mühen und einer großen Wachsamkeit, um die unbeirrbare Ruhe und Gelassenheit in sich selbst zu finden.

Die fortschreitende Entwicklung führt, wie Krishnamurti darlegte, zur Auflösung der Menschheit, die in ferner Zukunft, nach vielem Schweren stattfinden wird. Dann werden keine Kinder mehr geboren, denn die Menschen werden sich immer mehr vergeistigen, weil sie an nichts Irdischem mehr hängen. Das Leben aber kann nicht vergehen und wird in einer ätherischen oder anderen Form, vielleicht auch ohne materielle Gestalt, weiterbestehen. Die Kräfte, die den Menschen beseelen, werden fortwirken. Deshalb hat jeder der Wahrheit gegenüber die Pflicht, das Leben in sich wachzuhalten, das ewig gegenwärtig ist und dort zu strömen beginnt, wo der Mensch sich von seiner Ichfixierung und -bindung freimacht und sich dem Fluß des Unmittelbaren überläßt. Dies bedeutet für ihn Einheit, Freiheit, Wahrheit und Liebe.

GUSTAV MEYRINK

Tief drang Gustav Meyrink in die Geheimnisse des Lebens ein, um Wesen und Dinge in ihrem Kern zu erfassen. Brennend war seine Sehnsucht, in die eigene Stille und in die Tiefen alles Geschehens hineinzuhorchen und dem Rhythmus des Werdens und Vergehens nachzusinnen, in dem er das wahre Leben spürte.

Er wurde 1868 in Wien geboren, verbrachte aber seine Jugend in Prag, in jenem Viertel, in dem das berühmte Ghetto mit seiner alten Synagoge und dem malerischen jüdischen Friedhof lag. Eine brüderliche Zuneigung verband ihn mit diesem gedemütigten Volk.

Dreizehn Jahre lang war er Bankbeamter gewesen, als er begann, sich für Yoga zu interessieren und Meditationsübungen auszuführen. Seine ungewöhnliche Konzentrationskraft, gepaart mit einer überreichen Fülle an Phantasie, öffneten ihm Welten, die er nach und nach in seinen Büchern darzustellen suchte. Er erzählte von seinem ersten hellseherischen Erlebnis, als er angeblich auf der Kirchturmuhr las, daß es zehn Minuten vor zwei sei, dann aber bemerkte, daß er dies gar nicht habe sehen können, da die Kirche hinter ihm stand. Und weiter erzählte er, wie er seiner späteren Frau eine Nachricht geben wollte, aber keine Möglichkeit dazu fand. Da erschien er ihr im Spiegel, und sie wußte Bescheid.

Ein anderes Erlebnis: Er schreibt an seinem „Grünen Gesicht", und plötzlich sieht er unter seinem Bett einen großen Stiefel stehen. Als er sich im Wachtraum herunterbeugt, um ihn hervorzuholen, erblickt er einen erschreckend häßlichen kleinen Juden mit rotem Haar, triefenden Augen und gedrehten Löckchen. Dann einen zweiten, einen dritten und vierten. „Du mußt mir etwas schenken", redet ihn der rothaarige Jude an. Meyrink zieht seine Brieftasche hervor und gibt sie ihm. „Du mußt mir noch mehr geben", und Meyrink gibt ihm Uhr und Ring. „Das ist noch immer nicht genug", sagt der kleine Jude – und jetzt leuchten Meyrinks Augen, als er weitererzählt: „Mich überkam ein Gefühl von so grenzenlosem Mitleid und einer so echten Liebe zu diesem häßlichen Kerl, daß ich an mein Herz griff, um es ihm zu geben. Da hörte ich eine Stimme: ‚Sein Name wird eingeschrieben in das Buch des

Lebens.'" Und er sieht ein Buch, nach jüdischer Art von rechts nach links geschrieben, und sein Name steht leuchtend darin. „Nun mußt du noch etwas tun", fährt der kleine Jude fort. „Du mußt in deinem Roman etwas über die Juden schreiben." Und Meyrink schrieb das Kapitel über Eidotter, das ihm Wort für Wort von dem kleinen Kerl eingegeben wurde, und gruppierte um dieses die übrigen Kapitel des „Grünen Gesichts".

Das Wort Eidotter läßt mich an eine andere Geschichte denken, die Meyrink erzählte. Als er noch in Prag lebte, hatte er viel unter dem Snobismus der Offiziere zu leiden. Als – wenn auch uneheliches – Kind eines hohen deutschen Beamten und einer berühmten österreichischen Schauspielerin fühlte er sich anderen überlegen, wurde aber im allgemeinen als kleiner Bankangestellter herablassend behandelt. Er reagierte mit Aggressionen und forderte Duelle heraus. Wieder einmal geschah dies. Er wurde von einem Offizier gefordert, nachträglich denunziert und in Haft genommen. Bevor er diese antrat, vergrub er ein Ei unter einem Holunderbaum, ein altes Zauberritual. Das Verfaulende soll auf magische Weise das Niedrige und Gemeine der Dämonenwelt befriedigen und damit das gestörte Gleichgewicht wiederherstellen. Dann trat er seine Strafe an.

Drei Tage vergingen. Der Offizier, mit dem er sich geschlagen hatte, wurde bei einem anderen Duell tödlich verletzt. Die Untersuchung ergab neue Tatsachen, die eine sofortige Entlassung Meyrinks bewirkten. Als er das Ei unter dem Holunder ausgrub, war nur noch die Schale da. Das Innere war nicht verfault, sondern vollkommen leer.

Als Meyrink uns wieder einmal besuchte, erzählte er eine weitere seltsame Geschichte. Er hatte zu Beginn des Ersten Weltkrieges vom Auswärtigen Amt den Auftrag bekommen, ein Buch über die Freimaurer zu schreiben und deren Anteil am Ausbruch des Krieges zu untersuchen. Hierzu wurden ihm einige Kisten mit Material zugeschickt. Er sah sie durch, konnte aber den Stoff nicht gleich bearbeiten und ließ die Kisten in einem unbenutzten Raum stehen.

Als er nach dem Krieg an diese Arbeit gehen wollte, war nicht eine der Kisten mehr vorhanden, kein Material mehr da, und keiner konnte angeben, was sich ereignet hatte. Niemand hatte sie abgeholt, sie waren nirgends hingeschickt worden, und auch das Auswärtige Amt hat sie niemals wiedergesehen. Meyrink war überzeugt, daß dies das Werk geheimnisvoller Kräfte war, die im Dienst der Freimaurer standen, deren Macht auch heute noch sehr stark und geheimnisvoll sein soll. Mir erzählte davon ein Priester, den aber das Beichtgeheimnis daran hinderte, Ausführlicheres über die tiefgreifende Gewalt und die überall hinreichenden Fäden der Freimaurer zu sagen.

In seinem Wunsch, das Rätsel des Lebens und das Geheimnis des Menschen zu ergründen, beschäftigte sich Meyrink mit dem Okkultismus, blieb dabei aber immer ein sehr nüchterner Skeptiker und betrachtete seine eigenen hellsichtigen Fähigkeiten und Eingebungen mit sachlichem Unterscheidungsvermögen. Durch seine Yoga- und Atemübungen hatte er einen hohen Grad an Körperbeherrschung erlangt und ein schweres Rückenmarksleiden völlig überwunden, so daß er einige Jahre später in Genf den ersten Preis bei einem Ruderwettkampf gewinnen konnte.

An okkulten Phänomenen war er ebensowenig interessiert wie an spiritistischen Sitzungen. Er hielt das „Zwischenreich", in dem die Materialisations- und Dematerialisations-Phänomene sich ereignen, für einen „chemischen Dämon, der sich über die Dummheit der Menschen lustig macht" und sich die dazu geeigneten „Zuhälter" sucht – die Medien, die zu entlarven ihm eine Freude war. Er hatte überhaupt viel Spaß an der Demaskierung unwahrer Phänomene und betrügerischer Menschen, die sich mit okkulten Dingen beschäftigten. Es gibt köstliche Anekdoten hierüber. Eine möchte ich wiedergeben, so wie Albert Talhoff sie beschrieb.

„Es ist Morgen. Plötzlich hört Meyrink eine Stimme vor seinem Haus am Starnberger See rufen: ‚Ich bin.' Meyrink beugt sich hinaus. ‚Was wollen sie, mein Herr?' – ‚Ich bin, ich bin.' Meyrink: ‚Kein Zweifel, das sehe ich. Aber wer sind Sie?' – ‚Ich bin Christus.' – ‚O pardon', antwortete Meyrink, ‚einen Augenblick, ich komme gleich.' Vor ihm stand ein mächtiger bärtiger Riese. ‚Sie sind Christus', sagte Meyrink, ‚gut, dann kommen Sie.' Er führte den Riesen an den See und sagte zu ihm: ‚So, mein Herr, wenn Sie Christus sind, dann ist hier Wasser genug – bitte wandeln Sie.' Womit der

Spuk verflog. Meyrink gab dem armen Irren, einem verrückten Sekthändler aus Paris, ein ‚heilendes Frühstück' und entließ ihn mit den Worten: ‚Ein Gott wie Sie muß sich ans Trockene halten. Leben Sie wohl.'"

Eine andere Erzählung, wenn auch leichterer Art, sei weiter von Talhoff berichtet. „Kokoschka, der zu jener Zeit noch unbekannt war, kam eines Tages zu Meyrink und sagte: ‚Ich muß Sie malen.' – ‚So', antwortet Meyrink, ‚wenn es sein muß, bitte. Wie lange dauert das?' – ‚Oh, eine Stunde', meinte Kokoschka, zog einige Tuben aus der Tasche und fing an, ihn zu malen. Nach einer gewissen Zeit rief er: ‚Fertig!' Meyrink besah sich sein Porträt und fragte: ‚Hab' ich denn tatsächlich so eine lange Nase?' Kokoschka blickt ihn an, nimmt den Daumen und wischt ein Stück vom Nasenflügel weg. ‚So, jetzt sind Sie wohl zufrieden?' – ‚Gewiß', sagt Meyrink ernst, ‚und was nun?' – ‚Sie können es behalten.' – ‚Auch das noch. Danke sehr', sagt Meyrink, aber Kokoschka nennt jetzt den Preis. ‚Wieviel? 60 Franken? Nein, mein Herr, soviel besitze ich nicht. Aber zehn Franken will ich Ihnen geben' – gab's und hing das Porträt auf die Toilette. Niemand hätte darauf Meyrink erkannt.

Es vergehen einige Jahre. Da schreibt ein Kunsthändler aus Frankfurt an Meyrink, ob das Werk von Kokoschka noch erhältlich wäre. ‚Jawohl', telegrafiert Meyrink, ‚aber nicht unter 12000 Mark.' Und siehe – der Frankfurter Händler zahlte tatsächlich die Summe."

Meyrink führte ein sehr glückliches Familienleben. Seine Frau wohnte noch lange nach seinem Tod in einem kleinen Häuschen am Starnberger See. Erschüttert hatte er den Tod seines Sohnes miterlebt. Es war ein junger, kräftiger Bursche, der begeistert Sport trieb. Nach einem Skiunfall in Garmisch, der unheilbare Folgen hatte, erschoß sich dieser eines Nachts in den umliegenden Wäldern. Ehe die Leiche gefunden wurde, versuchte Meyrink durch seine hellseherischen Fähigkeiten die Stelle anzugeben. Es war ihm aber nicht möglich. Später fand man den Sohn in einer ähnlichen Lage, wie sie Meyrink im Golem beim Tode des Dr. Charousek geschildert hat: das Gesicht zur Erde gewandt. Ebenso erschütternd, wenn auch in völlig anderer Weise, war Meyrinks Sterben. Er war ein tief religiöser Mensch, konnte aber sehr zynisch über den Gott der Christen sprechen, der ihm nichts bedeutete. Die letzte Nacht vor seinem Tode wandelte sein ganzes Leben. Noch einmal möchte ich Talhoff zitieren:

„Es ist Meyrinks letzte Nacht. Er hat solche Schmerzen, daß der Arzt Frau Meyrink rät, ein von ihm mitgebrachtes Betäubungsmittel in den Tee zu geben, den er als einzige Labung noch zu sich nahm. Meyrink spürte diese Absicht und sagte: ‚Ich habe nur noch eine Bitte an euch, mich in meinem Sterben nicht zu stören. Gebt mir keine Narkotika.'

Er wollte den Tod ‚erleben', ihn nüchtern bis zum letzten Atemzug erfahren. Es war die Stunde seiner entscheidenden Auseinandersetzung. Niemand durfte sein Zimmer betreten. Er saß mit entblößter Brust, dem Sonnenaufgang zugekehrt. Er wollte sich ‚vom aufgehenden Licht' initiieren lassen. Und so blieb er wach, allein mit sich selbst.

Da fühlte er den Tod auf sich zukommen. Er wußte: jetzt muß sich die Frage meines Lebens lösen. Er raffte seine ganze geistige Kraft zusammen, um diesen Prozeß bis zu Ende zu ‚kontrollieren'. Da brach in ihm plötzlich eine Erscheinung auf. Er rief seine Tochter, an der er sehr hing, und sagte ihr: ‚Sterben ist schwer, der Tod ist das Vergänglichste des Lebens. Aber sieh, es gibt nur einen Gott – Christus!' Dann legte er sich lächelnd zurück und starb."

Das jüdische Problem

Zu den Juden in der Umwelt meiner Eltern gehörten Künstler und Wissenschaftler, die in Berlin ihre Heimat gefunden hatten. Ein Freund der Familie war auch der Rabbiner Leo Baeck. Er hatte viele Juden noch unter dem Hitlerregime geraten, Deutschland nicht zu verlassen. Dann kam der Tag, an dem er sie zur Emigration aufrief, während er noch einige Zeit selbst in Berlin blieb. Viele wollten ihre „Heimat“, das ihnen lieb gewordene Gastland nicht aufgeben. Für manche war es dann zu spät.

Das orthodoxe Judentum habe ich in Berlin kaum kennengelernt; nur in die Synagoge ging ich, um die Atmosphäre des Jüdischen für mein Theologiestudium zu erfassen. Manchmal holte mich mein späterer Mann dort ab. Er wurde in seinem „arischen“ Aussehen von den Inhabern der Läden und koscheren Gaststätten in der Umgebung verwundert betrachtet.

Erst nach der Hitlerzeit begegnete ich den orthodoxen Juden in Israel, aber sie waren mir fremd, während ihre Bethäuser eine starke Anziehung auf mich ausübten. Bei ihren Gottesdiensten empfinde ich eine faszinierende Ausstrahlung, die in der jüdischen Magie der Zahlen und der Wirksamkeit der geheimen Namen Gottes begründet ist, aber auch, wie ein „Blutserbe“, manchen Juden eine besondere Strahlungskraft gibt. Diese erfuhr ich, als ich Fanja Scholem das erste Mal in Ascona bei einer Eranostagung sah. Ihre Augen hatten einen so tiefen, leuchtenden Glanz, daß ich sie nach diesem Strahlen fragte. Es sei das Glück, wieder ein Land, eine Heimat, zu haben, war ihre Antwort. Ich mußtc an die Schechina denken, an die innere Glorie Jahwes, die den göttlichen Funken aus der verdunkelten Welt Gott zurückbringt. Den gleichen Glanz sah ich in ihren Augen, als sie mich auf die zurückeroberte

Jordanienseite Jerusalems führte und bei Dämmerung auf die Stelle hinabblickte, auf der einst der Tempel gestanden hat. Ich selbst habe auf meiner Reise durch Israel immer wieder das Wunder gespürt, daß in einem geschichtlichen Raum die Offenbarung Gottes Wirklichkeit wurde.

Gershom Scholem, der bedeutendste Kenner des Chassidismus, wollte nichts von Magie oder „Blut" im Zusammenhang mit dem Judentum wissen, schrieb aber von einem Widerstreit, den er in sich auszufechten hatte, zwischen seiner „mathematischen und jüdischen Seele". Und weiter: „Vielleicht war ich, wie die Kabbalisten es genannt hätten, der ‚Wurzel meiner Seele' nach mit einer Affinität zu diesem Bereich (der Kabbala) begabt, vielleicht wirkte mein Drang, das Rätsel der jüdischen Geschichte zu verstehen, mit... Denn die Existenz der Juden durch die Jahrhunderte ist ein Rätsel."

Dieses Rätsel beschäftigt mich noch immer. Gerade in Berlin war offensichtlich, wie wenig sich die liberalen Juden als Volk oder Nation verstanden. Sie hatten auch keine gemeinsame Sprache und versuchten, ihre Eigenheiten zu verbergen. In den jüdischen Familien, die ich kannte, wurden die christlichen Festtage gefeiert, und viele hatten sich überhaupt nicht mit ihrem eigenen Schicksal und ihrer Vergangenheit auseinandergesetzt. Erst durch den Ariernachweis erfuhren manche von ihrer jüdischen Abstammung. 1911 schrieb Walther Rathenau: „In den Jugendjahren eines jeden deutschen Juden gibt es einen schmerzlichen Augenblick, an den er sich zeitlebens erinnert: wenn ihm zum ersten Mal voll bewußt wird, daß er als Bürger zweiter Klasse in die Welt getreten ist und daß keine Tüchtigkeit und kein Verdienst ihn aus dieser Lage befreien kann." Wer erst später, gezwungen durch den damaligen Arierparagraphen, in seiner Familie nachforschte und einem jüdischen Vorfahren begegnete, wurde innerlich noch stärker belastet, weil er sich gar nicht in die Rolle eines Juden einfügen konnte. Eine Freundin von mir, die christlich getauft war und sich nie mit dem Judentum beschäftigt hatte, kehrte zum orthodoxen jüdischen Glauben zurück, um das Schicksal ihres Volkes zu begreifen und es bewußt auf sich zu nehmen. Sie wurde deportiert und starb in Auschwitz.

Der Wunsch nach Assimilation mit den Deutschen und das Verlangen, eine Rolle in der Gesellschaft zu spielen, verstrickte die Juden in einen Selbstbetrug, in dem sie den Antisemitismus nicht wahrhaben wollten und an eine echte jüdisch-deutsche Beziehung glaubten. Selbst heute gibt es in Deutschland noch einen unterschwelligen Antisemitismus, und ich bin der Überzeugung, daß weder gemeinsame Dialoge noch die Woche der Brüderlichkeit den Gegensatz zwischen beiden Völkern von Grund auf überbrükken können. Vielleicht aber ist diese Begegnung für die kommenden Generationen leichter möglich, wenn die Juden ihre Wurzeln wieder in einem Land, einer Sprache und einer Nation gefunden und ihre Eigenständigkeit behauptet haben. Hierzu gehört auch die Erneuerung ihrer kulturellen und geistigen Werte, wie auch ihrer gesellschaftlichen Stellung im eigenen Land.

Solange die Juden sich den Deutschen anzupassen suchten und ihr Gastland als Heimat betrachteten, stellten sie ihnen ihre Begabungen, ihre schöpferischen Kräfte, auch ihre materiellen Fähigkeiten bis zum Verlust der Eigenständigkeit willig zur Verfügung. Dennoch fanden sie wenig Gegenliebe und Anerkennung. Ihre schnelle Anpassungsfähigkeit und oft servile Devotheit riefen Verachtung und Abneigung hervor. Eine Ausnahme bildeten Wissenschaftler oder Künstler, deren Können auch gesellschaftlich anerkannt wurde.

Rathenau spricht von Juden, die „Furchtmenschen", „Krämer und Makler" sind, Menschen, denen es immer wieder nicht gelang, „dem moralisch Dubiosen, dem Widrigen, Kleinlichen und Ungeistigen, das allem bloß Geschäftlichen anhaftet" – Worte von Stefan Zweig –, „zu entrinnen".

Dämonisch erschien mir die Taktik der Nazis, die Juden zu lähmen und zu entmachten, so daß sie sich wie Schlachtvieh zu den Gasöfen treiben ließen. Ich weiß noch, wie wir aufatmeten, als es im Warschauer Ghetto zu einem aktiven Widerstand kam. Dagegen wurden in Deutschland der Kampfwille und die Kraft zum Widerstand völlig gebrochen. Wie gebannt wartete man und starrte auf das Kommende, auf die neuen Gemeinheiten, das neue Gesetz, die nächste Erniedrigung, das weitere Zuziehen der Schlinge. Langsam wurde die Bereitschaft zum Aufstand und der Lebenswille ausgesaugt. Immer neue Lügen, Beschuldigungen und Vergeltungsmaßnahmen für inszenierte Schandtaten der Juden – am Radio, in den Zeitungen, auf der Straße, im Gespräch – erschöpften jede spontane Kraft der Gegenwehr. Das Unheimliche war, daß es die diabolische Bosheit der Nazis vermochte, den Verfolgten ein so starkes Minderwertigkeitsgefühl zu suggerieren, daß sie sich zum Teil tatsächlich ihres Judentums schämten und sich vor der „herrlichen" Rasse des blonden Herrenmenschen erniedrigten. Diese Bosheit war zudem so ausgeklügelt, so intellektuell verbrämt, daß sie sich den Mantel der Rechtmäßigkeit umhängte: so mußten die Juden unterschreiben, daß sie freiwillig fortgingen, daß sie aus eigenem Antrieb Schmuck, Gold, Silber und Wertgegenstände ablieferten, wozu sie in Wirklichkeit gezwungen wurden.

Ich höre noch immer die harten Schritte der braunen und schwarzen Garden Hitlers, wenn sie mit ihren hohen Schaftstiefeln durch die Straßen marschierten, um wieder Quartiere von Juden auszuräumen und diese armen verlorenen Menschen zur Deportation zusammenzutreiben und abzutransportieren. Ich sehe noch immer diese eiskalten Gesichter und die Härte des Blicks. Dabei waren es sicher zum Teil schwache und feige Männer, die nur in Gemeinschaft und unter Befehl stark erschienen. Ihnen war eingeimpft worden, daß die Juden unwürdig und minderwertig sind, nicht eine Person – kein Mensch. Über Material aber konnten sie verfügen, ohne innerlich berührt zu sein.

Ich bin mein Leben lang dankbar gewesen, daß ich von dem jüdischen Schicksal verschont blieb. Manchmal meine ich, mein Onkel hätte uns durch seinen Tod stellvertretend davor bewahrt. Im Grunde war er dem Jüdischen längst nicht mehr integriert. Er sagte von sich, daß er auf dem Boden des Evangeliums stände, und Harnack nannte ihn einen nicht getauften Christen. Er beschäftigte sich auch viel mit dem jüdischen Problem und sah dessen Lösung nicht im Zionismus, sondern nur im „allgemeinen Fortschreiten der Welt und ihrer Einrichtungen". Er blieb der jüdischen Religion treu, obwohl ihm der Übertritt zum Christentum unter anderem 1906 die Ministerstelle im Kolonialamt als Nachfolger des Erbprinzen von Hohenlohe gebracht hätte. Aber gerade dieses zweckhafte Denken des „Furchtmenschen", das er den Juden vorwarf, war ihm zutiefst verhaßt. „Ich weiß", schrieb er, „daß Menschen, die sich von ganzem Herzen zum Christentum hingezogen fühlen, auf die äußere Zugehörigkeit verzichten, weil sie mit Belohnung verbunden ist. Diesem Verzicht liegt die Überzeugung zugrunde, daß ein ideeller Schritt seine Reinheit verlieren muß, wenn er zu materiellen Vorteilen führt; eine Erwägung, die nicht ganz zu der Vorstellung paßt, die man gemeinhin von der kühlen Berechnung des jüdischen Geistes sich bildet.

Die Forderung der Taufe enthält somit für den gebildeten und gewissenhaften Juden eine doppelt schwere Zumutung; sie legt ihm auf, ein altertümlich dogmatisch gefaßtes Glaubensbekenntnis abzugeben ...; sie legt ihm ferner auf, sich als einen Menschen zu empfinden, der von der Ablehnung seines Vaterglaubens geschäftlich und sozial profitiert; und zuletzt nötigt sie ihn, durch den Akt löblicher Unterwerfung sich einverstanden zu erklären mit der preußischen Judenpolitik, die nicht weniger bedeutet als die schwerste Kränkung, die ein Staat einer Bevölkerungsgruppe zuzumuten vermag: sie sozial zu entwürdigen."

Ich bin manchen Juden begegnet, die nicht aus Nützlichkeitsgründen, sondern aus innerer Überzeugung sich taufen ließen. Ein Religionswechsel aber ist, ebenso wie die Veränderung der Nationalität, mehr als ein Wechsel der Konfession oder des Staates. Es ist das Austreten aus einem Schicksal, das den Menschen von Geburt an geprägt hat. Der ganze Mensch muß in diese Veränderung eintreten und das Neue von innen her integrieren. Ich hatte eine solche Entscheidung nicht zu treffen, da meine Mutter schon vor meiner Geburt zum christlichen Glauben übergetreten war. Ich war auch innerlich von Jugend an der christlichen Botschaft geöffnet und wurde hierin von den Eltern unterstützt.

Als ich 1922 mit meinem Theologiestudium begann, war ich eine der wenigen Frauen, die dieses absolvierten. 1927 war der Dr. theol. noch eine Ausnahme. Ein Jahr später machte ich, schon verheiratet, mein erstes theologisches Staatsexamen. Das weitere Studium wurde mir als Nichte von Rathenau verboten, da Hitler schon an der Regierung war. Nach dem Krieg wollte ich das Versäumte nachholen, wurde aber durch die Bürokratie kirchlicher Behörden daran verhindert. Man gab mir zu bedenken, daß „meine Pensionierung schon nach wenigen Jahren eintreten“ würde – dabei war ich Anfang vierzig und hätte auch als Wiedergutmachung einen Anspruch auf das zweite Examen gehabt. So mußte ich erfahren, daß menschliche Unzulänglichkeit auch in religiösen Bereichen bestimmend sein kann. Da ich nicht neben meinem Mann ein eigenes Berufsleben führen wollte, verzichtete ich auf weitere Schritte.

Den Entschluß, Theologie zu studieren, hatte ich in erster Linie gefaßt, weil mich die praktische Seelsorge interessierte, angeregt von dem Oberpfarrer des Gefängnisses von Berlin-Moabit, Detlev Klatt, den wir gut kannten. Er kam oft in unser Haus, während meine Mutter seinen Schutzbefohlenen zu Weihnachten Pakete brachte und auch Vorträge im Gefängnis hielt. Klatt hatte einen höheren Posten abgelehnt, weil seine Gefangenen ihm am Herzen lagen. Er sorgte vor allem dafür, daß die ihm Anvertrauten nach der Entlassung den Weg in das bürgerliche Leben zurückfanden und Arbeit erhielten.

Als die vom Dritten Reich Verurteilten in sein Gefängnis kamen, begann eine harte Zeit für ihn. Einmal unterbrach er wochenlang seine Besuche bei uns. Als er wiederkam, war er ein alter Mann geworden. Er erzählte, was geschehen war: Drei Frauen aus der besten Gesellschaft, die bei der Wehrmacht tätig waren, seien in die Fänge eines polnischen Agenten geraten, der sie mit teuflischer Geschicklichkeit zu kleinen, leichtsinnigen Mitteilungen gebracht hätte. Dann habe er unter Drohungen gewichtige Geheimnisse von ihnen erpreßt. Sie wurden zum Tode verurteilt. Klatt war bei ihnen in den letzten Tagen, in der letzten Nacht. Sie seien tapfer und gefaßt als gereifte Christen gestorben. Es waren nicht die einzigen, die er auf diesem Weg begleitete. Am Ende versagten seine Nerven, und er mußte seine Tätigkeit aufgeben.

In späteren Jahren erkannte ich, daß nicht ein bestimmtes Ziel, sondern eine innere Sehnsucht, ein unstillbares Verlangen mich zum Christlichen hingedrängt hatte, daß mich aber ein Studium der Theologie nicht befriedigen konnte.

Wenn die Menschen, die diese Judenverfolgungen mitangesehen haben, die Erinnerung an sie zu vergessen suchen oder die Jugend kaum noch eine Ahnung von diesen Greueln hat, so werden die

mentarischen
ihm rang, so w
aber doch an
Andererse
Haß gegenüb
haben die Jud
jedenfalls in
vielleicht weil
wurden, gar n
gen, daß sie ü
Angst nicht g
bracht haben
Ich kann g
kann sie verd
da, unheimlic
Ich habe sel
Hitler verstär
schweren Dr
Arosa geschic
Möglichkeit h
erst nach Mo
quälte. Es war
ren zum Rodel
Rübezahl, der
furchtbare An
von den Depor
neue Anordnu
die „Endlösun
Im Lauf mei
Ich bin der M
Schicksalsschlä
kann, wenn ma
gibt es unerträ
aufgearbeitet w
scheint. Viele
der unangeneh
ertragen.

Von der Kraft des Ertragens weiß der Jude mehr als andere, da er seit zahllosen Generationen sein Schicksal im Exil erdulden mußte. Ertragen ist nicht ein passives Geschehenlassen, auch nicht ein Sich-Anpassen an Ereignisse oder Menschen, denen man keinen Widerstand leisten kann. Es geht hierbei nicht um Disziplin, Verdrängung oder ein falsch verstandenes Sich-nicht-Wichtignehmen; wir müssen uns selbst und unsere Unzulänglichkeit ertragen. Wer sich annimmt und erträgt, kann auch sein Schicksal erdulden und verarbeiten. Ich fürchte, daß der Deutsche in Erinnerung an die Nazizeit dies noch nicht geschafft und den kollektiven Schuldbegriff noch nicht überwunden hat. Dies nimmt ihm Kraft und Zivilcourage.

Schuldbewußtsein oder Schicksalsverstrickung müssen bis zur Krisis durchgetragen werden. Dann erst geschieht der Umbruch, aus dem neue Kräfte in Aktion treten. Der Rückblick in eine negativ belastete Vergangenheit muß zu einer neuen schöpferischen Sinnesänderung führen. Sonst ist er sinnlose Quälerei oder impulshemmende Schwäche.

Auf dem Land

In einem autobiographischen Buch von Gershom Scholem steht auf der letzten Seite im Zusammenhang mit der für ihn in der Universität Jerusalem errichteten Fakultät über kabbalistische Vorlesungen und Forschung: „So kam Lenchen auf das Land." In wörtlichem Sinn kann dies für mich gelten. Denn wir zogen 1934 auf einen Bauernhof in Oberbayern. Hätte mir jemand vor der Ehe gesagt, daß ich einmal auf dem Land leben würde, ich hätte gelacht. So sehr gehörte ich zur Stadt mit ihren Menschen, ihren Anregungen und mit der Dynamik des Lebens. Land war für mich mit Jagd, Gesellschaften und etwas Langeweile verbunden. Dabei habe ich auf dem Gut von Freunden meines Mannes, Nachkommen des Freiherrn vom Stein, eine lebendige Tradition an Kultur, Menschlichkeit und gewachsenem Herrentum gefunden. Viele bedeutende Menschen – unter ihnen Edwin Fischer, Keyserlingk, Furtwängler; Künstler, Philosophen, Theologen – verbrachten dort Wochen schöpferischer Arbeit.

Unser Bauernhof lag in den Vorbergen Bayerns, etwa 40 ha groß, Grünlandwirtschaft mit Viehaufzucht und Milchproduktion bei durchschnittlich fünfzig Stück Vieh. Als ich 1934 dorthin zog, kannte ich noch nicht den Unterschied zwischen den verschiedenen Getreidearten, wußte nichts von Frühjahrs- und Herbstbestellungen, auch nichts von dem natürlichen Lebensrhythmus des Menschen auf dem Land, der nicht von seinem Belieben, sondern von den Notwendigkeiten der Jahreszeiten, vom Düngen, Ernten, Füttern und Melken abhängt und der deshalb keine genau festgelegten Arbeitsstunden einhalten kann. Es wird geschafft, solange es notwendig ist, um die Ernte hereinzubringen oder die Tiere zu versorgen, und alle helfen zusammen, wo und wann es die Arbeit verlangt.

Mein Mann hatte diesen Hof eines Tages vor Hitlers Machtergreifung kurz entschlossen gekauft. Diese ihm „zufallende" Idee hat mir in den Nazizeiten vielleicht das Leben gerettet. Denn von 1934 an lebte ich dort, während mein Mann in München als Teilhaber einer Privatbank arbeitete. Später ging er nach Berlin in weniger exponierte Stellungen.

Als ich den Hof zum erstenmal sah, freute ich mich an dem kleinen See, an dem er lag. Aber es drang überhaupt nicht in meine Vorstellung ein, daß ich jemals dort länger leben würde, da wir eine Wohnung in München hatten und in den Ferien etwas von der Welt kennenlernen wollten. Dieser Hof aber gab mir nach dem Antritt der Gewaltherrschaft der Nazis die Möglichkeit, geschützter von den Verfolgungen oder Schikanen der Nazis zu sein. Ich habe auch zu dieser Zeit persönlich viel Gutes erfahren von den Bauern in unserer Nähe, die nach ihrem Herzen und nicht nach Paragraphen und Gesetzen dachten und urteilten. Schon in Berlin hatte ich erlebt, wie unsere Wirtschafterin ohne Angst zu Juden ging, um ihnen Lebensmittel zu bringen, und wie die einfachen Menschen auf der Straße Mitleid hatten mit den verängstigten, scheuen alten Leuten, die den Judenstern tragen mußten und sich so schrecklich schämten.

Ich lebte von 1934 an ganz auf dem Land. Mein Mann kam öfter und kümmerte sich um die Führung des Hofes, da wir keinen Verwalter hatten. Die meiste Zeit aber war ich allein und arbeitete mit auf dem Feld und im Heu. Es war gut, den Geruch des Grases einzuatmen und dem Heuwagen mit dem Rechen nachzugehen oder abends die kleinen Haufen zusammenzuschieben und am Morgen wieder auseinanderzustreuen. Schön war es, mit den Leuten zusammen bei der Brotzeit im Schatten zu sitzen und sich ein wenig auszuruhen.

Wenn manchmal Freunde, die mich besuchten, mithalfen – sie fanden die Arbeit gar nicht so einfach, wie sie zuerst gedacht hatten –, spotteten sie gern über diese „geisttötende" Tätigkeit. Daran merkte ich, wie anders ich fühlte und wie sehr ich schon mit dem Leben auf dem Land verwachsen war. Abends saß ich dann oft noch am Schreibtisch und arbeitete mit etwas zittrigen Händen an der Übersetzung philosophischer Bücher. Diese verschiedenartigen Arbeiten erfüllten mein Leben, das von außen immer gefährdeter wurde. Ich verdanke es dem damaligen Bürgermeister unseres kleinen Dorfes, der mich zu den „Hiesigen" rechnete, daß die Ortsbauernführerin mich nicht abtransportieren ließ.

Ungewohnt und anstrengend war der Sommer, wenn ich in der Gluthitze das Getreide binden und Schritt mit den Mähenden halten mußte – eine Arbeit, die heute meist von der Maschine geleistet wird. Damals aber wurden solche Erntearbeiten noch im wesentlichen mit der Hand ausgeführt. Wenn ich auf der Dreschmaschine die Ähren einlegte, dann spürte ich am Abend, was ich getan hatte, und konnte manche Nacht vor Erschöpfung nicht schlafen. Aber ich tat es, weil wir nicht genug Menschen auf dem Hof waren, nachdem die Männer eingezogen wurden. Später erhielten wir als Hilfe Gefangene zugewiesen. Sie arbeiteten besser, wenn man selbst dabei war. Diese Zusammenarbeit erreichte, daß der Hof für mich niemals ein materieller Besitz war, sondern zu einem Stück von mir selbst wurde.

Ich kannte jedes Feld, jede Wiese, ihre Grenzen und Beschaffenheit, die Anzahl der Fuder Heu und Grummet, die eingefahren wurden. Ich bin mit dem kleinen Haflingerpferd einkaufen gefahren und denke noch an meinen Schrecken, als es sich einmal losmachte und in einem Dorf mitten durch die spielenden Kinder trabte. Aber gottlob geschah nichts. Solcherart sind die Wunder, die man erlebt, ebenso, daß es im letzten Augenblick, nach langen Bemühungen, doch noch gelang, einige Fuder Heu aufzutreiben, als die Kühe schon anfingen, vor Hunger zu brüllen, oder die eigenen Felder vom Hagelschlag bewahrt blieben, der auf dem Nachbarfeld das Korn umlegte.

So habe ich auf dem Land eine ganz neue Art der Dankbarkeit und Freude gelernt. Wie dankbar war ich auch damals, als der Pole, der mir völlig grundlos eine Heugabel wütend auf die Füße warf, sich wieder beruhigte; als ich nicht angezeigt wurde, weil ich verbotenerweise das Kind, das eine Ukrainerin von diesem Polen bekommen hatte, zur Taufe in die Kirche fuhr, oder niemand denunzierte, daß der nette Jugoslawe bei mir verbotene Sender hörte und wir mit den Gefangenen Weihnachten zusammen feierten, was streng untersagt war.

Der Rhythmus auf dem Lande hat sich durch die Technik heute fast völlig verändert. Es gibt nicht mehr den Sämann aus dem Gleichnis des Evangeliums, der mit ausladender Bewegung die Saat über das Feld streut. Alles ist mechanisiert. Ich war wehmütig, als wir die Pferde verkauften und einen zweiten Traktor anschafften und später kein Getreide mehr anbauten, weil dies unrationell war. Dem übertriebenen Rationalisieren bin ich feind. Es bedeutet den Fortfall des Spielerischen, Überflüssigen und damit alles zwecklos Schönen zugunsten zweckbedingter Sachlichkeit. Sicher können die rein ökonomischen und mechanischen Gesichtspunkte in der heutigen Volkswirtschaft nicht unbeachtet bleiben. Wo aber liegt die Grenze, und wo bleiben die Möglichkeiten, noch lebendige, menschliche und moralische Überzeugungen einzuschalten?

Unser Hof wurde im Lauf der Zeit vollmechanisiert. Morgens und abends hörte man die Melkmaschine, den ganzen Tag über den Lärm des Traktors. Natürlich ist dies in unserer Zeit des Leutemangels und der hohen Löhne notwendig, aber es bedeutet nun auch für die landwirtschaftliche Bevölkerung den Verlust an echter Naturverbundenheit und organischem Lebensrhythmus. Noch heute, wenn ich Bauern sehe, die das Heu mit der Hand bearbeiten, möchte ich hingehen und ihnen helfen. Etwas von dieser Arbeit, von dem Geruch nach Gras und Erde bleibt im Gespür, vielleicht auch im Herzen zurück.

Nach Kriegsende kamen zahllose Flüchtlinge auf den Hof. Wir hatten Essen für sie bereit, gleichgültig, ob es Soldaten, Volkssturmleute. Alte oder Junge, SS-Leute oder Freiwillige aus der Ungarnlegion waren, die zu Horthy wollten, der in der Nähe versteckt lebte. Ich habe in diesen Tagen gelernt, den Hof wie ein echter Bauer zu schützen. Ich verteidigte das Vieh, wenn es requiriert werden sollte, und die Hühner, die Marokkaner auf brutale Weise umbringen wollten. Auch versuchte ich aufgebrachte Insassen von KZ-Lagern zu beruhigen oder plündernde Soldaten abzuwehren.

Mein Mann kam erst einige Tage nach Kriegsende auf den Hof. Er sollte im Januar zuvor noch meinetwegen in ein Arbeitslager der Organisation Todt eingeliefert werden, hatte aber bei Freunden

Unterschlupf gefunden. In den ersten Tagen der Überrollung war es für eine Frau einfacher, sich zu verteidigen, da sie sich leichter aus harten Auseinandersetzungen zurückziehen konnte. Unsere Nachbarn waren auch sehr hilfsbereit, und ich fühlte mich in unserer Hofgemeinschaft geborgen.

Nachdem die Zeiten wieder ruhiger geworden waren, verlor sich vieles von der Gemeinsamkeit und gegenseitigen Hilfe. Wir wurden für die Nachbarn plötzlich „Preußen" oder „Städter", als die unmittelbare Gefahr der Plünderung nachließ. Aber auch dies kam wieder ins Gleichgewicht. Im allgemeinen erlebten wir auf dem Hof, daß die Bauern der Nachbarschaft jederzeit halfen, wenn etwas im Stall nicht in Ordnung war, wenn ein Feuer ausbrach oder andere Hilfe nötig wurde. Natürlich taten wir das gleiche. Diese erste Nachkriegszeit war auch auf dem Land recht turbulent. Schmuck und Uhren wurden gestohlen, nach Vorräten gesucht und ein sehr großes Familienbild von Carl Orff, das ich in Sicherheit gebracht hatte, wurde durchlöchert.

Die heutigen Bauernhöfe und Menschen, die auf ihnen leben, haben sich in den wenigen Jahrzehnten nach dem Zweiten Weltkrieg verändert. Sie besitzen Autos, Maschinen, Fernseher und haben sich der jetzigen Technik und Rationalisierung angepaßt. Zu unserer Zeit hielten die Bauern noch an Brauch und Sitte fest, wenn auch zum Teil nicht mehr aus Tradition, sondern aus Gewohnheit oder aus einer gewissen Angst vor dem Umbruch. So gingen sie noch regelmäßig – in Sonntagskleideung – in die Kirche, beteiligten sich noch an Bittgängen über die Fluren, sagten noch ihre Tischgebete auf, und ihr Wort und Handschlag bezeugten Gültiges. Noch war das Dorf eine große Gemeinschaft. Es wurde getrunken und gestritten, geliebt und gehaßt. Die elementaren Gefühle, Leidenschaften und Aggressionen kamen noch echt und ursprünglich zum Ausdruck. Die Menschen lebten in einer Schicksalsgemeinschaft, in die auch Krankheit und Tod eingezogen waren. Die Mühsal der Arbeit und der Ablauf der Jahreszeiten zeichneten die Runzeln der alternden Frau, die vor der Tür des Hauses saß und das Enkelkind betreute. Sie prägten sich ein in das faltenreiche Gesicht des Greises, dessen Furchen, dem verwitternden Baum gleich, von Reife und Alter, Kraft und Würde zeugen. Nichts wird vertuscht, übermalt, verdeckt. Alles hat seine Zeit – die Jugend wie das Alter.

Auch auf unserem kleinen Hof waren wir eine echte Gemeinschaft, in die Leben und Tod, Freude und Leid, Arbeit und Festtag ihre Spuren eingegraben haben. Auf ihm starb der alte Knecht, den wir 1934 mit übernommen hatten und der nicht mehr fortgehen wollte; es starb hier der kleine Junge des Traktorfahrers, der auf dem Eis des Sees vor dem Haus einbrach. Seine Mutter, die seit vielen Jahren die Gemeinschaft des Hofes mittrug, ging an diesem Tag, an dem die kleine Leiche noch nicht geborgen war, zum Abendgottesdienst, da sie dem Kind versprochen hatte, mit ihm Lichtmeß zu feiern. Diese junge Frau brachte uns auch den Adventskranz, die geweihten Palmkätzchen, die Osterkerze, den Korb mit den gesegneten Ostergaben ins Haus oder den Kranz, der aus den letzten geernteten Ähren geflochten wurde. Heidnisches Brauchtum und christliche Bräuche gingen auf dem Land ineinander über. So durfte in den Rauhnächten zwischen Weihnachten und dem Heiligen-Drei-König-Tag nicht gewaschen und in den Ostertagen keine Wäsche aufgehängt werden.

Neben meiner Arbeit auf dem Hof und am Schreibtisch blieb immer noch genügend Zeit, um Freunde zu sehen. Zu ihnen gehörte ein sehr origineller Mensch, Hans Ludwig Held, der spätere Stadtbibliothekar von München. Er war ungewöhnlich gebildet und wohl einer der größten Kenner okkulter und magischer Phänomene. Aber er war ein in sich gespaltener Mensch. Auf der einen Seite ein großer Wissender, Mystiker und Magier, der Angelus Silesius herausgab, Buddha-Reden übersetzte und über den Golem schrieb, andererseits aber scheute er sich trotz seines großen Ehrgeizes lange vor der Veröffentlichung eines Buches, weil es von Wissenschaftlern negativ hätte kritisiert werden können. Erst der Professortitel, der ihm nach dem Krieg verliehen wurde – er hatte als unabhängiger Sozialdemokrat schwer unter dem Nazi-Regime zu leiden –, gab ihm Sicherheit und Selbstvertrauen.

Als er während der Kriegszeit in bescheidenen Verhältnissen in einem kleinen Ort bei München lebte, züchtete er die größten Gurken und Tomaten, weil er sich nicht mit Kleinem begnügen konnte. In seinem Zimmer stapelten sich turmhoch Bücher, die auf allen Sofas und Stühlen umherlagen. Er war sicher einer der besten Käufer in den Antiquariaten Münchens und wurde später eine volkstümliche Gestalt bei Konzerten und Theater-Premieren mit seiner kleinen, fast koboldhaften Figur, seinem langen Bart und seinem etwas dämonisch-unheimlichen Aussehen.

Held hatte mich als erster auf die Bedeutung der indischen und japanischen Yoga- und Meditationsweisen aufmerksam gemacht, die wir später in vielen Büchern unseres Verlages veröffentlichten. Im Rahmen der buddhistischen und hinduistischen Welt- und Gottesanschauung begegneten wir auf dem Hof zwei sehr ungewöhnlichen Menschen: dem Swami Gopi Krishna und dem Alt-Zenmeister Suzuki. Gopi Krishna, den wir auch mit Weizsäcker und Professoren der Universität München zusammenbrachten, stammte aus Pakistan und hatte über sein Erlebnis der Erleuchtung geschrieben. Später veröffentlichte er noch viele Bücher aus der indischen Vergangenheit, in denen er den Aufstieg der Schlangenkraft, Kundalini, vom untersten Bereich des Körpers durch sieben Chakras bis hinauf zum Scheitel des Kopfes beschrieb. Dieses Erwecken der Triebkraft, die durch die Lebenszentren aufsteigt und sich mit Shiva, dem Göttlichen, vereint, kann durch Meditationsübungen erreicht werden und bedeutet die Entwicklung des Menschen auf eine höhere Bewußtseinsstufe. Gopi Krishna aber gab keine Anweisungen für irgendeine Technik oder Methode der Meditation, weil es sich für ihn um einen inneren Weg handelt, der mit der sexuellen Reinheit und seelischen Empfangsbereitschaft zusammenhängt. Aber er erzählte uns von einem Erlebnis, das ich ein Pfingsterlebnis nennen möchte. Er sah im „Himmel“ ein goldenes Band, von dem aus goldene Tropfen herabfielen und ihm in seiner Sprache eine Botschaft eingaben. Eine solche Botschaft war die Ankündigung eines neuen Weltkrieges, wenn die Menschen sich nicht innerlich wandeln und sich Gott öffnen. Bisher habe die Bewußtseinsveränderung nur im Bösen stattgefunden und die Menschen, die unbewußt mit der erweckten Sexualkraft in Verbindung treten, zu unheilvollen Handlungen getrieben.

Der Alt-Zenmeister Suzuki kam mit einer zarten, sehr hübschen japanischen Schülerin nach Europa und besuchte uns auf dem Hof. Er gehörte zu den ersten, die den Zenbuddhismus dem Abendland zugänglich machten. Wolf von Fritsch fuhr ihn zu oberbayerischen Kirchen, in denen er Bilder erleuchteter Heiliger suchte. Aber er fand keine, die Ausdruck waren der inneren Erleuchtung, die in der Sprache des Zen satori genannt wird.

Weniger enttäuschend war für ihn der Besuch bei Eugen Herrigel. Als ursprünglicher Schüler von Windelband und Rickert und später Professor der Philosophie in Heidelberg und Erlangen, hatte dieser einen Ruf an die kaiserliche Tohoku-Universität in Japan erhalten. Er wurde von einem Zenmeister in die Kunst des Bogenschießens eingeweiht und war nach Suzukis Aussagen damals der einzige Europäer, der die Erleuchtung erfahren hatte. Er schrieb nur ein kleines Büchlein „Zen in der Kunst des Bogenschießens", aber dies wurde weltbekannt. Es ist kein Buch über Zen, sondern Leben aus der Seinserfahrung des Zen.

Kurz vor seinem Tod verbrannte er das wenige, das er niedergeschrieben hatte, nach dem Vorbild der Zen-Meister. Er hatte viele Freunde und Verehrer unter den Japanern; als er aber eines Tages den Brief eines seiner Schüler zu schnell aufmachte, um seinen Inhalt zu lesen, nahm er sich, wie er mir erzählte, vor, die nächste Post längere Zeit liegen zu lassen. So übte er sich in der Loslösung von allem irdischen Verlangen und erwartete den Tod, die endgültige Befreiung, mit Vertrauen und Gleichmut.

Zwei interessante, in ihrer Art gegensätzliche Begegnungen erlebte ich bei ihm. Das eine Mal besuchte ich ihn mit Suzuki. Nach seiner Emeritierung lebte Herrigel mit seiner Frau in zwei kleinen Pensionszimmern in Garmisch-Partenkirchen. Er saß trotz schwerer Nierenkoliken in Stille und Gelassenheit vor seinem Schreibtisch. Als später operiert wurde, lehnte er jede Betäubung ab. Sein Sterben war leicht. Er löste sich – so erzählte seine Frau – wie eine Schneeflocke auf. Herrigel und Suzuki unterhielten sich über das Satori-Erlebnis mit der gleichen Einfachheit und Selbstverständlichkeit, mit der sie später über die schön angerichtete Platte mit belegten Broten sprachen.

Dies erinnerte mich daran, daß die Meister in Indien ihren Schülern nach der Erleuchtung den Befehl geben, die Veranda zu säubern, um nicht die Beziehung zum Alltäglichen zu verlieren. Ich denke auch an eine Erzählung von Ramakrishna: Ein Schüler des

Meisters hatte in einem Laden einen Topf erworben, der leck war. Er hatte beim Kaufen nicht aufgepaßt, sondern sich mit dem Ladenbesitzer über religiöse Fragen unterhalten. Ramakrishna schalt ihn deshalb und ermahnte ihn, in jedem Augenblick gegenwärtig zu sein und das zu tun, was dieser Augenblick verlangt, statt an anderes zu denken.

Ähnlich heißt es in einem Zen-Wort: „Wenn ich gehen möchte, gehe ich; wenn ich sitzen möchte, sitze ich; bin ich hungrig, esse ich: bin ich müde, schlafe ich." Wieviel Kraft würde jeder von uns sich ersparen, wenn er das Notwendige täte, ohne dabei an anderes zu denken oder sich mit Sorgen und Affekten zu belasten.

Die zweite Begegnung fand zwischen Herrigel und einem katholischen Priester statt. Im Laufe des Gespräches, das jeder von seinem Standpunkt aus mit größter Ehrfurcht vor der Überzeugung des anderen führte, stellte sich der Unterschied zwischen der Zen-Erfahrung und dem mystischen Erlebnis des Christen dar. Der Zen-Schüler befreit sich in solcher Einswerdung von allen Gedanken, Gefühlen, Begriffen und Vorstellungen, während der Christ seine religiösen Bilder in die Versenkung mithineinnimmt.

Wenn ich trotz der großen Verehrung, die ich für die Menschen empfinde, die in die Tiefe der Zen-Erfahrung eingedrungen sind, und trotz meiner Bewunderung für die Weisheit der indischen Lehren doch Christ bleibe oder, besser gesagt, versuche Christ zu sein, so möchte ich hierfür drei Gründe angeben:

Der erste: Im Gegensatz zum heutigen Menschen, der keiner inneren Orientierung und Wertsetzung zu bedürfen meint, weil er sich im Außen seine Sicherungen aufbaut, halte ich es für unbedingt notwendig, einen geistigen Maßstab zu besitzen, der meinem Leben Sinn und Bestimmung gibt. Der „wertfreie" Mensch kann sich nur am Nichts oder an sich selbst orientieren und von hier aus jeden beliebigen Standpunkt beziehen und wieder aufgeben. Der Christ aber weiß, wo sein Ort ist, wo seine Verpflichtungen und sein Ziel liegen, auch wenn er in seinem persönlichen Leben noch weit von dieser Grundhaltung entfernt ist und immer wieder erfahren muß, daß er in der gebrochenen, unvollkommenen Zeitlichkeit nur ein Pilger auf dem Wege ist.

Diese Gebrochenheit, die auf Erden nie als ständigen Besitz zu erlangende Vollkommenheit, zieht sich symbolisch durch das Stirb und Werde meines Lebens, durch Wandlung und immer wieder Neubeginn.

Der zweite Grund für meine Liebe zum Christlichen ist die brennende Sehnsucht, die, über alle Möglichkeiten irdischer Erfüllung hinaus, nach etwas für mich nicht Greifbarem und nicht Begreifbarem verlangt. Um im Bild des Evangeliums zu sprechen: Ich spüre in mir das Gären des Sauerteigs, von dem das Gleichnis der Brot backenden Frau spricht. Dies bezeugt mir, daß Gott etwas vorhat mit dem Menschen und seine Schöpfung noch nicht aus seiner Hand entlassen hat. Er selbst hat das Brennen und Gären, die unstillbare Sehnsucht in den Menschen gelegt.

Der dritte Grund, der mich bestimmt, dem Christlichen mit offenem Herzen mich anheimzugeben, ist der Glaube an seine Verheißung. Angesichts der Ungerechtigkeiten in dieser Welt, angesichts der Qualen, Leiden und Verfolgungen, denen die Menschen ausgeliefert sind, könnte ich nicht leben, wäre uns nicht die Verheißung des Evangeliums gegeben, daß einst die Bosheit überwunden und die Tränen der Leidenden getrocknet werden.

Wenn Paul Schütz am Ende seines Buches „Parusia“ schreibt: „In der Liebe ist die Hoffnung der Erde nah“, dann möchte ich an diese Liebe glauben.

Während ich solches schreibe, höre ich Schütz zu mir sagen: „Ihnen geht es um den Menschen, mir allein um die Wahrheit.“

Auf dem Hof gab es Zeit für anregende Begegnungen und fruchtbare Gespräche. Hierzu gehörten die Besuche von Carl Orff. Häufig spielte er uns Stücke aus seinen Opern vor – aus „Carmina burana“, „Catull“, „Sommernachtstraum“ und der „Klugen“. Er tat dies mit solcher Intensität und Kraft, daß die Rhythmen und Klänge weithin hallten. So geschah es, daß der Verputz der Mauer unseres alten Bauernhauses einen großen Riß bekam. Ein Mädchen hatte es von außen mit angesehen. Bei diesem Anblick mußte ich immer an die Mauer der spanischen Burg im Baskenland denken, dem Stammschloß von Ignatius von Loyola, in dem er während seiner schweren Krankheit lag. Hier aber soll, nach der Legende, der Spalt auf den Kampf des Heiligen mit dem

Teufel zurückzuführen sein, der durch die Mauer aus der Burg vertrieben wurde.

Während des Krieges und noch später kamen auch viele Freunde und Bekannte zur Erholung oder zur Arbeit auf den Hof. Vielleicht wirkte mein eigenes intensives Arbeiten „ansteckend“, mehr aber noch zwangen die Gesamtheit und der Rhythmus auf dem Hof, die Klarheit der Landschaft, die abendliche Stille zur Konzentration und Ruhe.

Wenn junge Menschen heute vom einfachen Leben sprechen und auf einen Bauernhof ziehen wollen, in manchen Fällen es auch tun, dann erwarten sie dort Stille, Ruhe und ein Abseits von Zivilisation und Technik. Es schwebt ihnen auch der Wunsch vor, selbstgezogenes Gemüse und Obst zu essen, eigenes Brot zu backen, kuhwarme Milch zu trinken und von niemand abhängig zu sein. Wer das Leben eines Bauern kennt, wird dies als trügerische Illusion betrachten, da Landleben viel Arbeit, Einsatz und auch Opfer verlangt. Die Wirklichkeit sieht anders aus, als manche sie erhoffen. Darum gehen heute viele Söhne vom Hof fort und verkaufen ihn, wenn der Vater gestorben ist.

Einfaches Leben kann es kaum noch geben, weil die Abhängigkeit von technischen Hilfen viel zu groß geworden ist. Wer heute nach dem einfachen Leben sucht, kann nicht mehr auf die Grundmodelle von Landleben oder Bauernhof zurückgreifen. Es gibt nicht mehr die Ruhe und Geborgenheit, die man dort erhofft. Der Traum von einem unberührten Dasein geht nicht mehr in Erfüllung. Zu sehr haben Maschine und Computer ihren Einzug auch in die stadtfernen Gegenden gehalten.

Vielleicht müßte der Jugendliche auch verstehen, daß der Mensch zuerst die Schäden und Verschmutzungen in seinem Innern erkennen und forträumen muß, bevor er sich gegen die Zivilisation erhebt und ein Leben auf einem Bauernhof oder in einfacher Kulturlosigkeit als Heilmittel für seine Ungeborgenheit und seine Unruhe erwartet.

Persönlich kann ich nur sagen, daß mich die Jahrzehnte auf unserem Hof innerlich verändert haben und ich durch die Nähe zur Natur das Verständnis für den Rhythmus der Jahreszeiten und die Schöpfungsordnung gewonnen habe, die ich in mein Leben integrierte. Ein Zurück zu einem paradiesischen Zustand oder die Flucht in eine Daseinsform, die der ursprünglichen Veranlagung und Aufgabe eines Lebens nicht entspricht, gehen an Sinn und Aufgabe des Menschen vorbei. Ich habe mich deshalb auf dem Hof auch mit Übersetzungen und Bücherschreiben beschäftigt – abends nach der Landarbeit.

Während der Hitlerzeit lernte ich Fritz Werle kennen, der einer der besten Astrologen war. Er war Besitzer des Otto-Wilhelm-Barth-Verlages, der wegen seiner Thematik – Herausgabe von Büchern wie Paracelsus, Eliphas Levi oder astrologische Werke, die unter die Kategorie der Esoterik fielen – von den Nazis geschlossen wurde. Werle deckte meine Übersetzungen, die unter dem Pseudonym „Alterego" herauskamen, da ich nach dem Arierparagraphen nichts hätte veröffentlichen dürfen. Obgleich er selbst keinen „Webfehler" besaß, wie wir jüdisch Versippte nannten, trat er aus Opposition nicht in die Reichsschrifttumskammer ein, weil er dort den Paragraphen hätte unterschreiben müssen. Ihm lag eine Diskriminierung belasteter Menschen fern. 1939 wurde der Verlag geschlossen, dann noch einmal erlaubt und 1943 zum zweitenmal, und nun endgültig, verboten. Nach dem Krieg erreichte ich unter vielen Mühen die Wiedereröffnung.

Hierzu mußte ich mit den wenigen Unterlagen, die noch vorhanden waren, zu dem amerikanischen Offizier gehen, der bei der Militärregierung war. Kurz vor mir hatte Frau Ludendorff um die Weiterführung ihres Verlages gebeten. Der amerikanische Major, der nichts von Büchern verstand, meinte, Frau Ludendorff könne doch mit gleichem Recht diese Erlaubnis verlangen, und ein Deutscher, der mich kannte und den ich bald darauf wiedersah, half mir nicht, weil ich ihn hätte bitten sollen! Da ich nicht sehr begabt bin, mich in den Vordergrund zu stellen, mußte ich länger als andere Verleger auf die Wiedereröffnung des Barth-Verlages warten, in den ich dann mit Wolf von Fritsch als Geschäftsführer und Gesellschafter eintrat.

Die Thematik des Verlages war zu jener Zeit sehr neuartig. Denn wir beschäftigten uns mit der östlichen Weisheit und brachten Originale oder Übersetzungen aus dem Englischen über Meditation und Zen-Buddhismus heraus. Heute ist diese Literatur weit im Westen verbreitet, und es werden – zum Teil als Modewelle – Bücher veröffentlicht, die gar nicht in den Bereich ernsthafter Meditation hereingehören und von sogenannten Meistern stammen, die als Ersatzgötter verehrt werden oder die sehr einfache Übungen und Anregungen für Ruhe und Entspannung als Meditation verkaufen. Ich verstehe unter Meditation Ruhe und Sammlung für die Erfahrung des göttlichen Urgrundes, Versenkung in die Tiefenschichten der Seele, Vertiefung und Sinnerfüllung des Daseins.

Noch heute wird nach der Tradition in Klöstern Meditation neben Kontemplation und Gebet geübt. Als die östliche Art des Meditierens nicht nur Anregung blieb, sondern zu einem oft ungeprüften Synkretismus führte, war die Pionierarbeit unseres Verlages im Grunde beendet. Wir gaben den Verlag auf, mit der Wehmut, ein liebgewordenes Kind zu verlieren. Unmittelbarer Anlaß waren persönliche Gründe. Wir bringen nun seit sechs Jahren eine Meditationszeitschrift heraus, deren Inhalt Anstöße zur Meditation sind, die zum größten Teil aus christlichem Vollzug stammen. Aber auch andere Meditationsweisen und Lebensübungen werden hineingenommen.

Der Verlag hatte in der Gemeinschaft unseres Hofes einen heilsamen Ort gefunden, und Landarbeit, Bücherschreiben und Verlagsführung bildeten jahrzehntelang eine sinnvolle Symbiose meines Lebens. Da mein Mann viel auf Reisen war, lag in dem Alleinsein keine Einsamkeit.

Wenn ich an das Leben der Stadt denke und was dort den Menschen alles nebeneinander geboten wird, dann wundere ich mich, daß wir nicht noch unruhiger und gespaltener sind. Aber die meisten nehmen wohl überhaupt nichts mehr ganz intensiv auf und werden von wenigem noch wirklich angesprochen und berührt. Es geht mir selbst so, wenn ich von den großartigen Leistungen der Raumfahrer, von den neuesten Forschungen der Naturwissenschaft oder den Erfindungen im Elektronikbereich höre und lese. Wenn sich diese nicht einem Erlebnis oder einer inneren Schau assimilieren, dann kann ich solche überdimensionalen Erfindungen und Größen gar nicht einordnen. Ich kann sie mir nicht vorstellen. Wenn mich dagegen des Nachts der Vollmond mit seinem freundlichen Licht weckt oder wenn ich Goethes Mondnacht lese, dann erfahre ich mehr vom Geheimnis des Mondes, als wenn ich Fotografien von seiner Oberfläche sehe. Natürlich mag dies primitiv klingen, aber es erinnert mich an eine Legende von Ramakrishna. In ihr wird erzählt, wie ein Heiliger einem Fakir begegnet. Dieser führt ihm großartige Kunststücke vor, und als er stolz den Beifall des Heiligen erwartet, meint jener nur: „Wozu dies alles? Hat es dich Gott auch nur eine Spur nähergebracht?"

Ich glaube, daß jeder Mensch nur ein gewisses Maß an Eindrucksfähigkeit besitzt. Was er darüber hinaus aufnimmt, muß ihn unberührt lassen oder spalten. Vielleicht greift die Unruhe noch stärker auf das Land über und wird auch hier die Technik mit ihren Verführungen im Vordergrund stehen; dann wird es nirgends mehr die Stätte der Ruhe und Unberührtheit geben, von der der große chinesische Dichter Litaipo in seinem Dreizeiler spricht:

„Ihr fragt mich, warum im grünen Wald ich hause.
Ich lächle schweigend, und mein Herz ist selig leicht,
Es gibt noch eine Welt, von Menschen unerreicht."

Schon lösen sich die kleinen Bauerngemeinden auf, und die nicht mehr einträglichen Höfe verlieren ihre Lebensmöglichkeit. Aber noch mag eine Dorfgemeinschaft Vorbild sein für die in unseren Zeiten der Masse, der nicht mehr vorstellbaren Größe und Entgrenzung notwendige „Zelle", für die Gemeinschaft von wenigen, die sich gegenseitig kennen und einer Idee und Aufgabe verpflichtet fühlen. Der einzelne, der sich früher in einer Dorfgemeinschaft, einer Institution, einer Zunft, einem Stand geborgen fühlte, braucht auch heute noch Gemeinschaft und Geborgenheit. Doch diese wird eine andere sein.

Jenseits des Alltäglichen

Aus meinem Wunsch nach Gemeinschaft entstand die Begegnung mit einer religiösen „Sekte". Nach außen hin erschien sie als eine schweizerische Genossenschaft mit einer Landwirtschaft, einer Fabrik für Anfertigung von Möbeln aller Art und einer sehr großen Gärtnerei mit besonders schönen Blumen. Es war eine an sich geglückte Verbindung von manueller Arbeit und „geistigem" Leben. Für mich war diese Stätte sowohl ein Ort der Gemeinschaft wie der Ruhe und Entspannung. Etwa 250 Menschen lebten in verschiedenen Häusern zusammen und arbeiteten miteinander. Die Atmosphäre in dem äußeren Kreis, zu dem wir gehörten, war voller Stille und Freundlichkeit.

Einiges aus dieser Zeit möchte ich als eigene Erfahrung zu dem Thema außerkirchlicher Sekten beitragen. Man kann die Gemeinschaft, in die ich eintrat, nicht Jugendsekte nennen. Es lebten dort seit Jahrzehnten Eltern mit Kindern, Alte und Junge, aber keine sogenannten Ausgeflippten oder Drogensüchtige, auch nicht Anhänger, die sich im Zwang um einen göttlichen „Meister" scharten. Zum großen Teil waren es Schweizer, aber auch Österreicher und Deutsche. Viele Auswärtige kamen noch an Feiertagen oder im Urlaub hinzu. Alle fühlten sich wohl im Kreis dieses großen Anwesens am Rand eines Oberberner Dorfes. Kranke wurden hier mit großer Opferbereitschaft gepflegt, Jugendliche bekamen eine staatlich anerkannte Ausbildung, Erwachsene arbeiteten in der Fabrik, in den Gewächshäusern, am Bau der Wohnhäuser, im inneren Betrieb, in der Landwirtschaft und wurden angehalten, für das Gesamtwohl zu sorgen.

Die geistige Belehrung beruhte auf der Bibel, die fast die einzige Lektüre war und als Anleitung für die Mitglieder galt. Im positiven

Sinn bedeutete dies: Friedfertigkeit, Vermeiden von leerem Geschwätz und Kritik, Schweigen, Liebe zum Nächsten, Glauben an Gott. Im negativen Sinn wurden Schuldgefühle wachgerufen, weil jedes äußere Mißlingen dem eigenen Unvermögen zugesprochen wurde und dadurch Erwartungen und Hoffnungen immer weiter in die Ferne möglicher Verwirklichung rückten. Am gefährlichsten hierbei war das Ausschalten des einmaligen Christlichen zugunsten einer allumfassenden Gottesreligion und die Einbeziehung messianischer Hoffnungen in das Elite-Bewußtsein dieser kleinen Schar, die sich für auserwählt hielt. Die Identifizierung mit dem Idealbild einer Vaterfigur, das Gefordertwerden für ein angeblich höheres Ziel, der Anspruch an die Einsatz- und Opferbereitschaft eines jeden und das Versprechen einer geistigen Belohnung schon in diesem Leben waren Verlockungen, denen sich viele, die nach einem Sinn ihres Lebens suchten oder die von einem nicht in der Welt realisierbaren Glauben unbefriedigt blieben, auslieferten.

In der Schweizer Gemeinschaft fehlten die unheilvollen Elemente der typischen Jugendsekten. Man wurde nicht in ein System eingeschlossen, in dem es keine Möglichkeit mehr zu eigenem Denken und Empfinden gab. Es bestand kein allgemeines Gebot, aus der Kirche auszutreten, wenn dies auch viele taten. Es gab keine psychischen Verhaltensstörungen, keine zwanghafte Gewalt. Aber die Menschen in der Welt wurden abgelehnt, manchmal sogar verteufelt, und die Faszination des Gehörten und Erlebten veränderte das Realitätsgefühl des einzelnen, der sich dem Sog oder der Faszination eines genau ausgeklügelten und logisch aufgebauten Systems unterwarf.

Viele Fragen und Probleme verloren an Gewicht, und es war ein beruhigendes Gefühl, anderen ihre Beantwortung oder Lösung zu überlassen. Trügerische Botschaften „geistiger" Wesen wurden nur zu gern aufgenommen. Denn es ist schwer für Menschen, auch für Gläubige, nicht mehr wie zu Moses, zu Abrahams oder Jakobs Zeiten eine wirkliche Begegnung mit den Engeln oder mit Gott selbst zu erfahren und sichtbare Zeichen aus geistigen Dimensionen zu empfangen, sondern sich allein an das Wort aus dem Hebräerbrief zu halten: „Zu verschiedenen Zeiten und auf mannigfache Weisen hat Gott von altersher durch die Propheten zu den Vätern gesprochen; am Ende dieser Tage sprach er zu uns durch seinen Sohn" – allein durch Jesus von Nazareth, durch sein Leben und sein Wort.

Als ich in diese Umwelt kam, hatte ich Sehnsucht nach Gemeinschaft und einem Leben, das nicht von Technik, Zweckdenken und Problematik erfüllt war, auch wenn ich selbst nicht unter Streß leiden mußte oder in materielles Nützlichkeitsdenken eingespannt war. Ich hatte Freude an den jungen Menschen dort und an der Natur, zu der ich eine vorher nicht gekannte Beziehung bekam. Sie war mir selbst auf dem Hof nicht so nah gewesen. Meine Empfindungen und meine Wahrnehmungskraft sensibilierten sich in zunehmender Weise. Ich hatte kein Verlangen mehr nach Büchern oder klugen Gesprächen, suchte keine Zerstreuungen oder Unterhaltungen, wurde von keinen Spannungen oder Problemen belastet. Es war sehr still in mir, und ich sehnte mich nicht zurück nach dem, was ich aufgegeben hatte. Mein Mann, der kurz vorher gestorben war, hatte von meinem Eintritt in diese Gemeinschaft gewußt, aber ich hätte zu seinen Lebzeiten nicht diese letzte Konsequenz des Fortzugs vom Hof gezogen.

Nach einem Jahr kam die Ernüchterung. Sie war für mich nicht Enttäuschung oder Verlust einer Illusion, sondern die klare Erkenntnis einer Realität, von der wir zuvor nichts gewußt hatten. Wir bekamen plötzlich Einblick in den Hintergrund dieser Gemeinschaft und wurden mit Tatsachen konfrontiert, vor denen wir die Augen nicht verschließen konnten. Nicht-Wissen ist keine Ausrede für ein Nicht-Handeln. So mußten wir eine Entscheidung treffen. Im anderen Fall wären wir mitschuldig und mitverantwortlich geworden an den Machenschaften eines inneren Kreises, in dem Macht, Geld und Sex eine üble Rolle spielten. Lügen, Betrug und Ausnutzung vermischten sich mit Illusionen, Versprechungen und einer Teilwahrheit, in die auch die widersprüchlichsten Aussagen hineinmanipuliert werden konnten.

Wolf von Fritsch griff den Notruf von drei jungen Mädchen auf, die uns von den sexuellen und betrügerischen Vorgängen hinter den Kulissen erzählten. Da er sich niemals in der Gemeinschaft wohlgefühlt hatte, aber bis dahin keinen überzeugenden Grund zum Fortgehen besaß, griff er diese Situation bereitwillig auf. Die treibende ungute, verlogene Kraft im Hintergrund war nicht allein der Leiter der Genossenschaft, sondern die ihm Nahestehenden hatten ein Gebäude der Lügen und Betrügereien aufgebaut, in dem sich viele Gutgläubige verirrten.

Die schweizerische Polizei wollte in angeblich religiöse Angelegenheiten nicht eingreifen und löste die Gemeinschaft nicht auf. Auch die Privatschule, die sie zuerst geschlossen hatte, blieb weiter bestehen. Nur der Leiter, ein sehr einfacher Mensch ohne viel Schulbildung, mit einem Gesicht, das an die früheren Landsknechte erinnerte, wurde einige Jahre wegen sexuellen Vergehens an einer Minderjährigen in Haft genommen.

Was wirklich in der Gemeinschaft geschah, interessierte keine staatlichen Organe, und die umliegenden Bauern waren von der Freundlichkeit der Mitglieder eingefangen. Sicher verfügte der Leiter über magische Kräfte und manches, was er lehrte, entstammt okkulten Schriften und Lehren. Er besaß hypnotische und suggestive Fähigkeiten, wie wir selbst beobachten konnten. Vielleicht glaubte er auch an die Wunder, die er versprach und an seinen Kontakt mit himmlischen Mächten, vielleicht war er selbst ein Betrogener oder Besessener.

Die meisten Deutschen und Österreicher, die die Gemeinschaft verließen, waren genauso verwundert wie wir, daß jahrelang nichts aus dem inneren Kreis herausgedrungen war. Viele gingen schweren Herzens fort. Die liebevolle, sorgenfreie Atmosphäre der äußeren Zone konnte in der Welt der Technik und Zivilisation, im Streß der Auseinandersetzungen und Unruhe nicht durchgehalten werden. Manche fanden nicht mehr ins alltägliche Dasein zurück und schlossen sich einer anderen, pseudoreligiösen Bewegung an oder sehnten sich nach der alten zurück, in der sie Geborgenheit gefunden hatten.

Ich habe mich oft gefragt, was ich außer der Gemeinschaft dort Positives gefunden habe, so daß ich keine Aggression, kein Ressentiment gegen sie empfinde. Es war sicher eine Zeit der Entspannung und Ruhe, eine Denkpause, die mir neue Intensität für meine Arbeit, Konzentration und Ruhe gab. Ich habe mich selbst erfahren und einen Schlußstrich unter vieles gezogen, was zu meinem früheren Leben gehörte. Wenn man, ohne Ablenkung durch

Menschen oder die vielen Informationen der Massenmedien und ohne tägliche Belastungen der Natur nahe lebt, kann man einige Zeit lang sich zufrieden- und wohlfühlen. Doch ich habe dort erfahren, daß dies gar nicht das Ziel unseres Daseins ist, sondern daß wir Aufgaben zu erfüllen haben und das einfache Leben ein Zurück wäre in mythische Zeiten oder in ein verlorenes Paradies.

Nicht in einem primitiven Leben, auch nicht auf dem Land, werden wir noch Ruhe und Ausgeglichenheit finden, da die Technik überall eingegriffen hat, sondern in einem innerlich bescheidenen Dasein und Maßhalten, in dem wir nicht mehr fordern und beanspruchen, als wir verarbeiten oder umsetzen können. Ich hatte mir auch früher niemals ganz bewußt gemacht, daß es Gemeinschaften, wie ich sie ersehnte, nicht geben kann, sondern immer nur einzelne, persönliche Menschen, die sich unter eine Aufgabe stellen und sich für eine Idee oder einen Dienst zusammenschließen.

Diese Gemeinschaft ist nicht mit Jugendsekten zu vergleichen, in denen die persönliche Identität ausgelöscht wird und die Vergewaltigung des einzelnen durch die Faszinationskraft des sogenannten Meisters oder durch Veränderung des moralischen Verhaltens und innere Zwänge seelische Schäden hervorrufen. In solchen Jugendsekten wird zum großen Teil durch wiederholtes Aufsagen von Mantras und Zaubersprüchen – „heilige" Verse oder Silben – das Denken und Bewußtsein eingeschläfert. Wer Tausende von Malen „Hare Krishna" vor sich hersagt, ohne etwas anderes zu denken, oder Silben wie „Om", „Ram", „Hum" in mechanischer Wiederholung „meditiert", überdies harte Arbeit leisten muß, die über den ganzen Tag in genauer Reihenfolge verteilt wird, wenig Essen und Schlaf erhält und im absoluten Gehorsam die Anordnung des Führers, Gurus, Meisters, wie immer der Machtträger genannt wird, befolgen muß, wird seiner Menschlichkeit beraubt und entpersönlicht. Schuldgefühle und Angst bis hin zur Psychose führen zum Verlust des Realitätsbewußtseins. Die Glaubensideologie der Sekten und ein Sexstau oder eine schamlose Enthemmung der Sexualität verändern das normale Gefühlsverhalten und machen unfähig für eine freie Zuwendung und Kommunikation. Das allgemeine Niveau der Sekten wird gesenkt, die Anhänger werden verdummt, und es erfolgt eine Regression in archaische Zustände.

Die Schwächung des persönlichen Ichs und das Zerbrechen des eigenen Willens machen es kaum noch möglich, aus dem Bann und Teufelskreis solcher Sekten herauszukommen. Man wird zu einem willenlosen Werkzeug in der Hand der Machtträger. In dieser Entpersönlichung, die gleichbedeutend ist mit Entmenschlichung, liegt die größte Gefahr der heutigen Sekten, die den einzelnen zu einem Objekt willkürlicher Manipulation machen. Die Opfer, die auf materieller und sexueller Basis gefordert werden, dienen der Verherrlichung des Führeridols oder sind Perversionen christlicher Elemente. Der Becher mit Saft, der in der Sekte von Jim Jones (USA) den Mitgliedern gereicht wurde, unter der Drohung, es würde einmal der Giftbecher zum Tode sein, ist für mich eine Verhöhnung des christlichen Abendmahles, ebenso wic der Ruf durch den Lautsprecher, als der Tag des Sterbens gekommen war: „Jetzt wird alles gut. Der Vater wird uns erlösen."

Eine vage Ähnlichkeit der schweizerischen Gemeinschaft mit anderen mag in der Ausstrahlungskraft ihres Gründers liegen. Er übt sie nicht nur auf ihre Mitglieder, sondern auch auf fernerstehende Menschen aus. Sie als Faszination zu bezeichnen wäre eine zu enge Begrenzung. Sie gleicht vielmehr dem Mana der Naturvölker, einer geheimnisvollen Macht, die auf Gottheiten, Menschen und Tiere, aber auch auf Gegenstände übertragen und in der Frühzeit durch Zeremonien und magische Beschwörungsformeln angezogen oder gebannt wurde. In unserer Zeit ist diese Naturenergie, die mit guten oder unheilvollen Schwingungen beladen ist, gefährlicher als einst, weil sie bewußt manipuliert und für böse Zwecke eingesetzt werden kann.

Auf mich haben solche Ausstrahlungen keinen Einfluß ausgeübt. Ich habe mich frühzeitig von der dunklen, geheimnisvollen Macht des Okkultismus zurückgezogen, die ich nicht nur aus Büchern kennengelernt habe. Die Sehnsucht nach einer Gemeinschaft aber hatte ihre Anziehungskraft für mich nicht verloren. Doch als sie mir ihr Janusgesicht zeigte, erkannte ich sehr schnell, daß es ein falscher Weg, zumindest für mich war, sie in Bereichen zu suchen, die nicht auf eine christliche Weise zentriert sind. Der Fortgang aus der schweizerischen Gemeinschaft, der zugleich auch die völlige Befreiung von einer Illusion bedeutete, verlief in kürzester Zeit. Im nachher stellte sich das Jahr, das ich dort verbracht hatte, nicht als ein Bruch in meiner Existenz dar, sondern als eine Wandlung, die in dieser Klarheit sonst wohl nicht möglich geworden wäre.

Nicht nur dieses Jahr in der Gemeinschaft, sondern vieles in meinem Leben war ein Wagnis und ist es noch. Ich suche dieses nicht in einem äußeren Bereich, sondern dort, wo es an die inneren Wurzeln geht und mir das Schicksal, das mir Geschickte und Zugewiesene, Wege öffnet, die ich als Fingerzeige Gottes sehe, die auch auf krummen Wegen auf das Ziel hinweisen. Ich habe die Zeit, in der ich wenig Anregungen von außen bekam, dazu gebraucht, die letzte Phase meines Lebens zu überdenken. Ich wohne jetzt im Schwarzwald und habe noch einige Bücher über Themen geschrieben, die mir wesentlich erscheinen. Daneben gebe ich eine Meditations-Zeitschrift heraus, in der Beiträge über Sinn und Methoden der Meditation veröffentlicht werden. Der Entschluß, den Otto Wilhelm Barth Verlag aufzugeben, ist kompensiert worden durch diesen Versuch, auf kleinem Raum dem christlichen Vollzug des Meditierens Anstöße zu geben. Meine Zuwendung zum Christlichen blieb Ziel meiner Arbeiten und meines Lebens.

Die Abneigung gegenüber allem Okkulten war unbewußt in meiner Jugend durch eine russische Krankenschwester vorbereitet worden. Sie war ein hintergründig gefährlicher Mensch, der nicht nur mir Angst und Schrecken einjagte, sondern auch meinem Vater, der sich wenig mit magischen Dingen beschäftigte und ein sehr lauterer Mensch war. Noch in späteren Zeiten hatte er unangenehme Träume und quälende Ahnungen, bevor ein Bettelbrief von ihr kam, was häufig der Fall war. Meine Mutter berichtete mir später die unwahrscheinlichsten und unheimlichsten Geschichten über diese Frau mit ihren stählernen, schwarzen Augen und einem zum Strich verkniffenen Mund.

Das Verdienst von Professor Bender in Freiburg ist es, daß er vom wissenschaftlichen Standpunkt aus okkulte Phänomene und parapsychologische Begebenheiten mit großer Präzision beschreibt, wenn er auch keine Stellung zu ihnen nimmt. Ich habe niemals in Zweifel gezogen, daß es solche Dinge zwischen Himmel und Erde gibt, die wir nicht in unser wissenschaftliches Denken einordnen oder logisch beweisen können, aber man muß genaue Unterscheidungen treffen. Es können sich leicht dämonische Mächte einschalten. Wären es reine Geister, die Botschaften aus höheren Welten brächten, würde der Mensch in ihrem Namen als ein Berufener sprechen, oder er würde Schweigen bewahren, weil das eigenmächtig enthüllte Geheimnis an Gültigkeit und Kraft verliert. Im Neuen Testament sind genaue Merkmale zwischen reinen und unreinen Geistern angegeben. Mit letzteren sich einzulassen ist von unheilvoller Gefahr. Nur wer im Namen dessen, der Herr ist über die bösen Geister, also im Namen Christi den Kampf mit solchen dämonischen Mächten aufnimmt, wird die Möglichkeit haben, ihrer Herr zu werden.

Die Echtheit okkulter Phänomene wird heute kaum noch bestritten, nur ist man über ihren Ursprung verschiedener Meinung. Aufgrund wissenschaftlicher Untersuchungen wird behauptet, daß es sich um die unbewußte Einschaltung menschlicher Einflüsse handelt, während die spiritistische These annimmt, daß nicht inkarnierte Zwischenwesen hierbei mitwirken. Welche dieser Annahmen auch zutrifft, die Aussagen der okkulten Phänomene setzen hohe Empfindsamkeit, geistige Neugier, Beeinflußbarkeit und intensive Erwartung der Teilnehmer voraus. Diese Séancen aber sind nicht ohne Gefahr, weil das Zurücktreten der eigenen Persönlichkeit, das innerliche Sich-leer-Machen und -Öffnen die Möglichkeit der Unterscheidung herabmindert, wenn nicht überhaupt ausschaltet.

Ich glaube, daß viele Menschen sich magischen Einflüssen aus einer inneren Leere öffnen, in der Sehnsucht, etwas zu erfahren und zu erleben, was diese Leere auszufüllen vermag, oder im Verlangen, aus der Isolierung erlöst zu werden, an der der Mensch, seitdem er aus der ursprünglichen Einheit gefallen ist, so schmerzhaft leidet. Und hier setzt die Gefahr der magischen Machenschaften ein. Der leere Raum wird mit trügerischen Erwartungen erfüllt, die Isoliertheit scheinbar aufgehoben. Denn jede magische Beziehung spielt sich auf einer kosmischen Ebene ab, in der alles sich mit allem verbinden und jeder sich mit jedem vereinen und identifizieren kann. Das bewußte, getrennte und trennende Ich wird ausgeschaltet, damit auch die persönliche Unterscheidung und Verantwortung. Die meisten okkulten Phänomene spielen sich auf einer noch vorbewußten Sphäre ab. Auf dieser rein natürlichen Stufe wird der Mensch von einem Ahnungsvermögen geleitet, das dem Spürsinn des Tieres gleicht, und besitzt eine Gabe der Einfühlung, selbst der Identifizierung, die aus dem kosmischen Zusammenhang alles Lebendigen zu erklären ist. Aus dieser vorbewußten Einheit entstammen auch kollektive Bilder, die mit triebhafter Naturmächtigkeit geladen sind.

Wenn heute von einer „Magie“ der Technik gesprochen wird, so ist dies an sich ein Paradox. Denn Technik ist im wahren Sinn nur dort möglich, wo der Mensch im Abstand zum Objekt steht und dadurch die Möglichkeit hat, es zu beherrschen. Magisch können nur die Auswirkungen der von der Technik erschaffenen Kräfte auf das Kollektiv sein. Denn in der Hand der Masse sind sie der Verantwortung und Beherrschung des einzelnen entzogen. Da dem heutigen Kollektiv nicht mehr Tabus oder Beschwörungsformeln zur Verfügung stehen, um die freigewordenen Kräfte zu bannen und ihrer rechtmäßigen Ordnung wieder einzubinden, ist die Gefahr groß, daß der Mensch ihnen ohnmächtig verfällt. So hat sich etwa die Atombombe längst dem Machtbereich des einzelnen entwunden, auch wenn dieser meint, noch ein Verfügungsrecht über sie zu besitzen. Die entfesselten Mächte des Kosmos unterliegen nur noch ihrer Eigengesetzlichkeit. Es bewahrheiten sich die Worte aus Goethes Zauberlehrling, daß der Mensch die Geister, die er rief, nicht mehr los wird.

Auf der magischen Ebene gibt es weder Distanz noch Bewältigung des Kosmos. Eine einheitliche, ungeschiedene Umfassung wird durch eine vitale oder auch psychische Energetik bewirkt. In solchen Bereichen kann ein „Medium“ mit der Stimme eines anderen sprechen, können Gefühlsinhalte und Vorstellungen aus weitesten Entfernungen auf dem „Bildschirm“ eines medialen Unbewußten aufscheinen, kann sich auch eine feinstoffliche Substanz zu einer sichtbaren gallertartigen Masse verdichten.

Am meisten bekannt sind harmlosere Phänomene wie Hellsehen, Telepathie und Gedankenübertragungen. Auf Grund der Versuche von Professor Rhine, USA, sind diese mehr oder weniger wissenschaftlich bezeugt worden. Rhine hat vor allem an Hand von

Spielkarten Experimente gemacht, die er durch die gegenseitige Einwirkung von Mensch und Umwelt zu erklären sucht, durch eine seiner Meinung nach unbewußte Fähigkeit des Menschen, Energien auszusenden und zu empfangen.

Diese Erklärung würde der indischen Weltanschauung entsprechen, die von einer feinstofflichen Substanz, dem Prana, spricht, das eine Kommunikation zwischen dem Bewußten und Unbewußten, zwischen dem Menschen und dem Kosmos herstellt. Prana ist das ätherische Lebensfluidum des Kosmos, das auch im menschlichen Körper vorhanden ist, so daß mit Hilfe dieser feinstofflichen Substanz der unmittelbare Kontakt zwischen den physischen Kräften des Menschen und den Bilde- und Gestaltungskräften des Kosmos hergestellt werden kann. Bei solchen Beziehungen spielen Raum und Zeit keine Rolle. Die „Wahrnehmungsmöglichkeit" oder das mediale Ahnungsvermögen überwinden jede Entfernung und können zugleich Vergangenes wie Zukünftiges umfassen.

Ich möchte aus meiner Erinnerung einige Beispiele von hellsichtigen Fähigkeiten anführen, die keineswegs das Maß des Natürlichen überschreiten, wenn wir auch zugeben müssen, daß die Wissenschaft hierfür noch keine Erklärung hat.

Eine Holländerin mit grauen Haaren steht in dem großen Musiksaal meiner Eltern. Es sind etwa fünfzig Menschen geladen. Meine Mutter hatte diese Frau bei dem Arzt Magnus Hirschfeld kennengelernt in einem Kreis von Skeptikern, Naturwissenschaftlern, Journalisten und hatte einen großen Eindruck von ihrem Können gewonnen. In der Atmosphäre unseres Hauses spürte sie, daß ihr die Menschen mit Interesse und positiver Erwartung entgegenkamen.

Frau Akkeringa hält ein Bild, einen Brief, eine Tasche, ein Feuerzeug in der Hand. Sie hat keine Ahnung, von wem diese Gegenstände stammen, die auf einem Tablett vor sie hingelegt werden. Die Aussagen, die sie in einer sehr schnellen, fast getriebenen Art über deren Besitzer macht, stimmen in allen Einzelheiten.

Als sie einen Gegenstand von Einstein in die Hand nimmt, ist ihre erste Feststellung: „Sie sind sehr berühmt, aber so bescheiden, daß Sie gar nicht wissen, wie bedeutend Sie sind." Wie recht sie damit hatte! Ich erinnere mich: Auf einer Gesellschaft, auf der alle mit Orden und Auszeichnungen erschienen waren, hatte Einstein einen einfachen dunklen Anzug angehabt. Als man ihn nach dem gerade erhaltenen „Pour le mérite“ fragte, lächelte er nur. Frau Akkeringa spricht weiter: „Sie sind dankbar für alles, was Ihnen einfällt, und nehmen es hin als eine Kraft, die Ihnen gegeben wird, gar nicht als etwas, das von Ihnen stammt.“ Weitere Frage: „Sie waren gelähmt?“ – „Nein.“ Aber er gab später zu, daß er monatelang im Bett gelegen hatte, unfähig, sich zu rühren.

Noch ein Zwiegespräch. Diesmal mit Hans Hasso von Veltheim, der bekannt wurde durch seine Bücher über Indien, damals noch der reiche Gutsbesitzer, in dessen Schloß die interessantesten Menschen zusammenkamen. Er hat seine Gegenstände sehr raffiniert verpackt und übergibt der Hellseherin eine eingewickelte Uhrkette, an der kleine Hanffäden hängen. Frau Akkeringa macht eine Bewegung des Wegwerfens. „Hiermit ist einer gepeitscht worden. Dieses Ding hat eine böse, sehr böse Ausstrahlung.“ Die Hanffäden stammten aus einem Seil, mit dem die russischen Zaren Menschen schlagen und erhängen ließen.

Keiner der Anwesenden wußte diese psychometrischen Experimente zu erklären. Einstein meinte, man müsse sie näher prüfen; denn sie als Telepathie oder Hellsehen zu deuten, wäre für ihn ebenso unfaßbar wie irgendeine andere Erklärung, weil er diese nicht in sein Weltbild einreihen könne. Er war aber so beeindruckt, daß er Frau Akkeringa zu sich einlud. Meine Mutter nahm an dieser Zusammenkunft, die nur im kleinsten Kreis stattfand, teil. Welcher Mut für einen nüchternen Wissenschaftler, sich nicht zu scheuen, einer Frage nachzugehen, die für ihn unerklärbar war!

Einstein konnte sich das leisten, weil er mit seinem Genie, mit seiner fast kindlichen Einfalt unmittelbaren Zugang zu den Dingen suchte; weil er das Wunderbare verehrte und das ihm unerklärbare Fremde, das aus einer anderen als der ihm vertrauten Welt stammte, kritisch und mit nüchternem Verstand zu beobachten und zu prüfen suchte. Schon wenn man seine verschleierten und verträumten Augen, die nach innen blickten, und den gütigen Mund sah, verstand man, daß er zu jenen wenigen Großen gehörte, die ihr Wissen und Können als ein Geschenk Gottes in Demut empfangen und sich niemals selbst in den Vordergrund stellen.

Nach der persönlichen Zusammenkunft mit Frau Akkeringa äußerte Einstein meiner Mutter gegenüber, daß ihm hier eine Welt begegnet sei, die er nicht in sein naturwissenschaftliches Bild einordnen könne, die ihn aber nie mehr ganz in Ruhe lassen würde.

Bei allen solchen hellsichtigen Aussagen ist der Zeitbegriff ausgeschaltet, was oft zu Irrtümern bei der Festlegung eines Ereignisses führen kann. Der Hellseher sieht in einem plötzlich aufsteigenden Bild zugleich Anfang und Ende eines „Filmes“, der für den Beteiligten in langsamer Folge abläuft. Zwangsläufig aber rollt ein solcher Film nur dort ab, wo die Freiheit ausgeschaltet wird, die alles Vorgegebene verändern kann.

Vielleicht können wir in nicht fernen Zeiten alle solche Vorgänge rational erklären, wenn mir auch dies nicht sehr wichtig erscheint. Denn ob solche Phänomene als Ausdruck magischer Naturzusammenhänge angesehen oder einem theoretischen System eingeordnet und mit einem wissenschaftlichen Etikett versehen werden – das Phänomen bleibt als solches bestehen. Wichtig allein ist, was es für uns bedeutet, wenn es nicht nur Objekt unserer Neugier ist oder unsere Sensationslust befriedigen soll. Und eines können wir mit Sicherheit aus allen psychometrischen Aussagen lernen: Wir sind verantwortlich für alles, was wir berühren, mit dem wir umgehen, was wir benennen. An allem bleibt etwas von unserem Eigensten haften, das nicht vergeht, sondern einem größeren Zusammenhang eingebunden ist.

Zu solchen Überlegungen kam ich noch einmal vor einigen Jahren, als ich bei Freunden mit einem Hellseher zusammentraf, der sehr ungewöhnliche Experimente ausführte. Seine psychometrische Begabung war von Professoren geprüft und trotz vieler Skepsis nach zahllosen Testen als einwandfreie Begabung oder, wie er es nannte, als „echte Gabe“ bezeichnet worden. Mit dick verbundenen Augen vermochte er Postkarten, die aus einem riesigen Stoß herausgeholt wurden und die keiner der Zuschauer kannte, genau zu beschreiben: „Die Karte ist von einem kitschigen Blau, es sind hohe Häuser darauf und oben etwas Dunkles, wohl ein Baumwipfel ... Diese hier kann ich gar nicht beschreiben, ich höre nur Sphärenmusik“ – es war ein Foto singender Engel. Oder er schilderte die Personen, deren Foto ihm, mit der Rückseite nach oben, hingelegt wurde und gab genaue Definitionen ihres Charakters oder ihrer Krankheiten.

Er erklärte diese Gabe als Aufnehmen von Schwingungen, die seine Hand führen, und durch die Schau eines inneren Bildes, in dem Vergangenheit und Zukunft in diesem einen Augenblick der Gegenwart zusammenfallen.

Wenn mich auch solche großartigen Beispiele hellsichtiger Begabung faszinieren, so ermüden und belasten sie mich zugleich, weil sie in einen Sog hineinziehen und einer magischen Welt einbinden, in der man unfrei und nicht persönlich angesprochen ist. Auch können solche Experimente und die sicher nur aus natürlichen Bezogenheiten stammenden Antworten und Ratschläge die wesentliche Frage nach Sinn und Auftrag des Lebens nicht beantworten. Denn hiervon wüßte nur jener Gültiges zu sagen, der den ganzen Menschen zu erfassen vermöchte und nicht nur seine magischen Ausstrahlungen auffängt.

Einen Zugang zur ganzheitlichen Erfassung gewährt mir das Symbol. Unsere Zeit aber, die alle symbolischen Aussagen zu eliminieren sucht, weil sie nur das dem kritischen Verstand Begreifbare als Wirklichkeit anerkennen will, erschwert das Verständnis und die Deutung der symbolischen Aussagen. Diese gründen nicht auf dem Wissen um kausale Zusammenhänge und sind nicht dem rationalen Denken zugänglich. Sie öffnen sich nur der Einsicht in die größeren Zusammenhänge des Lebens und begreifen das sinnenhaft Empirische als Ausdruck einer ewigen Idee. Aussagen aufgrund symbolischer Bilder, die einen irrationalen Gehalt haben, gehören nicht in den Bereich des Okkultismus, wenn sie auch über die raum-zeitliche Begrenztheit hinausweisen.

Die Welt des Symbols übte auf mich von jeher eine große Anziehungskraft aus. Ich las Bücher von Edgar Dacqué, von Eliphas Levi, Carl Gustav Carus und anderen. Aber die lebendige Beziehung zur Symbolik wurde mir erst durch zwei Menschen erschlossen, durch Fritz Werle und Alfons Rosenberg.

Das Symbolwissen Rosenbergs dringt vor allem in die den christlichen Ausdrucksformen zugrunde liegenden Urbilder ein, in die Welt der Archetypen, die C. G. Jung unserer Zeit von neuem erschlossen hat. Dieser hat damit den Menschen wieder in einen ganzheitlichen Zusammenhang gestellt und dem überbetonten Bewußtseins-Denken die Fülle des Unbewußten als Ergänzung zur Seite gestellt. Aber sein Wissen ist meiner Meinung nach zu stark an das Psychologische und Empirische gebunden. Ich kann mich nicht damit begnügen, Träume und Erfahrungen des Menschen oder archetypische Bilder, also eine immanente Wirklichkeit, als für den Menschen letztgültige Wahrheit anzuerkennen. Der Mensch kann nicht nur charakterisiert werden durch seine psychologische Struktur, sondern ist in seiner Freiheit und Gottebenbildlichkeit viel mehr als diese.

Den transzendenten Hintergrund der sichtbaren Erscheinungen hat Rosenberg in seinen Deutungen des Symbols zum Ausdruck gebracht. Er vertritt eine ganzheitliche Schau vom Menschen, in die auch die Welt der Geister, der Engel und der Dämonen einbezogen ist. Wie wenig aber spüren wir noch diese übersinnlichen und doch so nahen, uns in heilsamer wie unheilvoller Weise beeinflussenden Wesen, wenn wir in den Kosmos eindringen, den wir vermeinen mit unserem Denken und unserer Technik sinnvoll beherrschen zu können.

Da der Mensch in Verbindung mit allen Kräften der Schöpfung steht, in diese eingewirkt und durch sie bedingt wird, muß die Entsprechung von Mensch und Kosmos sich auch auf symbolhafte Weise darstellen lassen. So heißt es bei Paracelsus: „Der Himmel ist der Mensch, und der Mensch ist der Himmel, und der Himmel ist nichts als ein Mensch." Mikro- und Makrokosmos sind eine organische Einheit, und es besteht ein unsichtbarer, innerer Zusammenhang zwischen der jeweiligen kosmischen Situation – also auch jener der Planeten – und dem Geschehen im menschlichen Bereich.

Die kosmischen Zusammenhänge, die Bedeutung der Planeten und ihre Entsprechungen im Seelenleben des Menschen hat mich Fritz Werle gelehrt. Kreis, Kreuz und Punkt, aus denen sich alle Planetensymbole ableiten, sind mir durch seine Auslegungen zur Urschrift des Menschen, seiner kosmischen Bestimmung und Entwicklung geworden. In dieser Bildschrift, die im Mythos ihren Niederschlag findet, offenbart sich auch manches Geheimnis der kommenden Zeit, die man das Wassermannzeitalter nennt, einer der zwölf Weltenmonate des großen Weltenjahres Platos.

Symbol und Mythos charakterisieren diese nächste Weltperiode von etwa 2000 Jahren als eine Tendenz der Auflösung und chaotischen Zustände, der eine neue Zusammenfügung und Verfestigung folgen wird. Eine solche Zeit der Verflüchtigung und Entstofflichung führt den Menschen an den Abgrund von Nihilismus und Selbstzerstörung und mag auch seine schöpferischen Kräfte schwächen oder auflösen. So heißt es bei Paracelsus: „Qui laborat sine venere et marte, stultus est in arte – Ohne die zeugerischen und formerischen Kräfte von Venus und Mars kann keine Kunst gedeihen."

Wir leben in einer gefahrvollen Übergangszeit und können kaum wissen, wohin uns diese Auflösung und Entgrenzung führen wird. Sicher aber deutet sich schon heute an, daß der Mensch eine ganzheitlichere Welt- und Lebensschau und eine neue, umfassendere Art der Kommunikation gewinnen wird. Die Spezialisierung der Interessen und der Erkenntnisgebiete wird enden, und überall werden sich Querverbindungen bilden. Niemand wird sich bei Einzelfragen mehr aufhalten oder sich in räumliche oder zeitliche Begrenzungen zwingen lassen. Alle Fesseln, seien sie verstandesmäßiger, geistiger oder moralischer Art, werden sich lösen.

Viele erwarten, daß sich der Mensch durch solche Entgrenzung und Ausweitung übersteigt und der Fortschritt auf allen Gebieten seinen Siegeszug antreten wird. Ich kann mich solcher Meinung nicht anschließen. Sicher wird es noch größere technische Leistungen geben, einen Zuwachs an naturwissenschaftlichen Erkenntnissen, eine noch leichtere Bewältigung des äußeren Lebens. Es wird nicht mehr fernliegen, daß der Mensch, der sich selbst keine Grenzen mehr setzt, auch die Grenzen von Raum und Zeit, von Unbewußtem und Bewußtem überwindet, daß er nicht nur die Kräfte der Erde und des Himmels ausnutzt, sondern sich auch anmaßt, durch seine Forschungen die Geheimnisse des Lebens zu enthüllen und zu manipulieren.

Bedeutet aber ein solcher Fortschritt tatsächlich eine Höherentwicklung des Menschen, eine Steigerung des Humanen, die Zunahme an vernünftiger Einsicht, oder ist es nicht eher ein Fortschreiten aus der Mitte des Lebens, der Verlust des personalen Kerns? Meiner Meinung nach reißt diese Frage den unüberbrückbaren Abgrund auf, der zwischen Naturwissenschaft und christlicher Lehre liegt. Beide wenden sich an verschiedene Schichten des menschlichen Lebens. Die Naturwissenschaft beschäftigt sich mit Weg und Entwicklung des Menschen in der geschichtlichen Zeit, während das Christliche die Begegnung zwischen Gott und Mensch aufzeigt, die in einem transzendenten Bezug steht. Hier gelten nicht die Aussagen irgendeiner Evolutionslehre, sondern das Wort der Prophetie. Und diese verkündet, daß am Ende der geschichtlichen Zeit nicht das Menschliche, sondern die teuflische Bosheit die Herrschaft über die Welt ausübt, und der Antichrist, der Herr dieser Welt, in Erscheinung treten wird.

Viele werden solche Gedanken als Utopie belächeln, sicher aber wird die kommende Zeit noch mehr Untergründiges an die Oberfläche bringen und das Unmöglichste zu „ermöglichen“ suchen, wenn der Mensch nicht dem ungeheuren Fortschritt der Technik und der Bewältigung des äußeren Lebens auch eine Entfaltung und den Einsatz seelischer Kräfte gegenüberstellt. Hierzu gehört auch die Einsicht in größere Zusammenhänge des Lebens, die einer intuitiven Schau entspringt, einem gleichsam fühlenden Erkennen, das aber nicht zu verwechseln ist mit dem unbewußten Einfühlen auf der magischen Ebene. Es ist eine klare Zusammenschau des durch den Intellekt Gespaltenen, die das Unbewußte mit dem Überbewußten zugleich erfaßt und durchsichtig macht bis hinein in den Lebensgrund. Manchmal glaube ich eine Ahnung von solch intuitiver Schau zu haben, die man vielleicht Erfahrung des Herzens nennen könnte, wenn ich mit Gewißheit etwas erkenne, für das ich keine logischen Beweise habe.

Der Inder spricht vom Öffnen des Dritten Auges, das der Kundalini-Yoga vorbereitet. Im Ashram von Aurobindo fand ich bezeugt, daß durch ungeheure Konzentration und Schulung der körperlichen, seelischen wie geistigen Kräfte eine Ausweitung in das Überbewußte erlangt werden kann. Der große indische Weise gibt den Weg an, der über das Vitale, Psychische und Mentale zu dieser Stufe des „Supramentalen“ führt.

Daß sich trotz der Vorherrschaft der Ratio in unserer Zeit dieser Weg zur intuitiven Erkenntnis, zur ganzheitlichen Schau öffnen kann, glaube ich aus einem Zeichen bestätigt zu finden, das in meinem Interessengebiet liegt. Ich habe beobachtet, daß in Händen der jüngsten Generation Linien eingezeichnet sind, die früher ganz selten nur in Erscheinung traten und die ihrer symbolischen Bedeutung nach auf solche umfassende und in das Bewußtsein hinaufgehobene Einsicht schließen lassen.

Daß solche Hinweise aus dem Handbild gewonnen werden können, läßt darauf schließen, daß neben Anlagen und Möglichkeiten des einzelnen in dieser Zeichensprache auch etwas dargelegt wird über den Menschen an sich und seine Bestimmung. Dies ist das ganz Einmalige und Wesentliche der Handsignatur, das sie von anderen Deutungsmethoden, wie etwa der Graphologie, eindeutig unterscheidet.

Während die Schrift das Da-Seiende, Gegebene, das Zuständliche im Menschen zum Ausdruck bringt, vermag die Hand darüber hinaus noch auszusagen, wie und auf was hin der Mensch im allgemeinen und der einzelne im besonderen seinem Sinn nach angelegt ist, wozu er die Möglichkeit des Werdens in sich trägt. Sie zeigt seinen dynamischen Weg auf und dringt in eine tiefere Dimension ein als die Schrift. Auch sind die Zeichen der Hand schon bei der Geburt eingeprägt, noch ehe der Mensch zu schreiben oder sich in irgendeinem anderen Test auszudrücken vermag. Dies ist wohl das Einzigartige und Wichtige der Hand-Symbolik und führt über das „Erkenne dich in dem Gegebenen“ zu dem „Erkenne dich in dem dir Aufgegebenen“.

Wenn heute die Wissenschaft noch immer skeptisch die Handlesekunst als ein Grenzgebiet betrachtet – grenzend an Scharlatanerie oder Wahrsagerei –, so liegt dies an einer überkommenen fehlerhaften Einstellung ihr gegenüber. Das Handlesen gehört nicht in das Gebiet der Naturwissenschaften, das nach kausalen Zusammenhängen fragt, sondern in den Bereich der Anthropologie, in dem die Frage nach dem Menschen gestellt wird. Es ist das große Verdienst von Graf Dürckheim, der als Professor der Philosophie über eine sehr klare und logische Denkweise verfügt und als Psychologe zugleich um den Menschen weiß, daß er den Versuch unternommen hat, dem Handlesen in der Signaturen-Lehre einen ihm gemäßen Platz einzuräumen.

In dem Buch „Spiegel der Hand“, das als Gemeinschaftsarbeit von uns beiden entstand, führte er aus, daß „die theoretischen Grundlagen der Handlesekunst nur in einer Lehre vom Menschen verankert sein können, die den Menschen als solchen meint und nie aus dem Auge verliert“. Das heißt, sie können nur aus einer anthropologischen Sicht herauswachsen, die die existentielle Problematik des Menschen nicht beiseite läßt, sondern vielmehr in den Mittelpunkt stellt. „Eine haltbare theoretische Grundlage der Handlesekunst liegt also vor, wenn es sich in zwingender Weise zeigt, daß die Züge der Hand den Menschen in seinen Weisen und Möglichkeiten, Mensch zu sein und den Weg seiner Bestimmung zu gehen, spiegeln.“

Es bedeutet mir viel, daß Dürckheim die Aussagen des Handlesens, die ich durch Erfahrung und durch Kenntnis der Symbolsprache gewonnen habe, in sein Bild vom ganzheitlichen Menschen so einordnen konnte, daß die Entsprechung zwischen der Erscheinungsform des Handbildes und dem Wesen des Menschen deutlich hervortritt und die Zuordnung von Zeichen und Sinn als innerlich notwendig und einsehbar zu erkennen ist.

Nach dem Grundsatz, daß jede sichtbare Gestalt einen unsichtbaren Inhalt zum Ausdruck bringt, ist die Hand in ihrer Form, ihren Linien und Zeichen, die leibhafte Verkörperung eines ihr zugrunde liegenden geistigen Prinzips, Erscheinungsform eines inneren Sinnes.

Zum anderen gilt für die Aussagemöglichkeit der Hand der Grundsatz, daß sich das Ganze in jedem seiner Glieder spiegelt und diese in ihrer Sprache die in ihnen verkörperte Idee zum Ausdruck bringen. Das individuelle Wesen eines Menschen also, das sich im Ganzen des menschlichen Leibes verkörpert, drückt sich auch in den Gliedern des Leibes und damit in der individuellen Gestaltung der Hand aus.

Bei allen Handdeutungen beschäftigt mich der Mensch sowohl in seiner Veranlagung wie auch in seinem Schicksalsweg. Natürlich kann man keine Voraussagen über Kommendes machen, aber das Schicksal wird den Menschen immer dort treffen, wo er verwundbar ist, wo er in einem unlösbaren Spannungsfeld steht, wo er die seinen Möglichkeiten gesetzten Grenzen nicht beachtet oder den Blick nicht auf das richtet, was ihm gemäß ist. Für jeden gibt es bestimmte Lebensgebiete, die vom Schicksal umlagert sind, in denen, wie es Wilhelm von Scholz formulierte, „der zündende Funke näher der Oberfläche wohnt, leichter geweckt wird und Brand stiftet als in anderen Gegenden des Daseins". Diese Gebiete und Schicksalsräume einem Menschen aufzuzeigen ist mein besonderes Anliegen. Wenn er sich durch ein äußeres Zeichen in seinem Wesen widergespiegelt fühlt, merkt er eher auf und gewinnt leichter Einsichten, als wenn er nur einen Rat empfängt.

Ich möchte hier nicht ausführlicher auf das Handlesen eingehen und auch keine Lanze für dieses Wissen brechen, da ich überzeugt bin, daß es sich im Zeitalter der intuitiven Erkenntnisse von allein durchsetzen wird. Ich möchte nur an einigen Beispielen zeigen, was es bedeutet und was es zu geben vermag.

Ich traf General von Schleicher, lange bevor ihm die Bildung des Kabinetts im Jahre 1932 angeboten wurde. Er zeigte mir seine Hand. Seine Lebenslinie, der Halbkreis, der um den Daumenballen schwingt, war gebrochen und von der großen Vertikalen, die in der Mitte der Hand aufwärts steigt, übernommen worden. Ich sagte ihm, sein Leben würde sich ändern und er würde sich mit einem Schicksalsweg identifizieren müssen, der nicht mehr nach seinen persönlichen Interessen frage. Es bestünde auch die Gefahr, daß damit sein ganzes Dasein in einen schicksalsschweren Bezug träte. Schleicher übernahm 1932 das Kabinett und fiel eineinhalb Jahre später seinen Feinden zum Opfer. Gebrochene Lebenslinien sind mir, wenn auch in anderer Weise, als Veränderungen des Lebensweges nicht unbekannt.

Jahre später wurde ich auf einer Tagung von Professor Bender nach einem Jungen gefragt, dessen Hand mir im Abdruck gezeigt wurde. Ich wußte nichts von ihm. Dieser Junge hatte eine sehr harte, breite Kopflinie – die unterste Horizontale, die die Hand vom Daumenballen aus durchschneidet. Dies deutet Brutalität und, im Zusammenhang mit anderen Zeichen, die Gefahr einer gewaltsamen Handlung als Kompensation für gestaute Minderwertigkeitsgefühle an.

Auf der anderen Seite aber ließ eine gut geschwungene Herzlinie – die obere Horizontale – auf soziale Einordnung und Hingabefähigkeit schließen, wenn der Junge anerkannt und geliebt oder in einer Gemeinschaft aufgenommen würde. Da dies nicht der Fall war, verstärkte sich seine Anlage zur Gewaltsamkeit. Aus einem wenig verständlichen Anlaß griff er einen Schulkameraden an und tötete ihn. Im Gefängnis aber zeigte er einen so starken Gemeinschaftssinn, daß man sich diese Tat nicht erklären konnte. Ob dieses Kind anders gehandelt hätte, wenn die Eltern oder die Umwelt ihm mit mehr Liebe begegnet wären und seine Sehnsucht nach Anerkennung befriedigt hätten?

Professor Bender zeigte mir noch mehr Handabdrücke, unter anderem von Menschen, die in eine unheimliche Spukgeschichte verwickelt waren. Aus der Hand eines etwa siebzehnjährigen Mädchens konnte man so viel unterdrückte Triebmächtigkeit und unbewußte Einbildungskraft herauslesen, daß man sie als das Medium des Spuks zu identifizieren vermochte. Durch solche Feststellungen könnte manches Unheil vermieden werden, wenn man – in einem Fall wie diesem – die für solche Beeinflussung Anfälligen therapeutisch behandeln würde.

Der beste Handleser, der zu meiner Zeit in Berlin lebte, war Julius Spier. C. G. Jung hatte ihn meiner Mutter empfohlen. Er hielt seinen ersten Berliner Vortrag über Hände in unserem Haus. Ich hörte ihm staunend zu, weil er eine ganz eigene Methode entwickelte, bei der seine große mediale Begabung eine nicht unwesentliche Rolle spielte.

Ich selbst bin keineswegs medial und habe im Unterricht wie in Büchern versucht, meine Aussagen genau zu belegen. Das einzige theoretisch nicht Erlernbare und nicht Lehrbare ist die Kombination der einzelnen Deutungsmöglichkeiten und die notwendige Synthese. Es hilft dem Menschen nicht, wenn man ihn in Teile zergliedert und Einzelangaben macht, bei denen man auf die verschiedensten Widersprüche stößt. Man muß vielmehr den Mittelpunkt finden, von dem aus Spannungen und Gegensätze sich zusammenfügen. Hierfür bedarf es einer Kenntnis des ganzheitlichen Menschen und einer Beschäftigung mit psychologischen und anthropologischen Fragen.

Sicher wird die Zeit kommen, in der sich auch die Wissenschaft mit dem Handlesen beschäftigen wird. Theoretische Untersuchungen können aber nur sinnvoll und fruchtbar sein, wenn man nicht an einzelnen Merkmalen hängenbleibt, sondern die Signatur der Hand in ihrem Gesamt beurteilt.

Interessant ist, zu beobachten, wie sich die Innenhände in ihren Linien und Erhöhungen verändern, je nachdem, ob sich der Mensch in seiner Einstellung und seinem Charakter verändert und sich damit die Vorbedingungen seines Lebensweges wandeln. Dies kann nach einer psychotherapeutischen Behandlung geschehen, wie mir eine Ärztin bezeugte, nach einer seelischen Umstellung oder durch eine äußere Einwirkung. Eine sehr begabte Analytikerin, die Frau des bekannten, früh verstorbenen Jung-Schülers Erich Neumann, die ein reiches Material an Handabdrücken gesammelt hat, stellte mir einige zur Verfügung, die in verschiedenen Zeiträumen aufgenommen waren. Zum Teil haben sich die Linien und Zeichen in erstaunlicher Weise und ganz offensichtlich verändert, einige sind neu hinzugekommen, andere völlig ausgelöscht. Solche Veränderungen machen, meiner Meinung nach, wichtige Aussagen über die Möglichkeit der Willensfreiheit innerhalb eines gegebenen Rahmens.

Trotzdem verstehe ich, daß man heute noch mit Mißtrauen an die Handdeutung herangeht. Dies mag auf den naheliegenden Verdacht zurückzuführen sein, daß viele „Handleser" die Hand nur als ein Mittel zur Konzentration benutzen, wie Karten, Kristallkugel oder Kaffeesatz, um in Kontakt mit dem Unbewußten des Fragenden zu kommen. In diesem Fall werden sie nur solche Antworten geben, die der Erwartung des Fragestellers entsprechen. Oder sie spiegeln, dank eines einfühlenden Ahnungsvermögens, die Gedanken und Gefühle wider, die im Augenblick den Ratsuchenden Bewegen.

Auf solche Weise Hand zu lesen ist gefährlich. Der Fragende wird häufig auf einer falschen Spur, der er im Augenblick folgt, unverantwortlich bestätigt, oder es wird ihm ein Rat suggeriert, der dem Niveau des Handlesenden, nicht aber der tatsächlichen Situation entspricht. Es entstehen auch Fehldiagnosen, wenn der Deutende, der von medialen Einflüssen und den Anregungen des

Unbewußten abhängig ist, schlecht disponiert ist oder die Bilder, die er aufnimmt, in falscher Weise deutet. Unverantwortlich und gefährlich ist, die Todesursache oder -zeit festlegen zu wollen.

Der Tod bedeutet für jeden etwas anderes. Dem einen erscheint er als Freund und Erlöser, für den anderen ist er mit Angst und Schrecken verbunden. So kann es kein allgemeingültiges Zeichen für ihn geben. Ich glaube auch, daß für jeden Menschen gewisse Augenblicke der Todesbereitschaft bestehen, die vielleicht in der Hand (oder in der Sternenkonstellation) eingezeichnet sind, die aber noch nicht jene letzte, unentrinnbare Stunde bedeuten. Da sich überdies die Zeichen in der Hand verändern, kann niemals mit Sicherheit ausgesagt werden, daß ein mögliches Geschehen unvermeidbar eintreten muß.

Würden Schicksalsereignisse und -abläufe genau festgelegt sein, dann würde dies bedeuten, daß der Mensch in jeder Weise vorbestimmt ist und nichts anderes wäre als eine gut funktionierende Maschine. Solches automatische Handeln und Reagieren kann nicht der Sinn des menschlichen Lebens sein. Und doch werden viele, die sich noch nicht aus dem Kollektiv-Schicksal herausgestellt haben und zu einem eigen-verantwortlichen, persönlichen Lebensweg vorgestoßen sind, von wenig typischen Zeichenstellungen angesprochen sein. Wir können dies bei Horoskopdeutungen etwa in illustrierten Zeitungen sehen. Denn diese bauen nicht auf einem persönlichen Geburtsbild auf, in dem mehrere Planeten miteinander kombiniert werden müssen, sondern machen nur Aussagen, die einen einzigen Planeten betreffen. So kann nur ein ganz allgemeines Geschehen oder eine unpersönlich typische Veranlagung angegeben werden, die jede differenziertere Bestimmung oder persönliche Gestaltungsmöglichkeit ausschließt.

Eine Anregung aus dem Gebiet der Astrologie möchte ich noch einfügen, weil ich sie für bemerkenswert halte. Ich lernte sie erst vor kurzem kennen. Es ist der Gedanke eines Partnerhoroskops. In diesem werden nicht Bezüge und Aspekte aus zwei Horoskopen miteinander verglichen, sondern aus dem Horoskop der Partner wird ein drittes errechnet. So werden beide gleichsam zu einer neuen Person. Dieser Gedanke der Einheitlichkeit zweier Menschen, die in einem echten Sinn Partner sind, das heißt die Hälften eines Ganzen und einen gemeinsamen Lebens- und Schicksalsweg gehen, wird hier offensichtlich. Es gibt Menschen, die im wahren Sinn des Wortes die Last des anderen tragen oder in negativer Weise durch eine zwanghafte Neurose des einen sich gegenseitig bitteren Schaden zufügen. Keiner kann mehr vom anderen lassen, weil sie in den Jahren ihrer Bindung zu einer Wesenheit zusammengeschmiedet wurden, in der es nicht mehr den einen und den anderen, sondern ein gemeinsames Leben gab, in dem beide sich zum Schicksal wurden.

In Ägypten und Babylon, in denen die Uranfänge der Stern- und Handdeutung zu suchen sind, waren allein Wissende in diese Geheimkunde eingeweiht. Sie vermittelten ihre Erkenntnisse nur einigen Wenigen und nahmen sie als Eingebungen der Gottheiten auf, um Rat und Wegweisung zu geben.

Da wir heutigen, bewußt gewordenen Menschen nicht mehr in die alten magischen und mythischen Zeiten zurückfallen können, sondern immer mehr in die Helle des Bewußtseins und der klaren Erkenntnis hinaustreten, ist auch die Beschäftigung mit allen Gebieten der sogenannten Grenzwissenschaften, die jenseits des Alltäglichen und begrifflich Faßbaren liegen, dem persönlichen Entscheid des einzelnen, seiner freien Gestaltung überlassen. Ein jeder muß für sich selbst entscheiden, ob und warum er solche Erkenntnismöglichkeiten in sein Leben hineinnimmt.

Nach meiner Erfahrung werden meist sehr billige Auskünfte verlangt, die sich im großen und ganzen nur auf das eigene Wohlergehen oder die nächste Umwelt beziehen in der Hoffnung, Erfreuliches zu erfahren oder dem Unangenehmen durch Vorherwissen gesichert entgegenzugehen. Das aber bedeutet, daß man die Zeiten der Leiden und des Wartens, der Sorgen und Mühen übergeht, ohne daran zu reifen und ohne den Kräften zu vertrauen, die sich in den Augenblicken der Not als rettende Hilfe einstellen. Selten regt sich der Wunsch, die Möglichkeiten des Lebens, die Verteilung der Gewichte in Charakter und Anlage kennenzulernen und den Weg zur Selbsterkenntnis und damit auch zur Bewältigung der persönlichen Aufgaben zu finden. Meist blickt der Mensch wie gebannt auf den einen Punkt, in dem sich seine Wünsche und Erwartungen sammeln, und nimmt sich damit jede Aussicht auf die Vielfalt der Möglichkeiten, die ihm offenstehen und ihm zugemessen sind.

Eine Beschäftigung mit den Grenzgebieten läßt sich nur rechtfertigen, wenn man vorurteilslos offen ist für eine wirkliche Selbsterkenntnis, wenn man bereit ist, sich anzunehmen, so wie man ist, und sich zu entwickeln nach dem Gesetz, nach dem man angetreten ist. Es bedarf auch eines inneren Standpunktes, damit man nicht vage Aussagen macht oder selbst zu „schwimmen" beginnt. Diesen Halt habe ich nicht nur in mir gefunden, sondern ich verdanke ihn in starkem Maß meinem Mann. Seine klare Wirklichkeitsbezogenheit, Diszipliniertheit und ethische Ausrichtung hielten mich vor der Gefahr einer inneren Entgrenzung oder unverantwortlichen Illusionen zurück.

Blick auf Europa

Mein Mann vermochte in souveräner Weise zwei verschiedene Züge seines Charakters nahtlos zu integrieren. So lebte er aus großen Spannungen, die er durch sein Wesen ausglich und ineinanderfügte. Auf der einen Seite war er sachlich, objektiv und distanziert, auf der anderen menschlich ansprechbar und feinnervig. Er wurzelte in einer langen Tradition und war von preußischen Grundsätzen geprägt, andererseits war er dem Neuen, Unkonventionellen im Umbruch unserer Zeit geöffnet. Für ihn gab es keine falschen Konventionen, keine starren Ordnungen und keinen Zwang, denen man sich ohne eigenes Urteil und persönliche Entscheidung unterwerfen muß. Um so mehr fühlte er sich einer inneren Ordnung und sittlichen Maßstäben verpflichtet.

Auch ich habe mich niemals überkommenen Vorturteilen und fixierten Meinungen oder Normen unterstellt, die nicht mehr von lebendiger Dynamik erfüllt waren. Noch weniger habe ich mir Ansichten eines „Man tut dies oder jenes" aufprägen lassen. Ich vermag nur so zu leben und zu handeln, wie ich es von einer inneren Entscheidung aus verantworten kann. Nachdem ich mich oft über die mangelnde Zivilcourage der Deutschen – andere Völker kenne ich nicht so genau – und ihr ständiges Lavieren geärgert habe, versuche ich, einen inneren Standpunkt zu wahren. Natürlich ist hierin die Notwendigkeit einbezogen, etwas zu ändern oder umzudenken, aber ich möchte dies aus freiwilligem Entschluß und persönlicher Bejahung tun. Ich bin dankbar, daß ich nicht unter innerem Zwang oder äußeren Einschränkungen leben muß, und meine Motivationen, soweit ich mir nicht selbst im Wege stehe, aus eigener Überzeugung bestimmen kann.

Wieweit ein Mensch heute überhaupt noch frei im alltäglichen

Denken und Fühlen oder im Empfinden und Reagieren ist, frei von allgemeinen Informationen und Suggestionen oder von der Umwelt und ihrer Kritik, möchte ich hier nicht erörtern. Aber ich bin der Meinung, daß heute weniger kreative Kräfte im Menschen aufgerufen werden, weil dieser zuviel Anregungen und Reize aus der Umwelt empfängt und an den technischen Fortschritten mehr interessiert ist als an der Entwicklung eigener künstlerischer Fähigkeiten. Carl Orff meinte einmal, daß in unserer Zeit Freude und Impuls zum künstlerischen Schaffen zurückgingen, weil die Technik ihre eigenen schöpferischen Ausdrucksmöglichkeiten habe. Jugendliche sind auch häufig der Meinung, daß ein Bild oder ein Musikstück aus früheren Zeiten nicht mehr die Wirkung ausübt wie die heutigen, Nerven aufreizenden, lauten und grellen Farben und Rhythmen. Kultur hat für sie kaum Wert und Bedeutung.

Der Rundgang durch Museen war für mich niemals eine ungetrübte Freude. Was kann man bei der Masse von Eindrücken wirklich aufnehmen und in sich bewahren? Es ist auch schwer, vor einem Bild oder einer Plastik ungestört einige Zeit stehen zu bleiben und ihre Züge, ihren Ausdruck, ihre gesamte Gestaltung und Aussage in sich hineinzunehmen.

Eine von Stadt zu Stadt wandernde Kunstausstellung weckt in mir trotz Bewunderung leicht das Gefühl des Unnatürlichen. Die Bilder oder Graphiken, Skulpturen oder Kultgegenstände, der Schmuck aus alten Gräbern, was immer es sein mag, sie alle gehören in ein bestimmtes Milieu, in eine besondere Zeit und Atmosphäre hinein, sonst werden sie abstrakt und der Gegenwart entfremdet. Ich möchte ein Beispiel nennen. Wenn ich in einem Museum Kriegsschmuck und Kultgegenstände früher Naturvölker sehe, dann erfahre ich viel weniger von den Zeremonien und Ritualen, für die sie gebraucht wurden, als wenn ich den lebendigen Eindruck der magischen Riten Eingeborener in deren Land erlebe. Oder ich sehe die Darstellung eines indischen Lingams, ohne zugleich die Bedeutung des Fruchtbarkeitskultes in Indien zu kennen.

Als ich auf einer Reise durch Griechenland vor dem Kuppelgrab des Agamemnon, dem „Schatzhaus des Atreus" in Mykene stand, dessen vollkommene Maße und konzentrisch angeordneten Steinfugen Ausdruck einer alle Jahrhunderte überdauernden geistigen Erhabenheit und edlen Größe sind, oder als ich in einer Schlucht, am Kreuzpunkt dreier Wege, den Ort betrat, an dem Ödipus den königlichen Vater erschlug, da erfaßte mich ganz wirklichkeitsnah die Ehrfurcht vor einer Götterwelt, die den Menschen in ihre kosmische Urgewalt hineinnahm und sie in Leid und Schuld verstrickte.

Viele Menschen haben heute die Möglichkeit, durch die Welt zu reisen. Ihnen wird die Geschichte des Landes und Volkes in großen Umrissen erzählt. Sehenswürdigkeiten gezeigt, und bei schönen Ausblicken wird angehalten und fotografiert. Doch viele bringen weniger unmittelbare Erlebnisse nach Haus als Erinnerungen für das Fotoalbum, gleichsam aus zweiter Hand.

In unserer Zeit vergehen Eindrücke der Vergangenheit beängstigend schnell. So ist auch das alte Europa fast schon zur Vergangenheit geworden, an der die neue Generation kaum noch Interesse hat. Das Zukünftige aber hat noch keine Gestalt angenommen. Es wirft nur dunkle Schatten voraus. Im ständigen Wechsel der Ereignisse und in der ungeheuren Schnelligkeit, mit der sich das Bestehende verändert und keine kontinuierliche Abfolge der Geschehnisse den Verlust der Stabilität aufhält, wird das Heute dem Gestern und Morgen entfremdet, und wir erleben einen Zwischenzustand des Wartens, der schwer zu ertragen ist. In einer solchen Zeit kann der Gedanke des Neuen Europas eine Hoffnung bieten und ein Satz von Churchill wegweisend sein. In einer Rede betonte er schon 1946: „Wir müssen eine Art Vereinigte Staaten von Europa errichten... Das Vorgehen ist einfach. Das einzige, was es dazu braucht, ist der Entschluß jener Hunderte von Millionen Männern und Frauen, anstatt das Falsche das Richtige zu tun und dafür Segen zu ernten statt Fluch."

Zu den Männern, die am Aufbau eines Neuen Europas mitarbeiteten, gehörte mein Mann. Sohn eines Hofmarschalls am sächsischen Hofe und aufgewachsen mit den Söhnen des Königs, ging er nach einem juristischen Studium und kurzer diplomatischer Laufbahn als Syndikus in ein kleines, aber rühriges Bankhaus und später in eine angesehene Privatbank, um deren Münchener Niederlassung als Teilhaber aufzubauen. Nach einigen Odysseen in der Hitlerzeit, die durch seine Heirat mit mir notwendig geworden waren, begann nach Kriegsende seine erfolgreiche Laufbahn.

1947 wurde er verantwortlich für die Verwaltung der Bayerischen Creditbank, die aus den Filialen der Deutschen Bank in München entstand, nachdem er ein Jahr zuvor zum Generaltreuhänder der Bayerischen Motorenwerke A. G. ernannt worden war. Aus diesen Zeiten ist mir nur noch in Erinnerung geblieben, daß mein Mann unermüdlich arbeitete, unberührt von zeitbedingten Schwierigkeiten, und daß er noch in den Abendstunden und am Wochenende Mitarbeiter antelefonierte und mit der Einleitung: „Ich störe Sie hoffentlich nicht", voller Dynamik seine Gedanken darlegte. Dabei drängte er niemandem seine Meinung auf. Für Verhandlungen hatte er ein großes Geschick, ebenso eine organisatorische Begabung, die er in seine internationale Tätigkeit einbrachte.

Im Jahr 1948 entschloß er sich, neben seiner bisherigen Arbeit eine Stellung im Ausland zu übernehmen, die zu Beginn kaum Gewicht zu haben schien, da der Deutsche in den unmittelbaren Nachkriegsjahren im Kreis der großen Völkerfamilie Europas verständlicherweise keinen Einfluß hatte. Etwa sechzehn Jahre lang leistete mein Mann Pionierarbeit für den Aufbau Europas. Zuerst als Mitglied der englisch-amerikanischen Delegation, dann als Missionschef bei der OECD in Paris (Organisation für die europäische wirtschaftliche Zusammenarbeit). Einer seiner damaligen Mitarbeiter war Otmar Emminger, der spätere Präsident der Deutschen Bundesbank, mit dem mich heute noch Freundschaft verbindet.

1952 übernahm mein Mann den Vorsitz der EZU (Europäische Zahlungs-Union, später Europäisches Währungsabkommen), den er fast 10 Jahre behielt. Ich erinnere mich noch an die erste Zeit in Paris, wo man in der Öffentlichkeit nicht deutsch sprechen konnte, weil man unangenehm auffiel oder angepöbelt wurde. Meinen Mann störte dies nicht. Es kränkte ihn auch nicht, wenn Ausländer ihm nicht die Hand bei der Begrüßung gaben, weil ihn die Arbeit, nicht die Stellung interessierte.

Seine innere Unabhängigkeit war neben seiner Integrität während der Nazizeit einer der Gründe, warum er so früh für das Ausland bestimmt wurde. Später, nachdem er die Anfangsaufgabe unter den erschwerten Umständen geleistet hatte, wurde diese Arbeit für viele anziehender. Sein ständiges Unterwegssein, sowohl im Austausch mit anderen Ländern wie in immer neuen Aufträgen oder bei Verhandlungen für Währungsfragen und Entwicklungsmöglichkeiten gehörten aber weiter zu seinem Leben.

Von 1952 bis 1956 war er Vizegouverneur des internationalen Währungsfonds in Washington, von 1958 bis 1964 Vizepräsident der Europäischen Investitionsbank in Brüssel. Ich könnte noch mehr von seinen Aufgabengebieten oder Auszeichnungen hinzufügen, aber es kommt mir ein wenig befremdlich vor, an meinen Mann in solchen Positionen zu denken. Er war im Grunde ganz schlicht, half auf dem Hof, wenn es sein mußte, bei der Einbringung des Heues oder anderen landwirtschaftlichen Arbeiten, hatte wenig Ansprüche und stellte sich niemals in den Vordergrund. Sein internationaler Ruf, seine Erfahrungen und sein persönlicher Einsatz wie seine unabdingbare Entscheidung, nur das zu vertreten, was er vor seinem Gewissen verantworten konnte und was den Idealen der Freiheit und Völkerverständigung diente, hatte nichts mit Ansehen und Erfolg im Außen zu tun, sondern war sein eigenes Anliegen, das er in den Dienst größerer Ziele stellte.

Mein Mann war ein typischer Vertreter von Pflichtbewußtsein und Ordnungswillen, die nicht aus erzwungener Disziplin oder einem falschen Gefühl des Perfektionismus stammen, sondern aus einer persönlichen Grundlage. Er vertrieb, wie es eine Freundin von mir formulierte, schon beim Eintritt in ein Zimmer, Schmutz und Verlogenheit und verbreitete in seiner Umgebung Gefühle der Sicherheit und Verläßlichkeit.

Als er mich heiratete, verlor er seine Mitgliedschaft in der Adelsgesellschaft, weil eine Frau mit jüdischem Blut dort unerwünscht war. In seiner inneren Freiheit war ihm dies völlig gleich.

Die Freiheitsliebe meines Mannes, der sich nicht in ein enges Beamtentum einordnen ließ, machte es mir leicht, seine gesellschaftlichen Verpflichtungen mitzumachen. Hierbei erinnere ich mich an ein Erlebnis in Paris. Wir mußten ziemlich bald nach dem Eintritt meines Mannes in die OECD eine größere Gesellschaft geben, zu der Minister, Wirtschaftler, Experten, darunter viele

Ausländer, kamen. Die Sekretärinnen, junge Mädchen, die mein Mann noch selbst anstellen konnte, freuten sich auf dieses Ereignis. Da es am Anfang noch kein Protokoll gab und alles viel zu neu und provisorisch war, standen sie am kalten Buffet oder reichten die Platten herum und konnten hierbei die Eingeladenen beobachten. Ein Berufsdiplomat war wenig begeistert über diese Formlosigkeit.

In späterer Zeit war ich nur wenig bei den üblichen Cocktails, bei denen man nach diplomatischen Regeln nur kurze Zeit miteinander sprechen darf und alles nach vorbestimmter Schablone verläuft. Bei diesen Einladungen konnte keine Atmosphäre, kein persönliches Gespräch entstehen. Nur die Männer unterhielten sich angeregt über berufliche Probleme. Am Anfang fiel es mir schwer, daß Amerikaner einander sehr schnell mit Vornamen nennen. Es ist wohl der Versuch, eine Art von Gemeinschaftsgeist zu schaffen, ebenso wie die offenstehenden Türen ihrer Büros, in die jeder hineinsehen kann. Wir haben viel von dieser Offenherzigkeit, zumindest nach außen hin, übernommen. Ich denke nur an die Namensschilder an den Schaltern der Behörden, ein erfreuliches Gegenstück zur Anonymität, mit der etwa die Verwaltung in der Nazizeit arbeitete. Das Anonyme ist für mich von jeher ein Alpdruck. Es besteht auch dort, wo ein geschenkter Blumenstrauß vom Spesenkonto abgezogen oder Glückwünsche wie Kondolenzbriefe von Sekretärinnen nach bestimmten Vorlagen verfaßt werden.

Ebenso unpersönlich und mir fremd waren die großen offiziellen Gesellschaften, die auch in den deutschen Bundesvertretungen bald wieder in Gang kamen, bei denen jeder nach den Listen des Protokolls gesetzt wird. Meist begegnet man den gleichen Menschen, führt oberflächliche Gespräche, ißt und trinkt, bewundert elegante Kleider und schönen Schmuck. Das persönliche „Gesicht“ wird durch Aufmachung und Schminke im wörtlichen wie übertragenen Sinn verdeckt, und keiner hat eine Ahnung, wer der Mensch wirklich ist, dem er als Repräsentant eines Landes oder irgendeiner Abordnung begegnet. Heute kommt noch zu, daß die Frauen durch „Lifting“ ihr ursprüngliches Aussehen verändern und das ausradieren, was ihr persönliches Wesen, ihr Lebensweg und ihr Schicksal eingeprägt haben.

Wenn ich längere Zeit in Paris blieb und am offiziellen Leben teilnahm, spürte ich, wie mein Dasein langsam seinen Schwerpunkt verlor und ich mich mit oberflächlichen Dingen meiner Erscheinung, meines Auftretens und der üblichen Konversation beschäftigte. Sie hatten überhaupt nichts mit meinem wirklichen Wesen zu tun. Es war gut, daß dieses Außen nicht in mein Leben integriert werden mußte. Für meinen Mann war dies natürlich anders. Es gehörte zu seinem Beruf, Menschen zu sehen, und er brachte es immer zustande, in einer Ecke mit anderen über ein ihn interessierendes Thema zu sprechen.

In Paris fand ich viel Interessantes und Anregendes. Ich lernte diese herrliche Stadt mit ihrer Schönheit und Kunst kennen. Besonders gern besuchte ich kleine Theater, in denen moderne Stücke mit großem Charme und graziler Leichtigkeit gespielt wurden. Daneben ging ich oft in Buchläden, vor allem in einen auf dem Boulevard St-Germain, in dem der inzwischen verstorbene Inhaber Fundgruben an alten philosophischen und religiösen Büchern, aber auch viele neue über Meditation und Yoga besaß, die für unseren Verlag wichtig waren. Die Gespräche mit Dr. Rouhier gehörten zu den anregendsten Stunden meines Lebens. Bei einem seiner Autoren traf ich einen Rumänen, Posteuca, der in größter Vollendung Hatha-Yoga beherrschte. Ich lernte bei ihm diese körperlichen Übungen und erinnere mich noch genau, wie ich viele Stockwerke hinauf eine Wendeltreppe auf der Außenseite eines altertümlichen Hauses steigen mußte, vorbei an stinkendem Abfall und schmutzigen Katzen, bis ich in ein kleines Zimmer kam, in dem mich die klare Atmosphäre eines der besten Kenner der indischen Weltanschauung und ihrer praktischen Anweisungen beeindruckte.

Bedingt durch seine Stellung mußte mein Mann in viele Länder reisen, um bei Tagungen oder persönlichen Gesprächen anwesend zu sein. Bei manchen solcher Reisen begleitete ich ihn. Ich möchte einige Eindrücke schildern, die mir wesentlich waren. Für mich werden Erlebnisse und Orte erst dann zu einer bleibenden Erinnerung, wenn ich sie im Innern erfassen und verarbeiten kann. Sonst vergesse ich sie und habe auch keine Fotos oder Aufzeichnungen, auf die ich zurückgreifen kann. Wenn wir zu den Tagungen der

Weltbank flogen, wurden den Frauen die bedeutendsten Sehenswürdigkeiten der jeweiligen Stadt gezeigt. Dies geschah von einem Blickpunkt aus, der nicht nur das Typische des Landes traf, sondern auf die Interessen der Teilnehmer abgestimmt war und die Eigenheiten und Schönheiten des Landes in den Vordergrund stellte. Wir hatten aber immer noch Zeit, um etwas zu sehen, was uns wichtig war. So fuhren wir zum Beispiel von Mexico City nach Guadalupe, wo auf einem früheren heidnischen Heiligtum eine christliche Wallfahrtskirche errichtet worden ist zu Ehren der Mutter Gottes, deren schwarzes Bild dort verehrt wird. Aus weitester Umgebung macht sich die Bevölkerung wochen- und tagelang vor Weihnachten auf den Weg, um die Heilige Nacht dort zu feiern und mit ihren Tieren in den weiten Klostermauern Einlaß zu finden. An diesem Kultort spürt man noch den heidnischen Boden, in den das Christliche seine Saat hineingelegt hat.

Ich bin überzeugt, daß die Erde als gewaltiger Makrokosmos ebenso wie der Mikrokosmos Mensch sensitive Punkte besitzt, das heißt, daß sie an manchen Stellen stärker mit Lebenskräften durchpulst ist als an anderen. Und an solchen Orten wiederholen sich Erlebnisse, Visionen, Geschehnisse, um aus der magisch-mythischen Welt in die geschichtliche Wirklichkeit hinauszutreten. Auch in negativer Ausstrahlung gibt es solche sensitiven Punkte der Erde an Orten, an denen die Menschen schuldig wurden, an denen Blut vergossen, an denen Fluch oder Angstschreie Gemarterter nicht entsühnt wurden.

Ein heilsames Tun ist es, an solchen Orten geweihte Stätten des Gebetes und der Opferung zu errichten, wie dies in Spanien geschah. Dort kennzeichnet auf einem Hügel nahe Madrid ein großes, die Landschaft weithin überragendes Holzkreuz die Stelle, wo eine Benediktinerabtei über den Gräbern der auf beiden Seiten im spanischen Bürgerkrieg Gefallenen errichtet wurde. Auch in Dachau ist ein Kloster von Karmelitinnen erbaut worden, die das Verbrechen des Konzentrationslagers mit ihren Gebeten zu sühnen suchen. Jetzt soll dies am Plötzensee in Berlin geschehen.

Einen bleibenden Eindruck machte mir in Mexico eine der größten Pyramiden in Yukatan. Sie stand im strahlenden Glanz der Sonne und leuchtete in verschiedensten Farben. Wir fanden im

Sand, auf dem sie erbaut war, kleine Halbedelsteine, die das Glitzern verstärkten. Bei dieser Besichtigung nahm auch die gutaussehende Frau von Mendès-France teil. Ihr Mann, der 1954 für kurze Zeit Ministerpräsident in Frankreich war, hoffte auf seine Rückkehr auf diesen Posten.

Von der Weltbanktagung in Neu Delhi aus flogen wir in verschiedene Orte Südindiens. Mit der Bahn konnte man kaum fahren. Einmal versuchten wir es, in diesem Gemisch von Fülle, Geruch, Kindergeschrei, enggepreßt sitzenden Menschen und unverständlichem Durcheinanderreden zu reisen. Doch wurden wir im letzten Augenblick von einem Mitglied der Weltbank, der davon gehört hatte, herausgeholt und mit seinem Flugzeug weiterbefördert. Schon dies zeigt den großen Kontrast dieser Reise, die uns in verschiedene Ashrams, Einsiedeleien und geistige Zentren brachte, über die unser Verlag Bücher veröffentlicht hatte. Wir wurden dort sehr herzlich aufgenommen.

Nach den guten Diners in Neu-Delhi aßen wir nun von Palmenblättern undefinierbare Speisen, vor allem Reis mit scharfen Gewürzen. Es gab kein Besteck für die Gerichte, die man mit der Hand nehmen mußte und deren Geruch nicht sehr einladend war. Wir flogen in verschiedene Städte und fuhren von da aus mit Auto oder Omnibus langsam auf holprigen Straßen in glühender Hitze, um nicht einen der heiligen Affen zu überfahren, die die Straße kreuzten, vorbei an ärmlichen Hütten, an die heilige Kühe wie verhungerte „Gerippe“ angebunden waren.

Für unsere Fahrt nach Tiruvanamalai hatte uns ein angesehener Wirtschaftler aus Neu Delhi sein Auto gegeben, als er hörte, daß wir zu dem Ashram des seit kurzem verstorbenen Ramana Maharshi fahren wollten. Er selbst hatte ihn häufig besucht, um Unterweisungen zu empfangen und seine Ausstrahlung aufzunehmen. Eine ruhige, heilsame Atmosphäre empfing uns noch in der Meditationshalle, in der der göttliche Meister im Alter auf seinem Ruhelager den Strom seiner Besucher empfangen hatte. Sie kamen nicht nur zum Meditieren, sondern auch, um seine Hilfe zu suchen und ihm ihre Sorgen darzulegen. Am Morgen und Abend wurde puja, die rituelle Verehrung, vollzogen, an der wir teilnahmen. Dies geschah in tiefer Ehrfurcht und Andacht vor dem Maharshi, dessen geistige Ausstrahlung und Kraftströme nach seinem Tod noch gegenwärtig waren. Als wir Zuhaus Lieder des Bhagvan und sein Singen der Veden, die auf Band aufgenommen waren, für eine Grammophonplatte zusammenschnitten, blieb die Faszination weiter bestehen und vertiefte die Meditation.

Auf unserer vierzehntägigen Reise durch Indien besuchten wir auch den Ashram von Sivananda in Rishikesh, am Fuße des Himalaya. Dieser Swami ist ebenso wie der Maharshi in Deutschland bekannt geworden. Bevor er in den „Sannyasa-Orden" der orange gekleideten Mönche eintrat, war er als Arzt tätig und hatte eine medizinische Zeitschrift herausgegeben. Nun schrieb er zahlreiche Bücher über Yoga, Meditation und die Philosophie des Vedanta. Das Auffallendste war die Ruhe des großen, imposanten Swami inmitten des unruhigen Hin und Her, des Gehens und wieder Hinsetzens, des Schwätzens und Lachens der Menschen in der überfüllten Halle, in der der Meister saß und Mantras intonierte oder Vorlesungen hielt. Bücher wurden verschenkt, Gebäck und Obst herumgereicht. Wenn die Mantras, heilige Silben, gesungen wurden, vor allem das OM, die Silbe, die das Absolute symbolisiert und eine Verwandlung der Materie bewirken soll, schwoll ein zuerst leise gesungener Ton zu einer Fülle an, die man als Vibration im ganzen Körper spürte, und endete in einem langen Summen. Das Singen von Mantras konnte Stunden dauern und wurde bei festlichen Gelegenheiten von Musikinstrumenten, Trommeln, Rasseln, kleinen Glocken, einem Tamburin oder tragbaren Harmonium begleitet.

Den größten Eindruck machte mir der Ashram von Sri Aurobindo in Pondichéry bei Madras. Er starb 1960, und die „Mutter", seine Lebensgefährtin, führte einige Jahre den Ashram weiter. Seine Lehre empfing Anregungen aus dem Westen, da er in England studiert hatte. Aber in fünfundzwanzig Jahren fast völliger Abgeschlossenheit schuf Aurobindo in intuitiver Schau ein Bild des geistigen Menschen, das in der alten indischen Lehre verwurzelt und in der Sicht auf die kommende Entwicklung wegweisend ist.

In seiner Gemeinschaft versucht er, Menschliches und Göttliches zu einer bewußten Einheit zu verbinden. Die Kinder, die dort in die Schule gehen, die Studenten, die in allen Bildungsfächern unterrichtet werden und denen Laboratorien und eine umfangreiche Bibliothek zur Verfügung stehen, ebenso wie die in der praktischen Arbeit Beschäftigten bemühen sich, die Lehre Aurobindos zu verwirklichen, nach der es keine Trennung zwischen Geist, Seele und Körper gibt, sondern jeder sich in seiner Ganzheitlichkeit angesprochen, einem höheren Bezug eingeordnet und sich ihm verantwortlich fühlt. Bis in die Tiefen des Unbewußten hinein soll die supramentale Transformation geschehen. Dies wird durch Übungen der Konzentration und Meditation, durch vollkommene Willens- und Körperbeherrschung und durch die Schulung der Gefühle und Triebe erreicht. Auf solche Weise erweitert sich das Bewußtsein, werden die geistigen Kräfte im Leben und in der Arbeit, wenn sie auch noch so gering sind, eingesetzt.

Wir waren noch in kleineren Ashrams und bei ernsthaften Meistern, nicht bei den von Macht, Sex und Zweckdenken getriebenen, die heute in das Licht der Öffentlichkeit mit betrügerischen Verlockungen treten. Der letzte Besuch sollte in Mangalore bei Swami Ramdas sein. Sein Ashram heißt „Stätte der Glückseligkeit". Wir hatten miteinander korrespondiert, weil der Verlag ein Buch von ihm herausbringen wollte. Er hatte diesen geistigen Mittelpunkt in Mangalore gegründet, um „das Ideal der universalen Liebe und des allumfassenden Dienstes" zu verbreiten. Das Zentrum liegt zwischen Meer und bergiger Landschaft und soll von großem Zauber sein. Die Bücher, die ich von ihm kannte, waren von tiefer Gläubigkeit, Einfachheit und Naturfrömmigkeit. Vieles von dem, was er beschrieb, erinnerte mich an Franz von Assisis liebende Gläubigkeit. Es war nicht leicht, nach Mangalore zu kommen, da es an keiner Flugstrecke lag. Zuvor mußte mein Mann noch in einer offiziellen Mission den Maharadscha von Bangalore besuchen, der in einem üppigen Palast residierte, umgeben von einer großen Zahl von Menschen, von Elefanten und eleganten Autos, die in dem gleichen kleinen Teich badeten oder gewaschen wurden. Einen größeren Gegensatz als zwischen diesem Palast und den Ashrams, die wir besucht hatten, konnte es kaum geben.

Beim Lösen des Flugbillets nach Europa hörten wir, daß unser Flugzeug über Mangalore flöge. Seit ganz kurzer Zeit sei dort eine

Landemöglichkeit eingerichtet worden. Dennoch besuchten wir Swami Ramdas nicht. Mein Mann wollte aus dem merkwürdigen Zusammenfallen von seltsamsten Ereignissen und Begegnungen in Indien wieder in die europäische Wirklichkeit zurück. Es waren viele Situationen auf unserer Reise eingetreten, die einen fast magischen Zusammenhang hatten. Der Regen, der plötzlich in Pondichéry fiel und mir die Möglichkeit gab, die „Mutter" dort zu begrüßen, ein Wort, das sie mir sagte und das eine Antwort auf eine alte, in dem Augenblick aber nicht präsente Frage war, der Schüler eines indischen Weisen, der neben uns im Flugzeug saß und dessen Buch wir gerade lasen, Menschen, die wir trafen, ohne daß wir uns verabredet hatten, und vieles andere, das uns den großen Zusammenhang kosmischer Verbundenheit aufzeigte, in der man durch intellektuell nicht faßbare „Sympathien" zu einem ersehnten Ziel hingeführt wird. Dieses Ziel war für mich die Suche nach östlicher Weisheit, die ich in unserem Verlag dem Abendländer nahebringen wollte.

Ähnliches Zusammentreffen erfuhr ich auf einer Reise nach San Giovanni Rotondo in Kalabrien zu Pater Pio. Wolf von Fritsch und ich hatten von ihm erst wenig gehört, wollten aber diesen Priester, von dem viele Wunder und Heilungen erzählt wurden, kennenlernen. Auf der Reise nach Kalabrien besuchten wir in Florenz einen italienischen Autor des Verlages. Er kannte Pater Pio und erzählte von ihm. In der kleinen Stadt, in der die Kirche Madonna delle Grazie liegt, fanden wir gegen jedes Erwarten Unterkunft. Die große Menge der Pilger war ferngeblieben, weil der Priester krank war und keine Messe hielt. Einen Tag nach unserer Ankunft war er wieder in früher Stunde am Altar. Ich bin evangelisch, und damals gab es noch keine ökumenische Annäherungen beider Konfessionen. Wir wollten dennoch bei der Meßfeier dabei sein und waren sehr dankbar, daß Pater Pio uns die heilige Eucharistie reichte. Einige Schritte von uns entfernt, sahen und hörten wir, wie er einen Mann zurückwies und ihm das Sakrament verweigerte. Worum es ging, wissen wir nicht, da wir nicht italienisch sprechen.

Inmitten eines Knäuels von Menschen wurden wir in die Sakristei der Kirche gedrängt, wo Pater Pio sich noch mit einigen Gläubigen unterhielt. Ich fühlte mich unter diesen gestikulierenden und zum Priester vorwärts drängenden Menschen, die seine stigmatisierten Hände küßten, nicht wohl und wollte die Sakristei verlassen. Pater Pio aber kam auf uns zu und segnete uns.

Als wir wieder zu Hause waren, lag unter der Post des Verlages das Buch eines amerikanischen Autors, Reverend Charles Carty, der über Pater Pio geschrieben und viele Einzelheiten über das Charisma dieses stigmatisierten Mönches berichtet hatte. Wir veröffentlichten es in deutscher Übersetzung. Es gab in meinem Leben noch manche andere Beispiele solcher auffallenden Zusammenhänge, die mir als Wegweiser oder Fingerzeige Gottes erschienen.

Noch einiges aber möchte ich über Reisen berichten, die mein Mann dank seiner internationalen Arbeit übernahm und bei denen ich unvergeßliche Eindrücke in meiner Erinnerung behielt. Auf einer dieser Reisen mußte er als Präsident des Konsortiums für die Entwicklung der Türkei in dieses Land fahren. Damals ging es, wie auch heute, um finanzielle Unterstützung im Rahmen der OECD. Während mein Mann, dem die Türkei sehr am Herzen lag, bei gewichtigen Verhandlungen war, sah ich mir das wirklich herrliche Hethiter-Museum in Ankara an oder in Istanbul die unvergeßlichen Moscheen, die grüne, gelbe, blaue und die einstige frühchristliche, später als Moschee umgebaute Hagia Sophia. Die leuchtenden Farben der Mosaiken in den Moscheen fingen das hineinscheinende Sonnenlicht auf, und Kuppel, Gewölbe, Bogen und Schriftzeichen bildeten eine Einheit, die neben ihrer Schönheit auch seelische Ruhe und Ausgewogenheit vermittelte.

In der Türkei besuchten wir alte christliche Höhlenkirchen im steilen Felsental von Göreme. Beeindruckend war, wie uns an einem langen, aus dem Fels herausgeschlagenen Steintisch Brot und Wein gereicht wurden zu einem Mahl der Agape. Als ich eine alte Freskenmalerei des Erzengels Michael dort sah, fiel mir auf, daß der Heiligenschein sich über die Schultern verlängerte und zu Flügeln wurde.

Die Türken, die uns in kleinen Städten oder auf dem Lande begrüßten, wurden nicht von ihren Frauen begleitet, sondern vorwiegend von ihren Töchtern, die der modernen Welt schon aufgeschlossen waren. Im offiziellen gesellschaftlichen Leben ist dies anders. Dort ist zumindest in der Kleidung und im Benehmen das europäische Element offensichtlich. Das Land hat sich auch stark auf den Tourismus eingestellt. Bei unserem Besuch aber waren die meisten Hotels erst im Rohbau.

Noch etwas, was mich persönlich anging, war eine Unterbrechung dieser Reise in Griechenland. Dort bekam ich aus dem Altertum die Bestätigung, warum die moderne Psychoanalyse nach meiner Meinung nur ein sehr einseitiges Mittel für die psychosomatische Gesundung eines Menschen ist. Wir wurden in Epidauros geführt von dem damaligen Direktor des Museums, in dem Gebäudeteile vom Heiligtum des Asklepios ausgestellt sind. Der Sohn des Apollo war der Gott der Heilkunst, sein Wahrzeichen die Schlange. Es gilt heute noch als Symbol ärztlicher Kunst.

Im heiligen Bereich war die Tholos der Mittelpunkt, ein großer Rundbau, in dessen labyrinthartigen Gängen die Kranken, der Überlieferung nach, herumirrten und durch plötzliche Schreie oder den Anblick von Schlangen geschockt wurden. Im Heilschlaf empfingen die Aufgeschreckten die Weisungen des Asklepios und glaubten an die Wunderkraft des Gottes. Auch das vielleicht größte im Freien liegende Theater in Epidauros sollte durch die dort aufgeführten Tragödien im Erlebnis von Furcht und innerer Erregung die seelischen Tiefen des Menschen für die Gesundung vorbereiten, die der Gott vollzog. Dieses religiöse Element erschien mir als wesentlicher Bestandteil der Heilung. Die Beziehung von Altertum und Neuzeit, die Verbindung von physischen und psychischen Erlebnissen beeindruckte mich nicht nur in Griechenland, sondern auf ähnliche Weise in Island. Auch dorthin wurde mein Mann von der Regierung eingeladen und weite Strecken mit dem Auto auf unwegsamen Straßen durch die Insel gefahren.

Es ist ein Land der großen Kontraste und einer noch sehr lebendigen Verbindung von Gegenwart und Vergangenheit. Diese ermöglicht vor allem die Sprache, da sie die gleiche ist wie zu jener Zeit, als die Wikinger von Norwegen aus um 900 n. Chr. die Insel in Besitz nahmen. Die Niederschriften der alten Sagas aus dem 12. Jahrhundert sind noch heute jedem verständlich und werden überall, auch im entferntesten Bauernhaus, gelesen. Lebendig tritt die Vergangenheit in Erscheinung, wenn man auf der Ebene von

Thingvalla vor einer kilometerlangen, aus Lava gebildeten Steilwand steht, auf dem gleichen Platz, auf dem 930 die erste und 1930 die letzte gesetzgebende Versammlung, Allthing, stattfand.

Kontraste zeigen sich vor allem in der kristallklaren Luft, der nordischen Helle, in den silbernen Bächen, die in starken Wasserfällen herabstürzen und in den fruchtbaren Oasen. Auf ihnen weiden Schafe und Lämmer, in der Ferne meint man die Flöte Pans zu vernehmen, die das Spiel der Tiere begleitet. Dringt man aber tiefer in die Insel hinein, begegnet man dem anderen Island, dem vulkanischen schwarzen Gebirge, kahlen öden Landstreifen, bedeckt von Lava und schwarzem Sand, fast ohne Baum und Vegetation. Die weiten Wüstenstrecken sind voller Einsamkeit und Trauer, düster und herb. Dort aber, wo die Lavafelder noch offen sind, braut und zischt es in unterirdischen Tiefen wie von Stimmen klagender Geister. Seit Jahrhunderten wird die Erde von den heißen Eruptionen aufgerissen und dort, wo die Vulkane ihre Lavamassen ausgespien haben, ist noch heute alles in dynamischer Bewegung, schießen aus metertiefen Kratern heiße Quellen, die Geysire, mit großer Gewalt hervor.

Ich möchte nicht noch weitere Beschreibungen fremder Länder hinzufügen. Es sollen auch nur ganz persönliche Eindrücke wiedergegeben werden. Nachdem mein Mann neben seiner Arbeit in Paris die Stelle eines Vizepräsidenten der „Europäischen Investitionsbank“ übernahm, verringerten sich die Reisen ins Ausland. Die Pionierarbeit, die er in Paris geleistet hatte, gehörte zur schönsten Zeit seines Lebens, denn sie entstammte seinem inneren Bedürfnis, obwohl er durch seine verschiedenen Arbeitsplätze und Reisen oft ein Nomadendasein führte. Ich habe dies gut verstanden, und während er unterwegs war, den Hof in Weilheim als seine wirkliche Heimat behütet, bis sein Vetter, Wolf von Fritsch, dies tat.

Die Aufgabe auf dem Gebiet der monetären Fragen näherte sich 1958 ihrem Ende. Die Arbeiten der Institutionen und Experten hatten eine Stetigkeit der Entwicklung ermöglicht, die zur Konvertierbarkeit der meisten europäischen Währungen geführt hatte. Noch aber stellten sich meinem Mann interessante Aufgaben: seine Mitwirkung bei der Stabilisierung der französischen Währung Ende 1957, bei der Sanierung der türkischen Währung im Sommer 1958 und der spanischen im Sommer 1959. Er führte die Missionen der OECD, die eng mit dem IWF (Internationalen Währungs-Fonds), Washington, bei der Ausarbeitung eines Wirtschaftsprogrammes für die letztgenannten beiden Länder zusammenarbeiteten.

Auf längere Sicht interessierten ihn wieder neue Pläne. Es war der Aufbau einer Entwicklungshilfe für die unterentwickelten Länder. Durch seine neue Tätigkeit bei der EIB (Europäischen Investitions-Bank), die durch den „Vertrag von Rom“ von den sechs Ländern Deutschland, Frankreich, Italien, Belgien, Holland und Luxemburg gegründet wurde, trat er in diesen Problemkreis ein. Der Aufgabenbereich der Europäischen Bank bestand zunächst darin, den Fortschritt der unterentwickelten Regionen der sechs Länder in Europa durch Finanzierung zusätzlicher Investitionen zu fördern, um zu verhindern, daß diese im Verhältnis zu den – dank der europäischen Integration – expandierenden Ländern noch stärker zurückblieben. Im weiteren Bereich war die Bank dazu bestimmt, gleiche Aufgaben bei den Ländern zu übernehmen, die sich im Wege der Assoziation den Sechs anschließen würden. An dem Entwicklungsproblem interessierte meinen Mann besonders die Tatsache, daß man mit Krediten und Geschenken allein den Ländern nicht „helfen“ kann. Probleme der Erziehung, der technischen Ausbildung, der Fortentwicklung der bisherigen Lebensart der Völker und vieles andere, erschienen ihm zumindest ebenso wichtig wie die rein materielle Seite der Dinge. Solche Ansichten sind mir sehr vertraut, obwohl wir von zwei verschiedenen Gesichtspunkten aus an diese Probleme herangehen.

Während das Leben in Paris voller Charme und Anregung war, empfand ich Brüssel als eine Stadt des Wohlbehagens und der Geruhsamkeit. Die Menschen führten dort ein innerlich saturiertes Dasein. Man kann sich an den flämischen Gestalten freuen, die aus den Bildern Bruegels herausgestiegen scheinen, doch man spürt nirgends den Aufbruch zum Neuen. Vielleicht aber war gerade diese Stadt in ihrer Gesättigtheit und scheinbaren Uninteressiertheit gegenüber den in der Welt so gärenden und brennenden Problemen – von denen einige freilich auch in die belgische Welt hineindrängten – geeigneter als andere, um die Zielgerichtetheit der EWG-Arbeit zu ermöglichen und zu stärken. Dem widerspricht nicht, daß in den Differenzen zwischen Wallonen und Flamen – wie immer am Ende einer auslaufenden Periode – alte Gegensätze und Spannungen noch einmal akut werden und zur Lösung drängen. Solche Gegensätze, die sich hemmend vor die große, im Wachstum begriffene Gemeinschaftsidee stellen, sind Zeichen eines letzten Aufbäumens vor dem Sprung in ein völlig Neues oder aber eine gefährliche Versuchung, wieder in das Altgewohnte zurückzufallen. In Belgien versuchte der König durch seine Aufgeschlossenheit und seinen persönlichen Einsatz Spannungen und Unstimmigkeiten zu lösen. Mir imponierte dieser liebenswürdige, menschliche, verantwortungsbewußte Herrscher sehr. Durch offizielle Einladungen im königlichen Palast habe ich ihn und seine Frau persönlich kennengelernt.

Noch ein Beispiel menschlicher Verbundenheit erfuhr ich in Brüssel. In den letzten vier Jahren wuchsen die drei Leiter der Bank, eingeschlossen wir Frauen, zu einer großen Familie von menschlicher Nähe, unmittelbarer Vertrautheit und Offenheit zusammen, ein beglückender Beweis, wenn auch nur im Kleinen, daß über Länder und Sprachen hinaus ein gemeinsames Band der Freundschaft und Menschlichkeit einend und fruchtbar wirken kann. Wenn eine solche echte Gemeinschaft auch selten Wirklichkeit wird, so kann ihre Idee, wo immer sie gelebt wird, als schöpferisches Vorbild weiterwirken.

Aus solchen seltenen Erfahrungen darf man aber nicht darauf schließen, daß die heutige Zeit – wahrscheinlich überhaupt niemals eine geschichtliche Realität – die Idee von Einheit und Gemeinschaft in vollkommener Weise verwirklichen wird. Der Mensch ist aus der ursprünglichen Einheit des „Paradieses“ herausgefallen und kann in der Gespaltenheit des Irdischen, die aus Gegensätzen und Spannungen besteht, nur von einer anderen Dimension her eine neue Einheit gewinnen. Sucht er dennoch das Ganzheitliche in der Welt zu finden, so wird er die Spaltung in sich selbst austragen müssen.

Von einem pragmatischen Standpunkt her ist es sicher richtig – wie dies mein Mann immer wieder vertrat –, durch Gespräche,

Konferenzen, Tagungen zu verhindern, daß aus zu distanzierter Einsamkeit notwendigerweise der zerstörende Funken überspringt. Ich befürchte aber die Gefahr, daß solche Zusammenkünfte doch niemals zu wirklichen „Begegnungen“ führen und die unüberbrückbaren Gegensätze nur verwischt, nicht aber gelöst werden.

Konferenzen, Gespräche, gesellschaftliche Zusammenkünfte vermögen die heute so brennend gewordenen Probleme meiner Meinung nach nicht zu lösen, solange nicht die gleiche Sprache gesprochen wird, die aus Wahrheit, Vertrauen und Liebe stammt, sondern machtpolitische Interessen und egoistisches Zweckdenken im Vordergrund stehen. Dies aber würde bedeuten, daß auch führende Politiker einen Bezug zur geistigen Dimension haben müßten. Ob das möglich ist, bleibt eine offene Frage, weil Gedanken über Macht und Frieden oder über politisches und soziales Verhalten vorwiegend vom materiellen Standpunkt aus bestimmt werden.

Der Machttrieb jedes Staates, Volkes, sogar einzelner Menschen, eine Rolle in der Welt zu spielen und sich als kleiner abgesonderter Teil eine eigene Position zu schaffen, offenbart sich mir in einem kleinen Beispiel, das aber zeichenhaft ist und mir immer wieder auffällt. In unserer Zeit angeblicher Völkerverständigung, in der es um den Aufbau einer großen Familie gehen sollte, erscheinen die Männer bei festlichen Gelegenheiten noch immer mit Orden aus den Weltkriegen, also aus Zeiten, in denen jeder Staat seine Selbständigkeit und Autorität zu wahren suchte. Auch die Feiertage in Erinnerung an einen Sieg oder Waffenstillstand zwischen zwei heute miteinander verbundenen Völkern, die vielleicht bejaht werden könnten als Vergegenwärtigung eines einmal Geschehenen, das nun in den dynamischen Prozeß des Sich-Veränderns hineingenommen ist, behalten in Wirklichkeit einen subjektiven Aspekt und betonen das national Gesonderte.

Mein Mann erfüllte seine internationalen Aufgaben in sehr objektiver und auf alle Mitgliedstaaten abgestimmter Weise. Dennoch erschöpfte sich seine Arbeit nicht in ordnungsgemäßer Wahrnehmung von Sitzungen und gemeinsamen Besprechungen. Sein persönlicher Einsatz begann, wenn er vor und nach den offiziellen Zusammenkünften zu den einzelnen ausländischen Kollegen ging und mit ihnen die zur Diskussion stehenden Fragen besprach, nicht um sie zu überreden, sondern um sie zu überzeugen oder selbst zu verstehen, was den anderen Ländern möglich oder nicht möglich sein konnte. Er war der Meinung, daß in Zeiten der Wandlung, wie sie die unmittelbare Nachkriegszeit darstellte, nur ein Kreis von eigenständigen, verantwortungsbewußten Menschen Neues, Fruchtbares und Zukunftsträchtiges leisten würde. Eine neue Gemeinschaft konnte nicht allein aus einer Institution oder aus einem Kollektiv entstehen, sondern mußte Ergebnis einer Aussprache und Verständigung, einer Zusammenarbeit auch sehr unterschiedlicher Menschen sein, die in bewußter Entscheidung einem Gemeinsamen zustrebten und dabei über das Ichhafte in sich selbst und über das Egoistische im Völkerleben hinauszuwachsen suchten.

Der italienische Präsident der EIB, der sehr bald an die erste Stelle der Bank trat, Paride Formentini, schrieb über meinen Mann: „Seine Erfahrung in internationalen Verhandlungen, seine Beziehung zu führenden Persönlichkeiten, machten ihn hervorragend geeignet, ein Amt im Direktorium der EIB zu übernehmen. Seine menschliche Aufgeschlossenheit, die Klarheit seiner Argumentation, die Verständigungsbereitschaft gegenüber seinen Gesprächspartnern, seine stets verständnis- und respektvollen Antworten machten aus ihm einen echten Gentleman und idealen Gesprächspartner, der eine Atmosphäre gegenseitiger Offenheit schuf und seinem Gegenüber die Gewißheit gab, eine vernünftige Lösung zu finden.“ Bei der Niederschrift dieses Satzes fällt mir auf, wie die Begriffe Gentleman oder Fairness unübersetzbar sind ebenso wie Gemütlichkeit, Vaterland oder Esprit. Dies läßt auf besondere Eigenschaften schließen, die dem einen Volk wesensgemäßer sind als einem anderen.

Zum ersten Mal hörte ich von einer Europäischen Gemeinschaft, mit der mein Mann durch die EIB in Verbindung trat, durch Graf Coudenhove-Kalergi. Dieser Vorkämpfer eines geeinten Pan-Europas in der Zeit vor dem Zweiten Weltkrieg, hatte schon das Postulat der geistigen Rückbindung und der Besinnung auf übergeordnete Werte in den Vordergrund gestellt. Ich lernte ihn im Haus der Eltern kennen. Seine schöne Frau, die Schauspielerin

Ida Roland, habe ich öfter auf der Bühne gesehen. Heute mag der Gedanke an Pan-Europa vielen schon ganz selbstverständlich erscheinen, damals aber war es ein neuer, großartiger Einfall, gewachsen auf einem wirklich internationalen Hintergrund. Wenn man bedenkt, daß der Vater von Coudenhove ein böhmischer Landedelmann großen Formats und weltoffener Gesinnung und seine Mutter eine noch in alter Tradition eingeordnete Japanerin war, so wird es verständlich, daß er zugleich mit den Bluts- und Geisteskräften zweier Rassen und Kontinente auch eine breitangelegte Kultur mitübernahm. Vielleicht aber hat die von ihm geführte Bewegung damals so wenig äußeren Erfolg gehabt, weil sie zu idealistisch war und von geistigen Voraussetzungen ausging. Leichter jedenfalls wurde die gesamteuropäische Idee von denen vorangetrieben, deren Ausgangspunkt politische und wirtschaftliche Fragen waren und die im täglichen Lebenskampf mit diesen Problemen standen.

Aber was verstehen wir im eigentlichen, nicht herkömmlich politischen Sinn unter „Europäischer Gemeinschaft"? Diese Frage kann man nicht nur vom Nationalökonomischen, vom Soziologischen oder Politischen her beantworten. Es geht mit dem gleichen Recht – oder dem besseren Recht sogar – um den ganzheitlichen menschlichen Bereich. Dieser steht im Vordergrund, auch wenn Zweckinteresse und materielle Notwendigkeiten des äußeren Lebens leichter erreichen, was die Freiheit menschlicher Lebensgestaltung bisher nicht zu verwirklichen vermochte. Denn der Bedeutung dieser Freiheit für den einzelnen wie für die Gemeinschaft wird man sich erst bewußt, wenn eine Gefahr von außen droht. Erst dann ist der Mensch bereit, etwas Gemeinsames aufzubauen und seine egoistischen Wünsche, Forderungen und Ansprüche zurückzustellen. Ohne dieses Opfer kommt es im besten Fall zu einem, durch äußere Erfordernisse mehr oder weniger erzwungenen Zusammenschluß, der sich auflöst, sobald Not und Gefahr nachlassen.

Als mein Mann die internationale Plattform verließ, hatte er ein erfülltes und sinnvolles Leben hinter sich. Doch wichtig für sein Leben war noch sein Tod. Ich bin überzeugt, daß der Tod eines Menschen die Antwort auf sein Leben ist. Mein Mann hatte keine

Angst vor ihm und war auch nur kurze Zeit krank. Er starb in einem Krankenhaus am Starnberger See. Genauer gesagt, im Sanitätsauto auf dem Weg von dort zu einem Krankenhaus nach München. Ich fuhr mit und hörte seinen letzten Atemzug in den Armen eines hilfsbereiten Sanitäters. Als wir im Münchener Krankenhaus ankamen, in dem er angemeldet war, verweigerte man ihm die Aufnahme. Sie hätte dem Lebenden gegolten, nicht dem Toten. Keiner der Ärzte ließ sich sprechen. Endlich erschien eine Ärztin und gab Anweisung, den Gestorbenen im Keller aufzubahren.

Sein Tod war wie sein Leben, ein stetes „auf dem Weg sein". Zwei Klosterfrauen, mit denen wir sehr befreundet sind, kamen, um Kerzen anzuzünden und Totengebete zu sprechen.

Ausklang

Als Erkenntnis und Erfahrung möchte ich über mein Leben das Wort einer dieser Nonnen setzen, die mir einmal schrieb: „Am Ende wird nicht unsere Leistung das Maß unserer Erfüllung sein, sondern das gebrochene und weit gewordene Herz." Wer sein Leben nicht in dieser christlichen Weise betrachtet, würde die dunklen Tage und das Schreckliche, das sich zu allen Zeiten ereignet, kaum ertragen. In die göttliche Dimension hineingenommen, werden sie vorläufig und durchsichtig. Manchmal stellen wir uns die Frage, welche Bücher wir mitnehmen würden, wenn wir auf einer einsamen Insel leben müßten. Ich möchte lieber fragen, was ich aus meinem langjährigen Leben als tragenden Inhalt mitnehmen will, und auf folgende Weise formulieren. Einmal ist es die Erkenntnis von Paul Schütz, daß das Verhältnis zwischen Gut und Böse nicht theoretisch zu lösen ist, sondern nur existentiell, mit anderen Worten, im Glauben. Zum anderen ist es das Wort aus dem Korintherbrief: „Christus ist auferstanden von den Toten!" Ohne diesen Glauben würde ich das Schwere und Leidvolle in der Welt nicht begreifen und ertragen können. Und zuletzt besteht meine Hoffnung und mein Glaube in den Worten der Offenbarung: ... „Und Gott wird abwischen alle Tränen."

Im November 1979 wurde ich 75 Jahre alt. Meinem Wesen entsprechend wollte ich diesen Tag nicht feiern, aber es kamen Anfragen von Presse und Verlagen – ich habe in den letzten Jahren noch sieben Bücher für die Herder-Taschenbücherei und den Otto Walter Verlag geschrieben –, ob man diesen Tag nicht gemeinsam begehen sollte. Da ich oft genug erfahren habe, daß es schwer ist, ein Leben persönlich und unkonventionell zu beschreiben, habe ich als Zeugnis meiner selbst Freunde eingeladen, die zum Teil über Jahrzehnte hinaus mir vertraut sind und denen ich für ihre Treue und Hilfe, für ihr Dasein danken wollte. Wäre das kleine Schloß der katholischen Akademie in München mit seinen schönen Räumen und der beeindruckenden Bibliothek von Guardini größer gewesen, hätte ich noch mehr zu dieser Feier gebeten. So kamen etwa achtzig Menschen, die sich zum Teil nicht kannten, aber das Vertrauen hatten, in einer offenen Atmosphäre sich mitzuteilen. Ich hatte ein wenig Angst vor dem Zusammentreffen von Menschen, die in Alter und Stellung so ganz unterschiedlich waren, die aber zu meinem Leben in guten und schlechten Zeiten gehörten und einiges von seiner Fülle miterlebt haben. Vielleicht läßt sich dieses ein wenig ablesen von der Rede, die Dr. Herbert Martini, ein langjähriger Freund von uns – früher Vorstandsmitglied der Kreditanstalt für Wiederaufbau –, hielt und die für alle ein wirkliches Ereignis war. Ich möchte nur einige Stellen anführen, die ich für sehr charakteristisch halte:

„... Aus dem Kind Ursula wurde im Laufe der Jahre eine gute Schülerin und eine intelligente Studentin und schließlich – nach der Heirat – eine Dr. theol. Wahrscheinlich wäre aus ihr noch eine Privatdozentin für Theologie geworden, aber es kam ganz anders. Als sie sich eines Morgens, Anfang 1933, im Spiegel besah, schaute sie die Eigentümerin eines bayerischen Bauernhofes an, den sie am Tag vorher gekauft hatten: 160 Morgen groß mit Wiesen, Äckern, Wald und Vieh, an einem kleinen See. Nun hat ja eine Doktorin der Theologie in der Bibel seit Abrahams Zeiten eine ganze Masse über Ackerbau und Viehwirtschaft gelesen, aber für die Bewirtschaftung eines Bauernhofes langt das eigentlich nicht. Und es kam ja hinzu, daß ihr Mann in der Bank in München und Berlin arbeitete, so daß die Verantwortung für den Betrieb weitgehend auf ihren Schultern ruhte. Ganz schlimm wurde es ab 1945, als Hans-Karl von Mangoldt Treuhänder der Süddeutschen Bank und von BMW wurde und schließlich ab 1948 für 20 Jahre auf dem internationalen Parkett in Paris, Washington und Brüssel verschwand. Da war es ein ganz großes Glück in dem unsagbaren Unglück des Kriegsendes, daß der jüngere Vetter Wolf von Fritsch in Weilheim erschien. Aus der Zuflucht wurde bald eine unentbehrliche Hilfe. Er war zwar auch kein gelernter Landwirt, aber, aufgewachsen auf dem elterlichen Gut in Sachsen, das er zusammen mit seiner Familie unter tragischen Umständen 1945 verlor, hatte er viel praktische Erfahrung in der Landwirtschaft mitgebracht.

Nun sollte man denken, daß mit der Bewirtschaftung des Bauerngutes in Weilheim Mühe und Arbeit genug zu bewältigen war, aber nein, jetzt wurde noch ein Verlag gegründet. Wenn ich damals als Bankdirektor die Aussichten dieser Gründung hätte beurteilen sollen, um einen Anfangskredit zu bewilligen, da wäre ich in größte Verlegenheit geraten. Denn nach den Unterlagen hätte es so ausgesehen: erste Gesellschafterin eine Doktorin der Theologie, von Beruf Besitzerin eines Bauernhofes, Erfahrung im Verlagswesen gleich Null; zweiter Gesellschafter Wolf Freiherr von Fritsch, Beruf Oberstleutnant im Generalstab, praktische Kenntnisse im Verlagswesen: null. Und da null und null bekanntlich null ergibt, war ja das Schicksal der Neugründung eigentlich unschwer vorauszusehen. Dies um so mehr, als das Verlagsprogramm keine hohen Absatzziffern erwarten ließ und Richtungen vertrat, denen die eigenen Werke von Ursula von Mangoldt angehörten. Da waren einmal die Bücher, die den Geschehnissen der menschlichen Hand und ihren Auswirkungen auf Anlagen und vielleicht sogar Schicksal des Menschen nachspürten. Dann der weite Kreis der fernöstlichen Weisheit, den europäischen Lesern ein weithin unbekanntes Gebiet. Und schließlich die Bücher, in denen die Verfasserin sich bemühte, den haltlos gewordenen Menschen von heute, insbesondere der Jugend, wieder eine sichere Basis auf christlicher Grundlage zu geben. Ihr Gesamtwerk umfaßt heute 30 Bücher und 43 Übersetzungen, von den zahllosen Beiträgen für Zeitschriften und Rundfunk ganz abgesehen. Eine wirklich erstaunliche Leistung!

Wenn ich das ganze Leben von dir, liebe Ulla, überblicke, so hat über ihm, wie mir scheint, ein guter Stern gestanden, manchmal umwölkt, manchmal fast ganz von Wolken verdunkelt, aber doch immer vorhanden. Ich wünsche dir, daß dieser gute Stern auch in Zukunft deinen Lebensweg begleitet!“

Und ich möchte hinzufügen: So Gott es will!

Ursula von Mangoldt

Lebensmut gewinnen
Den Alltag bewältigen
Ausweg aus der Einsamkeit
Überwindung von Depressionen
Band 602, 128 Seiten, 3. Aufl.

Wer bin ich?
Lebens- und Schicksalsweg aus dem Bild der Hand
Hilfen zur Selbsterkenntnis
Mit einer Einleitung von Hans Bender
Band 626, 160 Seiten, 2. Aufl.

Das Glück der Gelassenheit
Lebenserfahrungen
Band 705, 128 Seiten, 2. Aufl.

Leben aus eigener Kraft
Wie kann die Frau zu sich selbst finden?
Band 775, 128 Seiten

in der Herderbücherei